보수 정신의 탐색

-In Search of Conservative Mind-

보수 정신의 탐색
-In Search of Conservative Mind-

2020년 7월 20일 초판 발행

장대홍 지음

펴낸이 | 박 기 봉
펴낸곳 | 비봉출판사
출판등록 | 2007-43 (1980년 5월 23일)

주 소 | 서울 금천구 가산디지털2로 98. 2동 808호(가산동, IT캐슬)
전 화 | (02) 2082-7444
팩 스 | (02) 2082-7449
E-mail | bbongbooks@hanmail.net

ISBN | 978-89-376-0483-6 03300

값 15,000원

장대홍 지음

보수 정신의 탐색

In Search of Conservative Mind

비봉출판사

- 자유의 가치와 개인의 존엄성을 믿는
모든 친구들에게 -

저자 서문

우리는 다시 이념전쟁의 시대에 살고 있다. 서구 지역에서 발원한 근대 문명이 전 세계적으로 확산되어 온 지난 수 세기 동안, 두 차례의 참혹한 세계대전과 과격한 혁명, 극심한 이념대립인 동서냉전 체제를 거치면서 제국주의적 질서와 전체주의 체제는 역사적 유물로 퇴조했다고 여겨졌다. 자유주의적 민주공화국 체제가 최종적 승리를 거두었고, 이를 '역사의 종언'이라고 하는 자축 선언이 나오기도 하였다.[1] 극적 전환의 배경에는 보수주의와 자유주의라는 이념의 힘이 자리 잡고 있었기에 가능했음은 간과할 수 없다.

돌이켜 보면, 자유 보수주의(Liberal Conservatism)는 이념대립이 격화되기 이전부터 주로 영국과 미국에서 발전된 정치경제 사상이었고,

---

1) Fukuyama, Francis. "The End of History?". The National Interest (16): 3-18, 1989.

이들 국가가 민주주의 체제와 산업혁명을 선도하고, 일찍부터 사회적 안정과 경제적 번영을 이루었던 이념적 초석이었다.

그러나 '역사의 종언'은 오지 않았고 이는 아마도 인류가 겪어야만 하는 필연성일 것이다. 재연되고 있는 격렬한 이념대립은, 비록 아직 과격 혁명이나 무력 충돌로 이어지고 있지 않지만, 현재 진행형이고, 역설적이게도 인류가 경험하지 못했던 수준의 자유와 경제적 번영이 퍼져 있는 지금, 그것도 이를 가장 높은 수준으로 성취한 사회, 자유민주주의가 고도로 달성된 국가에서 일어나는 현상이다.

이들 지역에서 리버럴-좌파 지지자들은 자본주의 경제질서 타파, 사회적 소외계층의 권익 신장, 기후변화 방지 대책, 이민 제한 철폐, 사회정의 실현을 외치면서 주요 정치세력으로 부상했다. 그들의 급진적 개혁운동은 대학과 교육계, 언론, 문화 산업계에서 폭넓은 지지를 얻고 있을 뿐 아니라, 젊은 세대의 열렬한 호응을 얻고 있다. 그들은 인종 차별(racism), 외국인 혐오(xenophobia), 여성 혐오(misogyny)의 철폐, LGBTQ, 정치적 온당성(political incorrectness), 진영 구분 정치(identity politics)와 같은 유행어를 구사하고, 자신들의 반대진영이라고 여기는 보수주의자에게 맹공격을 퍼붓는다.

그들은 신종 제국주의 세력으로 부상한 중국과 무슬림 테러리즘의 위협에 둔감하면서도, 곧잘 자신의 역사와 전통에 냉소적 또는 적대적인, 자학적 인식을 드러낸다. 이런 사고방식이 리버럴 좌파가 주도하는 사회개혁론의 배경이다. 그러나 비교적 안정된 이들 사회에는 두터운 보수 계층도 존재하고 있기에 정치적 대립과 이념적 갈등이 더욱 심화되고 있는 것이다.

보수주의자는 본질적으로 자유를 사랑하고, 자신이 속한 사회와 전통을 존중하며, 어떤 전체주의적 체제나 사회주의적 질서에도, 그것이 정치적이든, 경제적이든, 문화적이든 간에, 순응하기를 거부한다. 그들은 다시 한번 급진적 사회개조의 열풍에 맞서 보수주의 이념과 정신을 정치적 대립이나 투쟁을 넘어서는 수준으로 지키는 데 앞장서야만 하는 상황에 부닥쳐 있다.

이 책을 쓰게 된 동기는 그런 작업에 일조하려는 데 있다고 할 수 있다. 그것은 역사와 문명의 발전과정, 인간과 사회의 본질에 대한 깊은 철학적, 종교적 성찰을 요구하는 거대한 작업이자 조감도이어야 함은 두말할 필요가 없다. 그러나 이 책의 목적은 보수주의에 대한 이론서나 지침서가 아니며, 저자의 지적 한계에도 불구하고, 현대 보수주의에 대한 올바른 이해를 일반 대중의 관점에서 촉구하려는 일종의 벌레시각(worm's eye view)이다. 덧붙이자면, 나는 20대 후반에서야 발견한 내 조국 미국에 대한 경애심과 태어나서 자란 내 모국 대한민국에 대한 애착심에서, 이들 두 위대한 사회가 정치적 혼란, 미풍양속의 붕괴, 경제적 쇠락의 길로 들어서지 않기를 바라는 안타까움에서 이 책을 썼다.

나는 지금으로부터 40여 년 전 미국 땅을 처음 밟았을 때 느꼈던 감동을 잊을 수가 없다. 그것은 자유시민의 삶이 어떤 것인지, 왜 그들이 그토록 자신들의 삶의 방식, 자신들의 지역공동체와 자신들의 국가에 자부심을 느끼고 사랑하는지를 관찰하면서 느낀 감정이었다. 이후 한국의 놀라운 경제적 번영과 민주화의 과정, 자유시민 의식이 성숙해가는 과정을 지켜보면서 나는 또 다른 감동과 자부심을 느껴왔다. 두 나라 모두가 자신들의 고유한 방식에 따라 자유시민의 정신을 체화하고, 이를 보존하려는 보수주의 정신을 실천하고 있음을 깨닫게 되었기 때문이다.

그러나 불행하게도 현재 미국과 한국의 자유시민들은 그들의 성취를 무너뜨릴 수 있는 새로운 도전과 위협에 직면하고 있다. 그것은 마치 20세기 중엽에 자유세계를 풍미하던 사회주의, 전체주의의 경우처럼, 이들 두 자랑스러운 국가가 신종 사회주의와 신종 전체주의의 확산이라는 위험한 상황에 봉착해 있기 때문이다. 이 책의 주요 목적의 하나는 이런 위험의 실체와 성격을 드러내고 보수주의자의 대응을 촉구하려는 것이다. 나의 보수주의 정신은 수많은 독서와 성찰과 함께 두 나라를 오가는 생활을 지속하면서 얻은 경험과 관찰을 통해 서서히 형성되어 왔음을 고백하지 않을 수 없다. 이 책의 독자들도 저자가 관찰하고 경험한 사회적 상황과 보수주의 정신을 공감했으면 한다.

이 책의 저술 과정에서 저자는 물론 많은 동료와 친구들로부터 직간접적인 도움을 받았다. 그들을 일일이 거명하기보다는 특별히 몇 분에게 고마움을 전하려 한다. 나는 오랜 학문적 동지이자 친구인 김

우택 교수와 김경수 교수에게 큰 빚을 지고 있다. 우리는 수년간 공동 연구를 해왔을 뿐 아니라 셀 수 없이 많은 토론과 의견교환을 해왔다. 주로 경제학과 금융에 대한 연구였지만, 역사, 정치와 광범위한 사회 현상에 대해서도 의견을 주고받았다. 내 생각은 두 분과 늘 일치하지는 않았지만, 돌이켜보면, 그들과의 대화는 저자의 보수사상을 정리해 나가는 데 없어서는 안 될 커다란 도움을 주었다.

한편, 이 책의 저술과 출판 과정에서 늘 조언과 격려를 아끼지 않았던 나의 오랜 친구 이영희 군과 출판 제의를 선뜻 응해 주시고 세밀히 원고 수정과 교정을 해 주신 비봉출판사의 박기봉 사장에게도 특별히 감사를 드린다. 두 분의 조력이 없었다면 나의 저술 프로젝트는 진작 좌절되었을 것이다.

아울러, 뒤늦게 이사해온 이곳 워싱턴주 올림피아에서 아름다운 풍광을 느낄 여유도 갖지 못하고, 불평도 없이 내 저작을 도와주고 격려해준 나의 아내 정희와 딸 아이 제인에게도 무한히 고마운 마음을 전하고 싶다.

서두에 이 책에서 사용한 용어의 선택과 표현방식에 대해 언급해 두려 한다. 먼저 용어의 의미가 정확히 전달되기 어려울 경우에 외국어 표현을 괄호 안에 함께 적거나, 원어의 한국어 발음을 그대로 표기하는 방식을 사용하였다. 외국인 인명도 처음 언급되거나 상기해야 할 필요성이 있으면 원어 병기 방식을 사용했다. 이런 방식은 다소

어색하고 번거로운 점이 있지만, 더욱 쉽게 의미를 전달하려는 의도를 반영하였기에, 독자들의 너그러운 이해를 바란다.

정치이념의 용어는 원래 명확한 뜻을 전달하지 못하기 쉽지만, 자유주의는 특히 그러하다. 자유라는 개념 자체가 간단히 정의하기 쉽지 않고, 이념의 발전과정에서 해석상 또는 실천방식에 대해 수없이 많은 논쟁을 거쳐 왔기 때문이다. 그렇기에 자유주의는 오늘날 흔히 상반되거나 때로는 중복되는 의미로 쓰이게 되었고, 따라서 초기 자유주의, 고전적 자유주의, 현대 자유주의, 신자유주의, 리버타리아니즘, 리버럴리즘과 같이 다양한 용어로 표현되고 있다.

이 책에서는, 혼란을 피하고자 자유주의와 자유주의자라는 표현은 주로 개념의 분화가 이루어지기 이전의 개념을 표현하는 데 국한하였고, 이후의 경우에는 새로운 개념으로 정착된 용어인 리버럴리즘과 리버럴, 또는 리버럴-좌파, 그리고 이들과 상반된 개념인 고전적 자유주의(자)나 리버타리안이라는 용어로 구분해서 표현하였다.

In Search of Conservative Mind

차 례

1
머리말

"나는 우리 헌법에서 모든 좋은 점을 지키려는 보수주의자이자,
모든 나쁜 점을 없애려는 급진주의자다. 나는 재산권을 보존하고
질서 존중을 추구하며, 마찬가지로 다중의 열정이나 소수의 편견
에 호소하는 일을 매도한다."

- 벤자민 디스레일리, '선거연설', 1832.

우리는 모두 타고난 천성과 함께 삶의 경험과 교육으로 형성된 개
인성향을 지니고 산다. 개인성향은 입을 옷이나 읽을거리를 고르는
일상적 선택에서부터, 정치지도자를 선출하거나 정부 정책에 대한 지
지 여부와 같은 모든 선택을 좌우한다. 인간은 모두 공동체적 삶에서
벗어날 수 없기에, 개인성향은 자신의 삶과 타인이나 공동체의 관계
에 대한 견해, 즉 인생관, 사회관과 세계관으로 확장될 수밖에 없고,
이를 집약한 개념이 개인적 정치성향이라고 할 수 있다.

개인적 정치성향의 사회적 축적 형태 또는 이를 이론적으로 표현한 개념이 정치이념 또는 이념성향이다. 이념성향은 집단적 또는 개인적 사고방식으로 드러날 수 있고, 이들은 서로를 결정하거나 영향을 주는 속성을 지닌다. 그렇기에 이념성향은 개인이나 집단의 정치적 선택을 결정하고, 우리가 원하든 원하지 않든 간에 삶에 지대한 영향을 끼친다.

많은 사람들은 자신의 이념성향을 보수적이라고 생각한다. 보수는 보다 신중하거나 소극적인 태도를 의미하거나 무엇을 보존하려는 정신을 함축하므로, 나이 든 사람들일수록 보수성향을 지니기 쉽고, 성공한 사회일수록 보수성향이 보다 클 거로 짐작할 수 있을 터이다. 적어도 어느 정도의 보수주의 정신은 안정된 사회의 요건2) 이기도 하다. 그러나 자유롭고 다양성이 큰 사회일수록 사람들의 현실에 대한 불만이나 불평, 평등한 권익에 대한 욕구, 새로운 것에 대한 열망, 진취적인 성향도 커질 수밖에 없기에, 반보수적 성향도 확대되기 마련이다. 오늘날 자유민주주의 사회가 겪고 있는 정치적 갈등과 이념대립도 그런 이념성향들의 간극을 반영한다고 볼 수 있다.

그러므로 진정한 보수주의자가 되기는 결코 쉽지 않다. 그들은, 의식적이든 무의식이든, 자신들이 믿는 보수주의가 어떤 이념적 정체성

---

2) 이는 보수주의 정치철학의 기본 전제의 하나이지만, 보수주의 주요 취약점이라는 불공평한 비난을 받기도 한다. 역설적이게도, 자유보수주의자 하이에크도 보수주의가 본질적으로 비진취적이며 변화를 적극적으로 수용하지 못한다고 신랄하게 비판했다(이에 대한 보다 상세한 논의는 부록 2: 하이에크와 보수주의 참조).

을 가지는지, 이들 이념성향들이 자신들의 삶과 사회적 현상에 어떤
영향을 주게 되는지를 정확히 파악하고 있어야 하기 때문이다. 무엇
보다도, 그들은 보수주의와 경쟁적 이념들인 자유주의와 사회주의기
어떤 정치적 선택으로 이어지며, 어떤 사회를 만들어 내는지, 왜 그렇
게 되는지를 끊임없이 성찰하지 않으면 안 된다.

 통상적으로 보수주의는 문화와 문명의 차원에서 전통적 사회제도
와 기구를 옹호하는 정치사회 철학이며, 사회적 안정과 연속성을 유
지하려는 목표에 따라 전통, 유기적 사회, 위계질서, 법치주의와 헌법
정신, 권위의 보존과 재산권의 존중을 핵심 원리로 여긴다.[3] 이런 정
의는 보수주의 정신을 표면적으로 파악, 전달하기에는 유용하지만,
그 철학적 근거와 실용적 가치를 충분히 전달하지 못하기에 뒤따르는
논의에서 이들을 차례로 살펴보려 한다. 하지만 서두에서 경쟁적 이
념인 자유주의와 사회주의에 대한 사전적 정의를 대비해 보는 일이
유용하겠다.

 자유주의는 자유로운 피지배자의 동의로 성립되는 정부, 법 앞에서
만인의 평등이라는 사상에 기반을 둔 정치적, 도덕적 철학이라고 정
의할 수 있다. 이념적 기반이 추상적 개념인 자유와 평등에 기반을
두고 있음이 잘 드러난다. 고전적 자유주의가 평등과 보편적 진리를
보다 중시하는 좌파적 이념과 자유와 사유재산권, 법치주의를 보다

---

3) 헤이워드(Heyward, Andrew, Political Ideologies, Palgrave McMi-llan, 2012)의
   정의를 부분적으로 보완한 내용이다.

중시하는 우파적 이념으로 분기된 까닭도 여기에 있다. 근세에 이르러 전자는 리버럴리즘, 후자는 리버타리아니즘으로 분화되었고, 사실상 이념적으로 대칭적 위치를 차지하고 있다. 리버타리아니즘은 시장과 자본주의 정신에 더욱 잘 부합하고, 이런 점에서 보수주의와 같은 입장을 취한다. 반면에 리버럴리즘은 평등을 보다 중시하고 시장에 대한 규제와 정부의 역할을 옹호하는 까닭에, 근년에 들어 점차 사회주의와 동조하는 경향이 커지고 있다.

한편 사회주의는 생산수단의 사회 소유, 노동자의 자율적 경영을 주축으로 하는 경제적, 사회적 제도와 이들을 뒷받침하는 정치적 이론과 운동이라고 할 수 있다. 사회주의 사상 역시 인간의 원초적인 자유와 평등의 정신에서 출발하였기에 자유주의와 사상적 공통성을 갖는다. 하지만, 자유를 평등하게 누려야 하는 권리로 인식하며 이를 이성적으로 설계된 사회제도에 의해 복원시켜야 한다는 신념에 기반을 두고 있다. 그러므로 사회주의는 자유보다는 평등을, 전통과 기존 사회질서보다는 급진적 사회개혁을, 시장보다는 정부의 역할 강화를, 점진적 개혁보다는 혁명을 중시하며, 보수주의와 자본주의에 대해 적대적인 태도를 드러낸다. 사회주의는 보다 극단적으로 혁명과 계급투쟁과 같은 전투적 노선을 취하는 공산주의로 발전했다.

이들 세 이념을 구분하는 가장 본질적 차이는 인간과 사회에 대한 인식의 문제라는 것에 주목할 필요가 있다. 보수주의자는 인간이 선악의 측면을 모두 가진 불완전한 존재이지만, 선악을 구분할 줄 알고,

선의 실천에 노력하는 존재라고 믿는다. 그런 믿음은 인간이 선의 상
징인 신의 모습에 따라 만들어진, 즉 신성을 가진 피조물이라는 다분
히 종교적인 인식에 근거한다. 그들은, 신의 모습과 의도는 우리가 알
수 없고 인간 이성의 범위를 넘는 영역에 있지만, 인간의 신성은 불변
의 진리라고 믿는다.

그들에게 자유는 이런 진리를 깨닫고 실천하려는 의지의 원천이자
수단이지만, 타인들과 부단히 접촉해서 스스로 이를 재확인해야만 한
다. 가정, 교회, 학교와 같은 자발적 사회적 협동체는 그런 과정을 실
천하는 데 필수불가결한 제도이고, 그들은 여기에서 인간은 악의 유
혹에 빠지지 않고 도덕심을 유지하면서 자유를 누릴 수 있는 지혜를
얻는다. 그들이 인간성의 신성(神性)과 한계, 절제된 자유, 즉 타인의
자유를 지켜줄 의무가 부과되는 자유를 신봉하는 이유도 그런 정신에
서 연유한다. 그렇기에 대다수의 보수주의자들은 종교적 믿음을 존중
하였다. 저명한 과학자, 철학자, 문필가와 정치인들 중에는 깊은 신앙
심을 가졌던 경우가 많았다.

그들은 갈릴레오(Galileo Galilei, 1564-1642), 뉴턴(Issac Newton,
1643-1727), 바비트(Irving Babbitt, 1865-1933), 스크러턴(Roger Scruton,
1944-), 호손(Nathaniel Hawthorne, 1804-1864), 엘리옷(T.S. Eliot), 버크
(Edmund Burke, 1729-1797), 아담스(John Adams, 1735-1826), 메디슨
(James Madison, 1751-1836), 이승만(Syngman Rhee, 1875-1965) 등 수없
이 많다.

　자유주의자는 인간의 신성은 알 수도 없고 중요하지도 않다고 생각
한다. 그들의 자유사상은, 그것이 타고난 권리이자 인간 이성의 산물
이지만, 그 원천이나 신성의 존재는 알 수 없다는 불가지론(不可知論)적
입장을 고수한다. 보수주의자들을 포함한 다수의 정치철학자들은, 흄
(David Hume, 1711-1776), 하이에크(Friedrich Hayek, 1899-1992), 밀
(John Stuart Mill, 1806-1873)에 이르기까지, 그런 성향을 지녔다. 그들
을 포함한 자유주의자들은 도덕심과 협조 정신은 반복적인 사회적 접
촉과정을 통해서 이성적으로 인식한 유용성의 결과이다.

　자유는 이성의 사용과 발전을 이끄는 유효한 수단이자 소중한 가치
이며, 그것이 타인의 자유를 침해하지 않는 한 최대한도로 존중되어
야 한다는 존 스튜어트 밀의 '무해의 원칙(No harm principle)'을4) 최
고의 덕목으로 여긴다. 그들은 개인적 도덕심, 신앙심, 신념은 개인의
몫이므로 타인이나 사회가 간여할 수도, 해서도 안 된다. 즉, 이런 문
제에 대해서는 무관심의 원칙을 따라야 한다고 생각한다. 그렇기에
모든 사회적 관계는 본질적으로 자유롭고, 원자화(原子化)된 개인들이
오직 자신의 효용을 기준으로 해서 맺는 명시적이거나 묵시적인 계약
이고, 타인의 관심사가 될 이유가 없다. 그들에게 개인은 개인소유권
(self ownership)을 가진 존재일 뿐, 사회적으로 아무런 차이가 없다.
바로 이런 이유로 보수주의자는 자유주의자가 공동체적 가치를 경시
하고 흔히 공리주의적 경향을 보인다고 비판해 왔다.

---

4) J.S. Mill, On Liberty(1859).

한편 사회주의는 늘 자유보다는 평등, 개인보다는 사회를 중시하므로 개인의 존엄성이나 도덕심은 아예 관심의 대상이 아니다. 오직 사회적 평등과 공평분배가 최상의 가치이자 목표이고, 계층 간 불평등은 청산과 타도의 대상일 뿐이다. 그들에게 정의는 곧 사회정의이지 개인 간의 분쟁이나 부도덕한 행위의 법적 해결을 의미하지 않는다. 다시 말하면, 그들의 이념세계에서 개인과 개인의 다양성은 존재할 수 없다. 이런 인식의 극단적인 변종은 개인의 생물학적 생명은 사회적 생명보다 하위개념이라는 기괴한 논리도 만들어 냈다.

보수주의에 대한 비판은 주로 전통과 기존질서에 대한 비이성적 집착이라는 편견에서 나온다. 그러나 이는 근대 보수주의가 계몽주의 시기에 발달한 정치철학의 산물이었고, 보수주의 사상은 사회주의나 리버럴리즘보다 선행했던 이성적 성찰에서 나왔다는 사실을 간과하는 선입견이다. 이는 보수주의자들이 존중하는 전통과 사회질서는 정체된 질서가 아닌 끊임없이 진화해 온 자생적 질서이고, 그 근저에는 어떤 인위적 권위에 대한 일방적인 복종을 거부하는 개인적 자유와 개인주권의 개념이 자리 잡고 있음을 간과하는 오해에 지나지 않는다.

넓은 의미에서 보수주의 정신은 봉건적 전통과 사회질서가 지배하던 농경사회에서도 있었다. 그러나 근대적 의미의 보수주의자들은 산업사회로 이행되는 과정에서 일찍부터 시장과 자본주의적 질서를 받아들였고, 정부의 부당한 간섭에 저항한 세력이었다. 보수주의는5) 그

---

5) 보수주의라는 용어 자체는 프랑스의 샤토브리앙(François-René de Chateaubriand,

이념적 기반이 자유와 개인 주권이라는 계몽주의 사상이었고, 같은
뿌리를 가진 자유주의나 사회주의보다 먼저 정치적 개혁에 관심을 가
졌던 사상이었다. 보수주의자들은 미국 혁명을 주도하였고, 자유민주
주의의 발전에 기여했으며, 전체주의에 맞선 투쟁의 주역이기도 했
다. 파시스트들을 패퇴시킨 제2차 세계대전의 영웅 처칠(Winston
Churchill, 1874-1965), 공산주의 체제의 붕괴를 이끌고 경제적 번영의
길로 재진입시킨, 보수혁명을 주도한 영국의 대처(Margaret Thatcher,
1925-2013) 수상과 미국의 레이건(Ronald Reagan, 1911-2004) 대통령은
모두 보수이념에 투철한 정치인들이었다.

그러므로 보수정신을 구별하는 데 본질적으로 중요한 질문은 전통
과 질서의 보존의 정당성을 따지기에 앞서, 어떤 전통과 질서를 어떤
이유로 옹호하려 하는지, 어떤 원칙과 절차를 따라 보전하려 하는지
를 묻는 일이어야 한다고 보수주의자들은 생각한다. 그들은 절제된
자유의 전통을 고수하려 하지만, 사회정의나 사회적 평등과 같은 형
이상학적 이상에 대한 집착, 강제적 방식으로 공동선을 실현하려는
시도, 즉 급진적 개혁을 배격한다. 보수주의자들은 늘 추상적 지식보
다는 실천적 지식, 혁명적 열정보다는 냉철한 이성, 유토피아적 환상
보다는 점진적 개혁, 우상화된 지도자에 대한 복종보다는 헌법정신에
대한 충성, 인치가 아닌 법치, 평등보다는 자유를 존중한다.

이들의 사상은 인간이 불완전할 수밖에 없지만 누구도 범해서는 안

1768-1848)이 구 왕정체제의 복고를 옹호하는 개념으로 사용한 이래 정착되었다.

되는 인격체라는 믿음, 즉 개인의 존엄성이라는 다분히 기독교적인 믿음에서 나온다. 저자는 이 책의 후속되는 논의에서 이념대립의 실상, 보수주의에 대한 그릇된 인식, 철학적 보수주의가 대두하고 발전해온 경위와 이론적 근거, 정책목표와 실천방식의 문제, 보수주의자의 염원과 현실적 과제들을 차례로 짚어보고자 한다.

머리말의 주목적은 전체 내용에 대한 암시와 동기 부여에 있으므로, 저자는 이들 논의에서 가장 핵심적이며 시급한 주제를 서두에 언급해야 할 의무를 느낀다. 보수주의자가 급진개혁을 거부하는 핵심적 이유는 그것이 개인의 자유와 사회 안정을 해치는 위협이라고 믿기 때문이다. 자유와 사회 안정이 실질적으로 보장되지 않는 사회는 개인의 존엄성이 무시되고 개인이 설 자리가 없는 노예사회이다. 정치이념을 권력의 소재를 기준으로 배열하면, 보수주의는 전체주의나 사회주의의 반대편 극단에 있다. 전자는 궁극적인 주권이 개인에게 있고 국가나 사회기구는 그들의 개인 주권을 위임받아 행사하는 대리인이라고 여기지만, 후자는 국가나 사회가 궁극적이자 독점적으로 정치를 행사해야 한다고 믿기 때문이다.

한편, 정치적 자유의 크기를 기준으로 보면, 자유주의와 권위주의는 양극단에 있고, 보수주의는 그 중간에 있다고 볼 수 있다. 자유를 보다 중시하는 경우는 자유 보수주의(Liberal Conservatism), 권위를 보다 중시하면 권위적 보수주의(Authoritative Conservatism)로 부르기도 한다. 자유의 또 다른 축을 이루는 경제적 자유는, 보수주의와 자유주의는 모두 최대한으로 존중해야 한다고 여기므로, 같은 위치에 있다고 볼 수 있다. 자유의 전통이 강한 미국, 영국과 같은 영어권 사회에서 보수주의는 자유보수주의와 거의 동의어로 여겨지지만, 한국의 보수주의는 권위적 보수주의로 인식됐다.

사회주의자도 실제로는 전체주의자와 마찬가지로 권력의 독점을 중시하고, 자유보다는 권위주의적, 권력 지향적 성향이 커질 수밖에 없다. 그렇기에 보수주의자는 늘 전체주의 체제나 모든 형태의 사회(공산)주의를 주적으로 여겨왔고, 반(反)사회주의는 실질적으로 가장 중요한 보수주의 성향의 하나이자 상징이 되었다. 하이에크는 그의 선구적인 저서 『노예사회로 가는 길(1943)』을 '모든 유형의 사회주의 정치세력에 바친다(To the socialists of all parties)' 라는 헌사로 시작하였다. 그는 여기에서 파시즘이나 나치즘을 포함한 모든 유형의 사회주의가 필연적으로 전체주의적 노예사회로, 혁명적이든 점진적이든, 이행할 수밖에 없다는 점을 지적하고자 하였다. 그의 '노예사회' 는 사회주의가 유럽과 미국에서 사상적 주류를 이루던 시기에 출간되었기에 초기에는 큰 주목을 받지 않았지만, 이후 그를 가장 유명한 자유주의자로, 가장 영향력이 큰 보수주의 사상가의 한 명으로 만들었고, 그의 논리는 대처와 레이건의 보수혁명 과정에서 주요 이념적 근거로 사용되었다.

보수혁명의 성공으로 쇠퇴했다고 여겨졌던 사회주의는 대부분의 자유민주주의 국가에서 새로운 동력을 얻어 부활하고 있다. 전통적 사회주의는 문화 다원주의(Cultural pluralism), 페미니즘, 글로벌리즘(globalism), 환경주의 운동으로 대표되는 문화 사회주의(Cultural socialism)가 리버럴리즘과 느슨한 연합(loose coalition)을 이룬 '신(중)사회주의'인 신좌파 이념으로 발전하였다. 흔히 (좌파)리버럴리즘(Left-Liberalism, Liberalism), 신좌파이념(New leftism)으로도 알려진 신사회주의는 유럽과 미국에서 급속히 확산되어 지식층과 젊은 계층의 의식을 지배하는 정치성향이 되었다. 이들 사회는 제2차 세계대전을 전후해서 고조되었던 사회주의적 열정이 되살아난다는 기시감(旣視感, deja vu)을 경험하고 있는 중이다. 한국에서 그것은 북한 전체주의에 동조하는 폐쇄적이고 퇴행적인 민족주의와 결합한 기이한 형태의 사회주의 사상으로 나타나고 있다. 보수주의자는 이런 신사회주의 열풍의 도전에 직면해서 대안을 제시해야 할 상황에 부닥쳐 있다.

리버럴-좌파 진영은 흔히 보수주의를 '진보적' 개혁에 저항하는 반동적 이념이라고 매도하기를 좋아한다. 이런 비판은 어느 정도 사실에 가깝다. 버크의 보수주의(Burkean conservatism)는 프랑스 대혁명 기간에서 자코뱅식 급진개혁주의에 대응하면서 태동했고, 19세기 빅토리아 여왕 치세기의 번영을 주도한 사상적 기반은 자유보수주의 운동이었으며, 1980년대의 보수혁명은 모두 무모하고 무책임하며 타락한 급진적 사회개혁 운동에 대한 정치적 반동의 성격을 가졌었다.

지금 미국과 유럽, 한국을 포함한 주요 자유민주주의 국가들에서 급속히 세력을 확장하고 있는 신(新) 좌파 운동은 본질적으로 급진사회개혁 운동이다. 그것은 경제적 불평등의 문제에 치중했던 전통적인 사회주의 사상보다 훨씬 광범위하고 열정적인 정치 운동의 성격을 가지고 있다. 설상가상으로, 신좌파에 가세해서 신제국주의, 신종 전체주의 세력으로 등장한 중국과 무슬림 근본주의는 자유보수주의를 심각하게 위협하는 형국이다. 불행히도 보수주의는, 적어도 현재까지는, 이런 위협에 대해 효과적인 대응을 하지 못하고 있다. 그들은 종종 보수주의 이념도 변해야만 한다는 강박관념에 빠져들기도 한다. 실패한 정치 실험으로 드러난 미국의 '신(新) 보수주의(Neo-Con, Neoconservatism)'와 '온정적 보수주의(compassionate conservatism)'는 신좌파의 세력 확장을 불러왔다. 그것은 진정한 보수이념을 이해하고 실천하려는 자신감을 상실한 데 기인하는 보수주의의 실패다.

자유보수주의의 기본 정신을 체화하지 못한 한국의 보수주의는 더욱 곤경에 처해 있다. 한국에서 스스로를 보수주의자로 자처하는 정치인들은 온정적 보수주의와 '개혁보수'라는 프레임에 얽매여 보수 정치세력을 분열시킨 주역이 되었을 뿐 아니라, 자유 대한민국이 전체주의적 중국과 북한 체제에 굴종하는 최악의 상황을 조성하는 데 이바지해 왔다. 이들 국가에서 보수주의자는 다시 한번 보수주의의 핵심 가치를 성찰하고 이념적 정체성을 정립하여 이를 실천해야 하는 과업을 떠안게 되었다. 이 책의 논의가 그런 작업을 독려하는 데 기여할 수 있기를 바랄 따름이다.

2

이념대립과 정치현실

"경제학자와 정치철학자의 아이디어들은, 그것이 옳든 그르든 상관없이, 일반인이 이해하는 것보다 훨씬 더 영향력이 크다. 실제로 세상은 이들을 벗어나서 지배되는 일은 거의 없다. 자기가 어떤 지적 영향에서도 벗어나 있다고 믿는 실용주의자도 실은 이미 용도 폐기된 경제학자의 아이디어의 노예인 경우가 보통이다."

- 존 메이너드 케인즈 (일반이론, 1940)

이념은 현대 주권국가의 유형과 성격을 결정하는 기초를 이룬다. 국가의 유형은 주권의 소재와 통치방식에 따라 군주국가, 신정국가, 민주공화국, 전체주의 국가 등으로 구분할 수 있다. 오늘날 지구상에는 200여 개의 국가가 있고, 그 60%에 달하는 120여 개 국가가 일반시민이 참정권을 행사하는 민주공화국이며, 그 1/4인 30여 개의 국가는 자유민주주의 국가(liberal-democratic republic or liberal democracy)로 분류된다. 대부분의 자유민주주의 국가들은 역사상 최고 수준의 자유와 번영을 누리고 있고, 선진국들의 모임인 OECD 국가들도 모두 여기에 속한다. 나머지 국가들은 낙후된 저개발국 또는 신정국가이거나 몇 안 되는 사회주의형 전체주의 국가들이며, 이들 비(非)민주 국가들은 정치적, 문화적으로 불신을 받는 체제에 지나지 않는다. 우리는 실로 자유민주공화국의 전성시대에 살고 있다.

자유민주공화국은 17세기 이후 출현한 국민국가가 진화한 국가체제이다. 국민이 주권을 가지는 국민국가에서는 그 기초 단위인 개인주권이 결합하는 방식을 결정하는 정치과정이 성격과 범위를 결정한다. 개인의 정치과정 참여가 사실상 존재하지 않는 전체주의 국가나 무정부주의 상황을 배제하면, 대부분의 국민국가는 국민이 그들의 이해관계나 이념성향을 대변하는 정치지도자를 선출하는 방식을 취하는 민주공화국의 형태를 보인다. 그러므로 개인과 국민의 이념성향이 핵심적 역할을 담당하게 되고 치열한 이념적 대립과 갈등으로 이어진다. 그것은 종종 이념전쟁의 수준으로 발전해서 내전이나 국가 간 전쟁으로 이어지기도 하였다.

역설적이게도, 자유민주주의 체제의 국가에서의 내부적 이념갈등은. 비록 물리적인 권력투쟁을 일으키지 않더라도, 정치적 경쟁이 배제된 전체주의 국가와 비교하면 더욱 격렬해지기도 한다. 이념갈등은 주로 국가와 민간 영역의 조정, 정부의 규모와 범위에 대한 논쟁의 수준으로 이어지므로, 결국 개인 주권과 개인 자유의 옹호라는 본질적 문제로 귀결된다. 초기의 국민국가는 야경국가의 수준에서 출발했지만, 오늘날 대부분의 자유민주주의 국가들은 다양한 수준의 복지국가 형태를 취하고 있다. 정부는 국방과 치안유지의 수준을 넘어 교육, 국민 보건과 후생, 환경, 에너지 정책에 개입하고, 금융과 기업 활동의 부문에서 규제와 간섭으로 영역을 확대해 왔다. 대부분의 주요 국가에서 국내소득 대비 정부지출은 19세기 후반에 10% 미만에 머물렀지만, 지금은 30~56%에 이르고 있다. 이런 국가 영역 확대의 배경에는 이념적 대립과 갈등이 자리 잡고 있음을 간과할 수 없다.

이념의 대립과 갈등은 국내정치에 국한된 문제도 아니다. 지난 20세기 중의 국제적 갈등은 제1, 2차 세계대전과 동서 냉전기에 일어났던 전쟁들이 모두 이념대립이 국제적 분쟁으로 발전했던 사례들이었고, 국내정치에도 심대한 영향을 끼쳤다. 이런 사정은 금세기에도 이어져 글로벌리즘과 국제테러리즘의 확산, 이민과 난민 문제, 에너지 정책, 환경 규제의 문제가 주요 정치적, 사회적 이슈로 자리 잡고 있다. 이들 문제는 모두 전통적 고립주의적 정치 이념을 뛰어넘고, 보수주의, 자유주의, 사회주의 이념들의 본질적 문제들을 성찰하고 재평가해야 할 필요성을 제기한다.

이념대립의 구도

현대 사회에서 이념대립은 불가피한 현실이다. 간단히 줄이자면, 그것은 보수주의, 자유주의, 사회주의의 대립과 갈등으로 볼 수 있다.

그들은 우리의 삶과 사회구조에 결정적인 영향을 줄 뿐 아니라, 국가 체제의 형태나 성격과 뗄 수 없는 관계를 지니고 있다. 뒤따르는 논의는 이들의 상호관계를 보다 뚜렷이 밝혀줄 것이다.

그러나 이념대립의 구도를 미리 분명히 규정해 둘 필요가 있다. 흔히 이념대립은 정치적 진영의 구분에 따라 좌우 이념대립 또는 보수우파 대 리버럴 좌파의 대립으로 표현되기도 한다. 후자의 구분은 자유주의에서 분화한 리버럴리즘이 점차 사회주의와 동조하는 현상을 반영한다. 특히 근년에 들어 급부상한 신좌파 운동은 전통적 사회주의와 리버럴리즘이 연합하는 형태로 드러나기도 하고, 여기에 글로벌리즘과 같은 자유주의적 성향이 가미되는 추세를 보이기도 한다.

이념대립의 구도를 한국에서는 주로 보수-진보, 보수-혁신의 대립으로 표현하기도 하지만, 이는 정확한 개념적 정의에 근거한다고 보기는 어렵다. 좌파진영에서 보수주의를 낡은 사고방식으로 여겨지도록 만들려고 하는 의도적 선입견을 반영하기 때문이다. 진보나 혁신(progressivism, reform)의 개념 자체가 상대적 의미일 뿐 아니라 실제로 진취적 개혁은 보수주의자들이 주도했거나 실천한 경우가 많았다. 오히려 리버럴 좌파의 이념이나 정책들이 평등지향이라는 구태의연한 사고방식에 집착하는 경우가 적지 않다. 그런 까닭에 오늘날 대부분의 정치적 논의에서는 이념대립의 구도가 통상 보수-진보나 보수-혁신이 아닌, 보수우파 대 리버럴 좌파의 대립으로 표현된다.

국가체제와 이념

국가체제의 형태와 기능, 정치과정에서 이념이 중요한 역할을 담당하게 된 계기는 17세기 이후 유럽에서 정치철학에 대한 활발한 논의가 진전되면서였고, 특히 계몽주의 사상의 발전이 계기가 되었다. 이념은 인간과 사회, 국가와 세계에 대한 관점을 이론적으로 체계화한 모형이다. 보수주의, 자유주의와 사회주의는 모두 이 시기에 등장한 개인 주권 및 자유사상에 뿌리를 두었고, 17세기 후반부터 이들 정치이념에 기반을 둔 국민국가(nation-state)들이 속속 등장하였다. 이들 이념은 이후 4세기에 걸쳐 전체주의와 파시즘, 자본주의와 공산주의와 같은 파생이념들을 낳았고, 한편으로는 격렬한 이념대립, 전쟁과 혁명, 정치적 갈등과 사회적 혼란의 원동력이 되기도 했다. 아래의 제 3, 4장에서 이들 이념의 공통된 근원과 그들의 분화 및 대립 관계가 차례로 논의될 것이다.

기술적 의미에서 국민국가는 특정 지역을 점유하는 정치적 단위를 의미하는 국가(state)와 문화적 공동체를 의미하는 민족 또는 국민(nation)이 결합한 개념이다. 그러나 국가가 정치적 의미를 가지려면 그것이 귀속되는 주체, 즉 주권(sovereignty)의 소재가 명시되어야 하므로, 보다 엄밀히 말하자면 근대적 의미의 국민국가란 주권의 소재가 군주나 교회와 같은 통치자(세력)가 아닌 국민에게 있고, 국민은 개인의 소유권(personal ownership), 즉 개인 주권(individual sovereignty)

을 가진 다중으로 구성된다는 원칙에 기초하는 개념이다. 바로 이런 국가의 개념이 17세기 후반부터 성립되기 시작한 국민국가6)이다.

사전적 정의에 따르면7), 국민국가는 '국민이 주권을 갖는 국가로서, 국가를 구성하는 국민(주민)의 대다수는 언어나 혈통과 같은 속성을 공유한다.' 물론 이런 추상적 국가 개념은 구체적으로 정의하기 어려운 다수의 부속 개념들을 내포하고 있고, 역사적 사회문화적 전통에 따라 다양한 형태를 취할 수밖에 없기에, 이를 실증적이나 규범적 차원에서 단순화하기는 거의 불가능하다. 우리의 관심은 실천적 측면에서 이념적 특성과 국가 역할의 관계를 조명하는 일이지만, 상세한 논의는 이 책의 범위와 목적을 벗어난 방대한 작업일 터이다. 여기서는 후속되는 논의의 쟁점을 이루는 국가 역할의 변천 과정을 중심으로 이를 요약해 보기로 한다.8)

국민주권의 원칙을 기초로 사회계약의 논리를 적용한 최초의 시도는 국가를 국민적 동의에 의해 절대권력을 위임받은 (가상적) 주권자로 인정한다는 국가모형이다. 홉스(Thomas Hobbes, 1588-1679)의 리바이아탄(Leviathan, 1651) 국가모형은 사회 혼란을 통제하고 안정된 질

---

6) 정치사에서 국민국가는 웨스트팔리아 평화협약(Peace of West-phalia, 1648)에 기원을 두고 있다고 본다.
7) OED(Oxford English Dictionary)를 따르고, 일부 보충한 정의.
8) John Micklethwait and Adrian Wooldridge, *The Fourth Revolution: The Global Race to Reinvent the State*(Penguin Press, 2014) 참조. 이 글에서의 논의는 이들 저자들의 논문 'The State of the State(Foreign Affairs 2014)를 일부 요약하고 보완한 내용이다.

서를 유지하려는 목적에 부합한다는 명분으로 당시 구체제 권력층의 호응을 받기도 하였고, 현재까지도 그 영향력을 잃지 않고 있다.9) 그러나 그것은 로크(John Locke, 1632-1704)의 자유주의 사상이 대두하고 중잉집권적 국가의 비효율성과 부패에 대한 반감이 고조되면서 급격히 영향력을 잃으면서 자유주의형 국가론에 주도권을 넘겨주었다.

농경사회에서 산업사회로 이전이 가속화되는 과정에서 경제적 자유는 자유주의 이념의 핵심으로 여겨졌고, 아담 스미스(Adam Smith, 1723-1790)의 경제이론, 자유무역과 자유방임형 경제정책이 주도권을 잡았다. 농경사회의 지주 계층의 이해관계를 대변했던 보수주의자들은 애초에 경제적 자유를 핵심 가치로 존중했기에 바로 자본주의를 옹호하기 시작했고, 이런 이념성향은 현재까지 계승되고 있다.

보수주의와 자유주의는 서로 협력과 경쟁 관계를 유지하면서 국가는 치안과 안보에 전념할 뿐 민간의 자율적 활동에 대한 간섭을 최소화해야 한다는 야경국가(night-watchman state) 체제의 성립 과정에서 이념적 주역이 되었다. 이런 최소 정부의 기조가 유지된 데10) 힘입어 산업혁명과 시장경제의 활성화가 본격적으로 진행되었고, 19세기 후반에 이르러 빅토리아 여왕 치세기의 영국과 미국을 중심으로 엄청난

---

9) 리바이어탄 국가론은 영국의 내전과 외침 위협으로 극심한 사회불안으로 시달리던 영국 사회와 홉스 자신의 경험으로 인해 강력한 국가권력이 요구되던 시대 상황에 큰 영향을 받았던 것으로 알려져 있다.
10) 19세기 중엽 이후의 시기에 정부지출은 실제로 감소하였다.(John Micklethwait and Adrian Wooldridge, The Fourth Revolution(2014), 이전 각주와 동일).

국부의 증가와 자본주의적 번영이 이루어졌다.

그러나 20세기에 접어들면서 사정은 급변하기 시작했다. 자본주의 경제가 가져온 번영에도 불구하고 빈곤과 소외계층의 확대, '풍요 속의 빈곤(poverty amid prosperity)'의 문제와 잦은 경기불황에 따른 실업의 증대 문제가 최소 정부의 개념에 입각한 국가 모델에 대한 회의론이 증폭시켰기 때문이다. 이런 도전에 대해 국민국가의 대응은 기존 국가체제의 유지 보수와 국가사회의 전면적 구조변혁의 두 가지 형태로 나타났다. 전자는 비스마르크(Otto von Bismarck, 1815-1898)식 공교육과 사회보장제도의 도입이나 페비안 사회주의 운동(Fabian socialist movement) 그리고 루즈벨트의 뉴딜정책으로, 후자는 파시즘과 공산주의 혁명으로 발전하였다. 최소정부의 이념적 기반이었던 초기 자유주의가 고전적 자유주의에 보다 충실한 리버타리아니즘(libertarianism), 사회주의적 성격이 보다 강한 리버럴리즘(liberalism)으로 분화한 것도 이런 과정에서 일어났다.

전체주의를 패망시킨 제2차대전 이후에도 이런 추세는 계속되어, 서방 자유진영 국가들의 복지국가 체제와 소련과 중공의 공산주의 독재체제로 양분되었다. 두 체제에서 모두, 비록 규모와 범위에서 큰 격차가 있지만, 국가의 범위와 역할은 획기적으로 확대되어 갔다. 복지국가체제는 자유주의 전통이 강한 영어권 국가에서도 강화되었는데, 20세기 중반에 이르자 영국은 사실상 사회주의 국가가 되었고, 미국도 다소 약하지만 비슷한 체제로 변해갔다.

노동당이 집권한 20세기 중반의 영국은 '요람에서 무덤까지', '주
택, 의료, 교육 그리고 사회보장은 태생적 권리'라는 기치 아래 대부
분의 공공서비스를 국가가 공급하는 체제가 정착되었고[11], 뒤를 이어
미국에서도 민주당 집권기의 '위대한 사회' 정책으로 사회보장제도,
민권개혁(civil rights reform), 공영방송(PBS), 메디케어와 메디케이드,
영양보충 지원프로그램(SNAP, Supplemental Nutrion Assistance Progra
m)[12]이 차례로 도입되고, '빈곤퇴치 전쟁(war on poverty)', 고등교육
과 문화예술에 대한 정부지원이 확대되었다.[13]

한편, 이 시기에 노동자의 권익 보호정책, 노조 결성과 정치 참여도
활성화되었고, 노조가 영국 노동당과 미국 민주당의 주요 지지 세력
으로 등장하는 계기가 되었다. 이들 사회복지성 공공정책들은 절대빈
곤의 해소와 사회 안정에 크게 기여하였지만, 정부의 재정부담과 조
세부담의 팽창과 함께 민간영역에 대한 정부 간섭과 정부 역할의 확
대라는 부작용을 불러왔다. 또한 사회복지정책의 확대는 민간영역의
축소와 개인적 자유와 책임의 정신을 훼손하는 데 그치지 않고, 역설
적으로 민간의 권익충족 요구와 정부의존 성향을 강화시켜 정치, 경

---

11) 애틀리(Clement Attlee, 1883-1967) 수상 집권기의 무상 국민생명보험(national
   life insurance, 1946)과 공적부담 건강보험을 제공하는 기구인 국가 의료서비스
   (NHS, National Health Service, 1948)가 도입되었다 (이전 각주 참조).
12) 이후에 푸드스탬프 프로그램으로 알려지게 된 SNAP(1939년 도입)은 대공황 시
   기에 빈곤층의 식료품 구입지원 정책으로 도입되었다.
13) 사회보장 제도를 운영하는 사회보장국(Social Security Administration)과 통상
   Food Stamp Program으로 알려진 영양지원프로그램(SNAP, Supplemental
   Nutrition Assistance Program)은 루즈벨트 집권기에 처음 도입되었고, 이들 정책
   들의 확립과 다른 모든 정책들의 도입은 존슨 대통령 행정부에서 이루어졌다.

제, 사회적 불안의 주된 요인으로 발전하였다.

복지국가는 본질적으로 자유주의 정신에 사회주의적 요소를 주입한 복합된 이념에 기반을 두고 있다. 그렇기에, 위에서 지적했던 사회주의의 이념적 취약성과 한계에 따른 병리현상을 겪을 수밖에 없고, 이는 1960년대 후반부터 사회혼란과 경제적 침체의 형태로 극명하게 드러나기 시작했다.

이 무렵에 프리드먼(Milton Friedman, 1912-2006)을 위시한 보수주의 경제학자들과 러셀 커크(Russell Kirk, 1918-1994)와 같은 보수주의 사상가들은 복지국가의 이념적 취약성을 공격하고, 자유보수주의의 복원과 확산을 주도하였다. 그들의 노력에 힘입어 20세기 후반에 영국과 미국에서 보수주의 혁명이 현실화되기에 이르렀던 것이다.

그러나 보수혁명은 복지국가 체제를 근본적으로 해체하지 못한 미완의 정치혁명으로 남아있다. 보수혁명은 소련의 공산 독재체제를 붕괴시키고 사회주의의 확산을 저지하는 데 일단 성공했지만, 사회복지 정책의 기조를 근원적으로 종식시키지 못했다. 국가의 역할, 정부의 규모와 범위는 계속해서 확대되었고, 근년에 들어 이를 더욱 강화하려는 신좌파 운동이 활발해지고 있다. 불행히도 이들 정치운동은 민간 영역에 속했던 모든 사안을 정치쟁점화 함으로써 첨예한 정치 이념적 대립과 갈등, 나아가서는 이념전쟁과 다름없는 상황을 초래하고 있다.

현대판 이념전쟁

국민국가의 형성과 발전과정에서 드러나듯이, 국가의 성격과 범위를 결정하는 가장 중요한 요소는 정치이념이다. 이전의 정치체제에서 주권자인 군주나 전제적 통치자의 사적 관심이나 이해관계가 국민적 이해관계로 대체되었기 때문이다. 이전에는 정치적 갈등이나 투쟁이 주로 통치자나 통치계층의 야망을 충족시키려는 동기, 또는 종교적 열정에서 비롯되었고, 종종 영토 확장, 왕위 계승 또는 종교적 전쟁으로 이어졌지만, 새로운 형태의 정치 갈등은 이념전쟁의 형태로 나타났다. 이념전쟁은 국민적 이해상충을 반영하기에 훨씬 더 광범위하고, 규모가 크며, 잔혹성과 파괴력이 큰 전쟁을 불러왔다. 지난 4세기 중에 발생한 수많은 내전과 혁명전쟁들, 제1, 2차 세계대전은 모두 이런 경향을 뚜렷이 드러냈다. 초기에 이념갈등형 내전으로 여겨졌던 1950년의 한국전쟁도 본질적으로 국제 이념전쟁이었음도 밝혀졌다. 이념전쟁의 한 형태로 전체주의적 사회주의 국가인 소련, 중공, 캄보디아, 북한에서 자행된 정치범 탄압은 수천, 수백만의 자국민을 살해하거나 정치범수용소로 보낸 인류역사상 최악의 만행이다.

현대 주권국가(sovereign state)의 성격을 규정하는 가장 핵심적인 주제는 개인 주권 내지 개인적 자유에 대한 인식의 차이다. 이를 기준으로 국가체제를 배열하면 〈그림1〉과 같은 '정치체제와 자유 수준' 도표로 표현할 수 있다.[14] 이 도표는 정치성향의 구분과 자유의 인식

<그림 1> 정치체제와 자유수준: A Modified Nolan chart

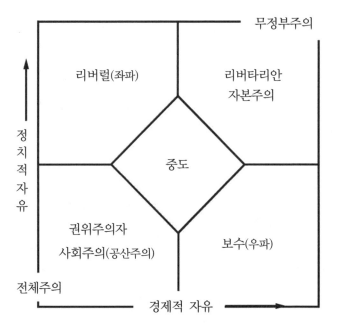

에서 다소간의 중복 가능성을 감안하면 지나친 단순화의 위험이 있음을 부인하기 어렵지만, 이념대립의 주축인 보수주의, 진보주의, 사회주의의 대립 구도를 잘 보여준다. 특히 초기 자유주의에서 분화한 리버타리아니즘과 리버럴리즘에서, 전자가 보수주의와 자본주의에 더욱 근접한 데 비해, 후자는 자유의 수준에서 사회주의에 동조하는 경향을 반영하고 있다. 현실 정치에서 전자의 정치적 영향력이 감소하고 있음에 비해 리버럴리즘은 강세를 보이고 있으므로, 이념대립은 점차 보수(우파)와 리버럴(좌파), 또는 우파와 좌파의 대립으로 2분화

14) 이 그림은 자유와 정치체제와의 관계를 설명하기 위해 고안된 Nolan Chart(David Nolan, 1974)를 일부 보완한 도표이다.

되는 추세가 심화되고 있다. 자유주의의 분화 원인과 과정, 보수주의의 연관성은 아래에서 더 상세히 다루기로 하고, 여기서는 이념대립의 정치적 의미에 집중하기로 하자.

보수-우파 대 리버럴-좌파의 이념대립은 냉전체제가 지속된 20세기 후반까지 고조되어 갔다. 민권운동(Civil Rights Movement), 월남전 반대 운동과 사회경제적 불평등에 대한 항의시위가, 리버럴-좌파 성향이 지배한 대학가와 연예계를 중심으로 해서, 미국과 유럽 전역을 휩쓸었다. 반자본주의 운동은 자극적인 반전 평화구호(Make Love, No War)로 상징되는 운동권 문화와 연합전선을 구축한 항의시위 운동으로 확산되어 갔다. 이런 항의운동(protest movements)은 사회불안과 정치적 혼란을 가중시켰고, 1968년 파리의 학생 항의시위와 시카고 민주당 전당대회에서 발발한 폭력난동 사태로 절정을 이루었다. 시위를 주도한 이들 청년층의 대다수가 현재 학계, 언론계 및 연예계의 상층부를 이루는 반자본주의 성향의 엘리트들이라는 진단이 정설이다.

미국과 유럽을 휩쓸던 1960년대식 항의운동은 20세기 후반에 이르러 기세가 꺾이고 이후 소강상태에 들어갔다. 복지국가의 비효율성이 극적으로 노출되기 시작하였고, 국가 개입식 경제정책의 실패와 오일 쇼크라는 국제정세가 스태그플레이션을 불러옴에 따라 보수주의 정치성향이 부활했던 사정이 주요 계기가 되었다. 대처와 레이건 보수 혁명이 성공할 수 있었던 주요인도 '영국병'과 '복지중독'으로 상징되는 복지 과잉의 후유증과 과격노조 운동, 경기침체에 대한 대중적 반감과 여기에 공감했던 노동당과 민주당의 보수성향 정치인들이 보수층으로 선회한 덕분이었다. 같은 시기에 소련과 동유럽의 공산권체제가 붕괴하고 사회주의 국가들의 실패 사례가[15] 속속 드러났던 사정도 사태가 진정되는데 크게 기여하였다. 그 결과, 이념대립과 갈등은 현저히 완화되었고 경제적, 사회적 상황의 급속한 호전이 이어졌다. 이런 추세는 적어도 20세기 말까지 이어졌다.

그러나 사정은 2007년 후반에 미국과 전 세계를 강타한 금융위기와 대침체(Great Recession)를 계기로 다시 반전되기 시작했다. 이전의 대공황 시기(Great Depression, 1929-1940)의 경우처럼 리버럴 좌파의 공세가 재연되었지만, 더욱더 적극적이고 광범위하며, 주공격 목표도 경제적 불평등에만 국한되지 않고 사회 전반의 불공정성을 문제 삼기 시작했다. 이런 경향은 어느 정도 예견된 일이었다. 현대 복지국가에서 사회안전망과 복지제도가 정착되면서 절대빈곤의 문제는 현저히 감소했고, 구조적인 불평등은 적어도 제도적으로는 사라졌지만, 상대적 빈곤이나 실질적인 공정성에 관한 관심이 커졌기 때문이다.

대침체기의 초기에 정부 정책은 금융과 경제위기의 조기 진화와 단기 사회복지제도의 땜질에 집중되었다. 그러나 정치적 논쟁은 점차 사회적 의료보험제도의 확충, 최저임금의 대폭 인상, 무제한적 자유무역 허용, 환경 규제 강화, 신재생에너지 육성정책, 이민규제 철폐와 '성역

---

15) 대표적 사례는 남미 국가들과 SPIG(Spain, Portugal, Italy, Greece)의 경제적 실패와 사회혼란상이다.

화 도시(sanctuary city)' 확대, 국경개방 정책, 성소수자 차별금지, 동성결혼 허용 법제화, 낙태 자유 확대, 비(非)기독교도와 종교적 관행에 대한 차별금지와 같은 사회적, 문화적 이슈로 확대되고 있다. 리버럴 좌파들은 정치권, 학계, 언론계, 사법부에 포진해서 이들 사안을 정치 쟁점화 하고, 이를 이념적 열정으로 밀어붙이려 한다. 그들 중 다수는 1960~1970년대의 항의시위에 나섰던 청소년들이었고, 그들의 이념적 열정에 공감하는 청장년층들이 현 리버럴 좌파의 주축을 이룬다.

한편, 당시에 반대 측에 섰고 1980년대의 보수혁명에 동조했던 사람들과 그들의 정신적 후계자들이 그에 대해 반론을 펴는 보수우파 세력의 주축이다. 이들 두 진영의 의견대립이 정치적 이념대립과 갈등의 현주소다. 편 가르기를 만들어 내는 현안이 모두 우리의 일상생활에 직결되어 있고 타협의 여지가 적다는 점, 단순한 문제 제기를 넘는 정부정책과 직결되어 있다는 점, 궁극적으로 사회와 국가의 역할을 결정하는 정치적 과제라는 점들이 정치적 양극화(political polarization)로 나타나고 있는 형국이다. 하이에크는 이를 정치가 해결할 수 없거나 다루지 않아야 할 이슈까지 다루려고 하므로 일어나는 문제, 즉 지나친 정치화의 문제라고 개탄한 적이 있다.

불행하게도 이념적 대립과 갈등은 자유민주주의 국가들이 피할 수도 없고, 타협하기도 어려운 정치과정이 되었다. 논쟁의 핵심은 궁극적으로 국가의 역할과 정부의 크기를 선택하는 문제이다. 보수주의자, (고전적) 자유주의자나 리버타리안은 국가의 역할을 제한하고 작은 정부의 원칙을 고수하려 하지만, 리버럴이나 사회주의자는 국가역할의 전방위적 확장과 큰 정부를 선택하려고 한다. 전자는 정부의 확대가 필연적으로 자유의 훼손, 민간부문의 위축과 국가 의존 증대, 조세부담과 재정부담의 증대와 같은 비용에 주목하는 반면, 후자는 평등한 권익보장이나 사회정의 실현을 보다 중시하는 이념적 차이를 반영하기 때문에, 양자 간의 이념적 입장 차이는 좁히거나 타협점을 찾기는 극히 어렵고, 정치적 대립의 주요 원인이 될 수밖에 없다.

이런 이념대립에도 불구하고, 정부의 크기는 계속해서 확대되는 추세가 유지되어 왔다. 국민국가가 성숙함에 따라 공공서비스 확대를 요구하는 정치적 압력이 커지고, 정부가 주도하는 사회복지 제도, 경기부양 정책들이 확충된 덕분이다. 그 결과 대부분의 주요 국가에서 정부 부문은, (GDP대비) 정부지출 비율을 기준으로, 19세기 후반에 비해 5배 수준으로 커졌다.[16] 이런 급격한 정부 부문의 확대는 이들 국가에서, 수시로 발생하는 경기침체와 불황과 맞물려서, 만성적 재정적자, 조세 부담과 정부 부채의 급증[17]을 불러오면서 첨예한 정치

---

16) 미국의 경우, 정부지출은 1870년대의 7.3%에서 2019년 현재 38.1%이다. 주요 유럽국가들의 정부지출 비율은 덴마크 51.2%, 스웨덴 49.7 %, 핀란드 54.4%, 프랑스 56.4%, 벨지움 52.5%로 훨씬 높은 수준이다 (자료: 헤리티지재단, 경제자유보고서 2020 및. Tanzi, V. and L. Schu-nknecht(2000)).

17) IMF의 추정에 따르면, 글로벌 (GDP 대비)정부부채 비율은 지난 반세기 기간 중 약 2.5배 증대된 60% 수준이다. 미국의 경우 동 비율은, 총부채기준으로, 같은 기간 중 약 3배, 1930년대에 비해 약 9배 증가하여 현재 108%(순부채 기준 82%)에 이른다. 주요 선진국의 경우도 사정은 비슷해서, 2017년경 기준으로(순부채 기준), 영국 87%(78%), 일본 236%(153%), 독일 64%(45%), 프랑스 97%(88%), 이탈리아 131%(119%), EU 87%(82%)이다. 북유럽국가나 신흥 선진국의 경우는 훨씬 낮은 수준으로 스웨덴 41% (9%), 한국 40%(9%) 등이다.

적 논쟁의 대상이 되고 있다.

정부 부채의 증대와 경제적 성과 간의 관계에 대해서는 이견이 있지만, 전자가 정부의 간섭으로 인한 민간부문의 위축, 개인 자유의 훼손 가능성을 크게 하며, 향후 경제발전을 저해할 수 있다는 점은 의심할 여지가 없다. 현실적으로 대부분의 선진국들이 다양한 수준의 복지국가 체제를 취하고 있기에 보다 직접적인 악영향은 리버럴 좌파들이 옹호하는 관대한 사회복지 수준의 지속가능성 여부일 것이다. 미국, 영국을 필두로 하는 주요 국가에서 복지개혁(welfare reform)은, 과잉 사회복지는 근로의욕 감퇴, 복지의존도를 심화시켜 경제성장 동력을 약화시키는 복지함정(welfare trap)의 문제라는 인식에 따라 20세기 후반 이후 추진되어 왔다. 이는 복지선진국으로 알려진 북유럽 국가들에서도 마찬가지다. 그러나 복지국가 모형은 두 가지 새로운 정치사회적 쟁점이 주목받으면서 국가의 성격과 정부의 크기에 관련한 논쟁의 핵심으로 떠오르고 있다.

리버럴 좌파들은 전형적인 그들의 논리에 따라 사회복지는 경제적, 사회적 병폐가 아니라 사회적 투자(social investment)이므로, 불법 이민자나 경제적 피난민들을 포함한 모든 사회적 취약계층으로까지 규모와 범위가 확대되어야 한다고 주장한다. 그들은 보수우파가 우려하는 정부의 확대나 복지함정은 진실의 왜곡이거나 사실의 과장이며, 그 근거로 흔히 북유럽 국가의 복지국가 성공을[18] 예시한다. 그러나

18) 흔히 복지국가 모형의 모범으로 알려진 북구 복지국가(Nordic welfare states)는

그들은 북유럽 국가가 모두 적은 인구, 강한 기독교 윤리와 책임의식, 동질적 인종으로 형성된 소형국가들이며, 이를 규모나 다양성이 훨씬 큰 국가에 적용하기 어렵다는 사실에 주목하려 하지 않는다. 그들은 또한 북구 국가들의 경제적 성과는 이전의 자본주의적 성장 과정의 과실이라는 점과 근년에 들어 자국의 과잉복지 정책을 개혁하려는 정책적 선회에 몰두하고 있다는 점을 간과한다.

복지국가 확대론에 대한 보다 현실적이고 심각한 비판은 지속가능성의 문제일 터이다. 낙후된 저개발 국가를 제외한 거의 모든 국가들은 저출산, 고령화의 문제를 안고 있고, 주요 선진국의 사정은 훨씬 심각하다. 인구학자들은 이들 국가의 대부분은 향후 30년 이내에 노동 인구 1인이 1.5~2명의 인구를 부양해야 할 것으로 보고 있다.[19] 그만큼 큰 정부 정책의 지속과 복지국가 모형의 확대는 어려워질 것임이 분명하다. 이들 국가의 관대한 복지혜택에 이끌려 빈곤국가로부터 유입되는 불법 이민이나 난민의 급증은 사정을 한층 더 어렵게 만든다. 근년에 들어 북구 복지국가들이 큰 정부, 복지국가 지향의 정책을 수정하기 시작한 점은 문제의 심각성에 대한 인식을 반영한다. 그럼에도 리버럴 좌파들은 복지국가 정책들을 옹호하고 있을 뿐만 아니

노르웨이, 스웨덴, 핀란드와 덴마크를 지칭한다.

19) 부양비율(DR, dependency ratio)은 (15세 미만 인구 + 65세 이상 인구) / (15세 이상 65세 이하) 인구로 정의되며, 노동참가 인구 1인이 부양해야 하는 비노동 인구의 수로 이해된다. 주요 국가의 DR은 2020년 현재 .5를 조금 넘는 수준이다 (미국 .54, 북구국가 평균 .59, 독일 .55, 일본 .55, 한국 .69, OECD 평균 .55). 특히 저출산, 노령화의 속도가 빠른 독일, 일본, 한국의 DR은 1.7, 1.8, 2.0이 1.7-2.0에 이를 것으로 전망되고 있다.

라 이념적 차원에서, 현실성이 없음에도 불구하고, 이민 제한 철폐나 국경개방 정책과 같은 급진적 정책을 추진하려 하고 있다. 이들 정치적 쟁점은 대부분의 서방국가에서 여전히 중요한 정치적 갈등요인으로 대두되고 있다.

이상적 국가모형에 대한 논의에서 정부 기능의 실효성과 효율성의 문제는 빼놓을 수 없다. 거대정부의 비효율성과 무능, 부패 경향은 사회복지 정책의 실천과정에서도 드러났다. 이는 늘 주요 자유민주주의 국가에서 격렬한 정부개혁론의 대상이 되어 왔지만, 흔히 정치적 교착상태에 머물렀다. 그렇기에 다수의 정치이론가들은 대안적인 국가모형으로서 아시아 국가의 정부에 주목하기도 한다.[20] 싱가포르, 한국이 주로 거론되고, 심지어 공산 독재국가인 중국이 여기에 포함되기도 한다.

이들 국가들은 권위주의적인 통치방식의 큰 정부 체제를 가진 국가들이며, 신흥 경제강국들이다. 그들은 모두 실효성이 크고, 비교적 효율적인 중앙집권적 관료체계를 운영하는 국가라는 공통점을 가지고 있고, 고도로 선진화된 정보통신 기술력을 보유하고 있다. 대다수의 전문가들은 이들 국가에서 정보통신망, 인터넷, 인공지능(AI, Artificial Intelligence) 기술의 보급과 이들 기술을 정부 부문에서 활용하는 수준은 서방국가들보다 우수하다고 평가한다. 그런 이유로 일부 리버럴 좌파들은 그들의 국가운영 방식을 모범으로 여기기도 한다. 그러나 정보

---

20) Micklethwait, J, and A. Woodridge(2014).

<그림 2> 미국인의 이념성향, 응답자 비율 (%)

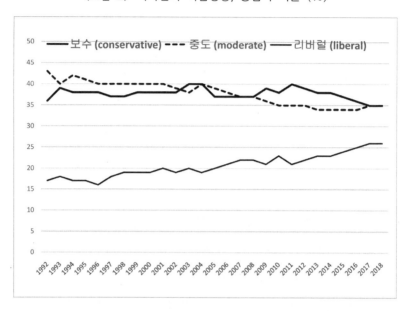

<표 1> 미국인 이념성향 (2019, 단위 %)

		보수	중도	리버럴
미국 성인 전체		37	35	24
성별	남자	41	36	20
	여자	33	35	28
연령별	18-29	26	40	30
	30-49	34	37	26
	50-64	42	34	21
	65+	46	29	21
교육수준	대학원 이상	26	36	36
	대학학부	32	38	28
	부분적 학부교육	38	37	22
	학부미만	43	33	19
소득	$100,000 or more	36	37	26
	$40,000-<$100,000	38	35	25
	Less than $40,000	36	36	24
인종	비히스패닉계 백인	41	33	23
	비히스패닉계 흑인	23	44	28
	히스패닉	35	37	25

출처: Gallup 서베이 일부

기술을 바탕으로 하는 권위주의적 국가가 자유민주주의 국가들이 추구하는 이상적 국가모형이 될 수 있는지에 대해서는 의구심이 따른다. 무엇보다도 그런 체제가 시민 자유와 개인의 사생활 간섭과 규제, 나아가서는 개인 주권과 개인의 존엄성 침해를 거부하는 보수주의 정신에 어긋나기 때문이다.

국가의 역할과 정부의 크기에 대한 이념적 차이는 대부분의 자유민주주의 국가에서 보수우파 대 리버럴좌파의 대립구도로 수렴된다. 위에서 언급한 대로, 안정된 국가에서 일반 대중의 정치성향은 늘 보수주의 성향을 갖게 마련이다. 미국의 경우 보수, 중도, 리버럴은, 주로 경제적 상황의 변화에 따라 일시적 변동을 겪기는 하지만, 대체로 40:40:20의 비율로 나타났고, 다른 자유민주주의 국가도 비슷한 경향을 보인다. 그러나 지난 20여 년간 사정은 달라지기 시작했다. 지식층의 좌경화가 급진전하면서 청년층, 여성과 소수인종, 사회적 취약계층의 리버럴좌파에 대한 지지가 커지고 있기 때문이다. 보수층은 여전히 리버럴 계층을 앞서고 있지만 격차가 줄어들고 있을 뿐 아니라(〈그림 2〉 참조), 이 추세는 지식층의 좌경화가 더욱 심화하고 있기에, 이념갈등은 한동안 더욱 격화될 조짐을 보이고 있다.

이런 보수-우파 대 리버럴-좌파의 극단적 대립을 현대판 이념전쟁으로 보는 견해도 결코 과장이 아니다. 보수-우파와 리버럴 좌파의 논쟁은 거친 말싸움으로 이어지고, 서로 상대방을 가짜, 거짓말이라고 매도하기 일쑤고, 흔히 비열한 인신공격(ad hominem attack), 근거

없는 선동이나 왜곡 보도로, 때로는 과격한 시위나 폭력행사로 나타나기도 한다. 그렇기에 대치상황의 원인과 성격을 아래와 같이 재정리해 볼 필요가 있겠다.

1. 격렬한 정치 갈등의 본질적 요인은 국가와 정부의 역할에 대해 리버럴 좌파와 보수 우파의 인식 차이에서 나온다. 전자가 불평등과 차별성을 비도덕적이며 정의롭지 못하다는 인식에 근거해서 사회적 힘인 정부를 이용해서 바로잡아야 한다고 보지만, 후자는 다양성과 차별성은 인간의 내재적 속성이며, 정부라는 임의적 권력이 개입해서 교정하려 해서는 안 된다고 본다. 그들은 국가의 역할은 자유와 다양성을 보호하는 역할에 그쳐야 하고, 도덕과 정의는 자율적으로 해결되는 자생적 질서에 맡겨야 한다고 본다.

2. 리버럴 좌파의 주장에 대한 대중적 호감은, 사회개혁을 이성적 사고방식에 근거해야 한다는 주장에도 불구하고, 이성적이기보다는 정서적이다. 그들의 주장에 연예인과 젊은 층의 지지가 더욱 큰 이유도 여기에 있다. 사회주의 사상에 대해 보수우파의 주장은, 낡은 사고방식에 대한 집착이라는 비판에도 불구하고, 실제 삶의 방식에 대한 지식을 포용하는 보다 큰 이성의 산물이다. 그러므로 그들의 견해는 늘 경험적 사실에 더욱 잘 부합한다.

3. 리버럴 좌파는 그들의 급진적 사회개혁론에 대한 집착과 미련을 버리지 않는다. 사회주의 사상은, 현실적으로 실패를 거듭해 왔던 경

험에도 불구하고, 새로운 해석과 이론과 결합하여 재무장한 정치사상
으로 부상해서 보수 우파의 정신에 도전하고 있다. 그들은 20세기 후
반에 수세에 몰려 잠복하고 있었지만, 문화적 다원주의(cultural
pluralism)라는 새로운 동력을 얻어 사회개혁 운동을 되살리려 하고
있다. 흔히 문화 상대주의나 문화적 마르크시즘(cultural Marxism)[21)]
으로 불리기도 하는 이들 사상의 뿌리는 2차 세계대전 직후에 등장한
프랑크푸르트 학파의 비판이론(Critical Theory)이고, 전후 유럽과 미
국을 위시한 전 세계의 지식인층의 좌경화에 커다란 영향을 끼쳤다.
이들 사상은 정치 온당성(PC, political correctness)[22)] 문화와 정체성
정치행위(identity politics)[23)] 논쟁을 확산시키고, 우후죽순처럼 늘어
나는 급진적 저항운동들[24)]의 중요한 이론적 근거로 자리잡는 데는 시

---

21) Mendenhall (2019)
22) 정치온당성(PC)은 사실 부정확하고 역설적인 의미를 전달하는 잘못된 용어다.
사실이지만 정치적으로 불편한 편견을 전달하기 쉬우므로 사용을 금지하거나
다른 용어로 대체하라는 경고를 뜻하기 때문이다. 전형적인 사례는 불법이주자
(illegal allien)라는 용어를 금기시하고, 증빙서류가 없는 외국인 거류자
(undocumented foreign resident)로, 흑인 또는 니그로 대신 아프리카계 미국인
(African American), 동성애자(gay person)라는 용어 대신 성소수자(sexual
minorities)라고 표현하거나, 성적 구분을 의미하는 단어 man, woman, he, she를
금기시하고, person, ze 로 대체하려 하는 운동이나 정책을 뜻한다.
23) 정체성 정치행위(identity politics)는 특정 정치인이나 정치행위를 소속 여부가
아니라 개별 안건에 대한 성향에 따라 분석, 평가하는 접근방식을 뜻하지만, 흔
히 오용되는 용어다. 실제로는 특정 정파나 정당 소속의 정치인, 예를 들어 보수
주의자나 공화당 소속 정치인을 인종주의자, 머리 나쁜 고집불통으로 낙인찍거
나, 좌파 리버럴이나 민주당 소속 정치인을 사회(공산)주의자로 몰아붙이는 행
태를 뜻한다.
24) 전형적인 사례는 페미니즘 운동, 인종차별 항의운동, 성소수자 옹호운동
(LGBTQ Promotion Campaign), 성역화 도시(Sanctuary City) 확대론, 반파시스
트 운동(Antifa, Antifacist movement)과 지구온난화 방지 운동과 같은 급진적 정
치운동의 사례는 일일이 헤아릴 수 없이 많다. 그들은 대학가에서 보수주의자의

간이 별로 걸리지 않았다. 이런 '운동권 문화(Movement culture)'의 확산은 지식층의 역사적 인식과 좌경화에 근원을 두었고, 오늘날 이념 갈등의 주요 원인으로 발전하고 있다. 물론 이념 갈등의 책임은 반대진영인 보수 우파에게도 있다. 그러나 이념 공세의 급진성과 과격성은 늘 리버럴-좌파의 속성이었고, 보수우파의 과오는 주로 선제적 공격이 아닌 반동적 성격을 지녔고, 늑장 대응이 항상 문제였다.

4. 같은 성격의 좌우 이념 갈등은 한국의 경우에 한층 과격한 형태로 나타났다. 민중혁명의 방식으로 전개된 2017 이후의 정치과정은 불과 3개월이라는 짧은 기간에, 뚜렷한 혐의도 입증하지 못한 채 여론몰이 식으로 현직 대통령을 파면 구금시켰던 광기 어린 정변25)으로 귀결되었다. 이를 주도한 좌파 리버럴 정치세력과 보수우파 시민들 간에 첨예한 대치가 3년이 넘는 2019년 말, 지금까지도 지속하고 있다.

5. 근년에 들어 리버럴-좌파의 세력이 급성장한 데는 지식층의 좌경화가 여론형성에 영향을 끼친 탓도 있지만(위의 3항), 정치적, 경제적 사안의 진전도 적지 않은 역할을 하였다. 다수의 좌파 지식인들이 20

강연에 몰려가서 야유를 퍼붓거나 난동으로 방해하기도 하고, 보수주의 언론인에게 폭행을 가하는 일도 드물지 않다. 일부 지방정부는 성적 구분에 따른 화장실 사용을 금지시키거나 자신의 주관적 성의식에 따라 여성용 화장실을 마음대로 사용할 권리를 허용하는 조례를 통과시켰고, 일부 공립학교에서는 비미국인 학생들을 불편하게 만들 수 있다는 이유로 미국 국기의 게양을 금지시키기도 했다. 이들 사례들의 구체적 내용과 결과들은 Wright(2019) 참조.

25) 소위 '촛불 혁명'이라는 미명으로 불리는 이 정변의 진행 과정에서 대통령을 참수하는 모습의 모의 단두대가 실제로 등장했고, 여기에 대중의 열광과 언론의 찬사가 이어진 야만적 행태가 수일간 지속되기도 했다.

세기 후반 공산주의가 몰락하고, 그들의 개혁론이 실패한 데 실망했다
면, 이후 신보수주의자들(Neo-con)[26])이 주도한 이라크 전쟁이 별 성
과를 거두지 못했고, 금융과 경제의 자본주의의 실패가 잇따르자 보수
-자본주의에 대한 회의와 개혁론이 다시 부상했다. 그런 사정으로 다
수의 이념적 중도층이, 보수혁명에 동조했던 이전의 경우와 반대로,
리버럴-좌파 성향으로 돌아서게 되었다(〈그림 2〉 참조). 여기에 글로
벌리즘의 확산, 기후변화 방지론과 문화다원주의에 저항하는 보수층
에 실망한 자유주의자들이 가세한 '불경한 동맹(unholy alliance)'[27])
이 리버럴 좌파의 정치적 상승세를 만든 주요 원인의 하나가 되었다.

6. 리버럴-좌파의 정치적 도전에 직면한 보수주의의 대응은 '신
(新)' 국가주의[28])적 경향이다. 국가주의의 이념적 근거는 국가가 보수
정신과 개인 자유를 보호하고 사회주의의 득세를 막는 데 가장 효과
적이었다는 역사적 경험과 신념에서 나온다. 국가주의는 본질적으로
초(超) 국가적 또는 무정부적 성향을 지닌 자유주의, 글로벌리즘이나
사회주의에 대한 반동적 성향을 지닌다는 점에서 보수주의와 이념적
동질성을 가진다고 볼 수 있다. 신국가주의를 자극한 현실적 계기는
제국주의적 중국과 무슬림 극단주의 세력의 급부상이다. 중국은 소련
제국주의 확장에 대한 전략적 대응의 하나로 도입된 미·중 협력 관
계에 힘입어 제2의 경제대국으로 도약했지만, 새로운 패권 국가로 부

---

26) 네오콘의 주축은 부시 대통령을 포함하는 중도성향의 온건 보수주의자와 글로
벌리스트들이 주축을 이루었고, 여기에 다수의 중도층 또는 리버럴이 가담했다.
27) Michael C. Desch, Liberal Comlex, American Conservative, Jan. 10, 2011.,
28) Harzony (2019)

상하려는 야심을 드러내고 있는 공산주의 독재체제이다. 자유를 사랑하는 전 세계의 자유민주주의 시민들, 보수우파들은 전체주의 중국의 위협에 결연히 맞서야만 한다.

한편, 미국이 주도한 1, 2차 이라크 전쟁이 별 성과 없이 끝나자, 그 여파로 급성장한 무슬림 테러세력과 이란은 중동의 내전과 정치질서의 혼란을 일으키고, 전 세계에 테러 위협을 가하며, 대규모의 피난민을 양산하는 주범이 되고 있다. 중동 내전의 피난민들과 빈곤과 부패에 시달리는 중남미 국가를 탈출해서 유럽과 미국으로 대거 몰려드는 난민들은 이들 국가에서, 영국의 브렉시트와 미국의 국경장벽 설치 논쟁에서 드러나듯이, 엄청난 정치적 갈등을 불러일으키고 있다.

위에서 적시한 논점들은 국가의 범위와 역할에 대한 보수−우파와 리버럴−좌파의 견해 차이를 드러내며, 첨예한 이념적 갈등의 대상들이 되고 있다.

자유민주주의와 정치 현실

자유민주주의 국가에서 이념대립과 정치적 갈등은, 비록 누구에게나 만족스럽지 못하더라도, 여론전과 선거라는 과정을 통해 그 해결이 이루어진다. 그렇기에 이념과 정치적 갈등의 본질에 대한 정확한 이해는 매우 중요하지만, 이는 귀찮고 골치 아픈 일이다. 그렇기에 대부분의 사람들은 이념적, 정치적 논쟁은 곧잘 감정적 대립과 언쟁에 이르게 되기 쉬우므로 가급적 회피하려고 한다. 사교적 회합에서 정치적, 종교적 주제는 금기라는 일반적 인식은 이를 반영한다. 그들은 선거에서 자동차나 집을 살 때만큼 꼼꼼히 따져보려고 하지도 않는다. 그렇게 결정을 하면, 후자의 경우는 비합리적이라거나 바보라고 부르지만, 전자의 경우에는 정치에 무관심(politically indifferent)하다고 가볍게 넘기거나, 스스로 그렇게 자처하기도 한다.

정치 무관심은 정치적으로 방관적이거나 중립(politically neutral)이라는 냉소적 형태로 드러나기도 한다. 자신의 결정이 별다른 차이를 낼 수 없다거나 시시비비를 가리기 어렵다는 인식 때문일 터이다. 이런 경향은 고학력, 지식계층일수록 더 심하다. 정치적 선택이 개인의 사생활에도 종종 심각한 영향을 주므로, 어느 경우이든 신중한 결정이 아니라는 점에서 다르지 않다. 이들 모두를 정치무관심으로 불러도 별 무리가 없을 터이다.

어리석음을 뜻하는 '바보(idiot)'라는 말은 원래 정치적인 뜻을 지녔다. 그 어원인 고대 그리스어 idiotes, 또는 라틴어 idiota는 적극적으로 정치에 참여하는 시민을 뜻하는 polites와 대치되는 용어였다. 이는 정치를 엘리트의 공적 사명으로 여겼던 고대 도시국가에서 (정치적 사안에 대한) 교육을 못 받았거나 무지한 대중을 가리켰다. 이후 이 말은 점차 정치적 색채를 벗어나서 우둔하다는 뜻의 일반적인 용어로 변했다. 그러나 정치 무관심이 개인의 자유와 번영에 결정적인 영향

을 줄 수 있을 경우에도 정치 무관심을 바보스럽다거나 비합리적이
아니라고 볼 수 있겠는가?

대중의 교육수준과 정치 정보의 접촉 기회가 극대화되어 있는 현대
사회에서 정치 무관심을 바보로 폄하하는 것은 물론 옳지 않다. 실은
정치 무관심은 이기적 계산의 결과이다. 정치적 이해관계라는 복잡한
문제를 이해하고 자신의 문제와 연결하려면 엄청난 노력이 필요하고,
그 비용은 온전히 개인의 몫이다. 반면에 그런 노력의 혜택은 불확실
하며, 있다고 하더라도 다 같이 나누어 갖는 작은 조각일 뿐이다. 그렇
기에 그런 노력의 비용 부담을 거부하고 기대 혜택을 누리려는 무임승
차 행태가 합리적이다. 이처럼 경제학자들이 고안해 낸 '합리적 비합
리성(rational irrationality)' 29), 또는 '합리적 무지(rational ignorance)' 30)
의 개념은 정치 무관심을 설명하는 중요한 이론으로 자리 잡았다.

그러므로 현실정치를 좌우하는 계층은 정치적 선택의 효용을, 물질
적이나 이념적으로, 집중적으로 누리게 되는 소수가 주축을 이루는
정파, 정당 또는 그 열성적 지지자들이다. 그들은 친 노조 대 친 시
장, 큰 정부 지지 – 작은 정부 지지, 좌파–사회주의 정당 대 우파–보
수주의 정당 등으로 나누어져 다투고, 수적 우위를 얻기 위해 다수의
정치 무관심 계층을 끌어들이고자 애쓴다. 정파는 권력의 획득과 유
지에 존재 이유를 가지므로, 늘 반대 정파를 압도하거나 궤멸시키려
든다.

---

29) Bryan Caplan, *The Myth of Rational Voter: Why Democracies Choose Bad
Policies,* Princeton University Press, 2007.
30) Anthony Downs, *The Economic Theory of Democracy*, Harper and Row, 1957.

　한편, 다수를 이루는 정치 무관심 계층은 복잡한 정치적 이해관계, 난해한 정치경제학적, 정치철학적 이슈를 이해하려고 애쓰기보다는 자신들의 가정과 직장, 오락과 재테크, 친목 단체 모임이나 행사에 더 집중한다. 그런 복잡한 문제들은 전문가나 여론 주도층에게 맡겨 두고 정해진 정치 일정에 따라 투표권을 행사하거나 참여를 포기하면 그만이다.

　정치 무관심 계층의 크기는 늘 유동적이기 마련인지라 정확히 계측하기는 어렵다. 하지만 대중적 이기심이 정치 무관심의 근원이라는 점에서 그 비율이 높을 거라고 짐작하기는 어렵지 않다. 실제로 미국의 경우, 정치 무관심 계층의 비율은 50~60% 수준으로 추정되고 있으며, 여타 국가에서도 별반 다르지 않을 거로 보인다. 이런 사정 때문에 현명한 정치적 선택을 늘 기대하기는 어렵다. 정치 무관심은 정치적 사안에 대해 적극적인 지적 성찰을 배제하므로, 감성적 구호나 선동이 대중을 지배하기 쉬워지게 된다. 그들에게 이민과 난민유입의 법적, 정치적 차이를 묻는다면, 최저임금 인상의 경제적 함의를 묻는다면, 인도적 차원에서, 사회적 공평성의 시각에서, 다루어져야 할 문제라는 상투적 답변을 듣게 될 각오를 해야 할 것이다.

　전체주의나 좌파–사회주의적 정치세력은 이런 정치 무관심의 약점을 잘 알기에, 자신들의 급진적 사회개조 이념을 실현시키는 데 선전선동을 전략적 무기로 즐겨 사용한다. 그리하여 그들은 종종 민주적 선거라는 방식을 통해, 아마도 자신들마저 알지 못하는 경로로, 경제를 파탄시키고, 사회 전체를 혼란에 빠뜨리며, 공화국 체제의 붕괴로 몰고 가기도 한다. 그런 위험이 정치 무관심이 역설적으로 가져오는 비합리적 결과다. 그것은 합리적 무지의 비합리성(irrationality of rational ignorance)이라는 비극이다. 그런 경험은 나치즘과 파시즘의 득세에서부터 그리스의 비극, 베네수엘라의 차베스 혁명에 이르기까지 수없이 반복되었다. 한국의 촛불 혁명도 이와 같은 경우가 아니라고 누가 장담할 수 있겠는가?

급진정치 세력과 정치 무관심의 결합으로 빚어지는 이런 위험은 언론이나 지식계층과 같은 사회적 기구가 독립적, 정상적으로 작동한다면 완화될 수도 있다. 그러나 그들 스스로가 정파적 이해나 이념적 독선에 포획되고 가짜 지식의 생산자가 되는 경우를 어떻게 막을 수 있겠는가? 아마도 현실적으로 가장 유효한 해결책은 대안적 정치세력들이 경쟁할 수 있는 공간을 조성해 주는 방식일 것이다. 그 핵심은 견제와 균형의 원칙, 개인 자유의 존중, 법치주의의 확립이다. 이는 영국과 미국에서 의회주의 전통의 확립 또는 헌법정신의 기반이라는 방식31)으로 실현되었고, 정파들은 치열한 사상적 논쟁을 거쳐 설립된 이념정당으로 발전하였다. 이런 토양에서 정치사상은 학자, 언론인, 논객들의 활발한 논쟁을 거쳐 형성되고, 일방적으로 편향될 수 없는 방식으로 대중에게 전파될 수 있었다. 이들 국가에서 대립하는 정치 이념과 학파, 그들의 정책을 옹호하는 대학, 연구소, 사회단체나 언론

---

31) Federalist Paper 14 by James Madison (1987), reprinted by Coventry House Publishing, 2015

기관이 건재한다는 사실에서 잘 드러난다.

한편, 정당은 관습법을 존중하고 합법적 경쟁을 통해 정치적 선택에 이르는 전통을 확립하였다. 무엇보다도 중요한 결과는 자유주의적 보수주의(libertarian conservative) 정당이 늘 정치적 주역이라는 위치를, 그리고 사회주의, 공산주의나 전체주의식 사회개조 열풍, 정치혁명의 광풍을 통제하는 역할을 잃지 않았던 점일 것이다.

지금 한국의 정치 상황은 암울하다. 일단의 좌파-사회주의자, 친북주의자들이 각 정부 부처, 사법기관과 군대, 정치권, 언론, 노동계, 교육계와 학계를 비롯한 국가와 사회의 주요 기구들을 모두 장악하고 있다. 그들의 목표와 전략은 정치적 무관심 내지 무지를 이용해서 국가체제를 변조하려는 책동, 그 이상도 이하도 아니다. 설상가상으로 우리의 지적 풍토는 개인의 자유와 번영, 국가의 존재 의미에 대한 진지한 고민이나 성찰을 찾기 힘든 퇴영적 물질주의, 평등주의, 사회주의 사상만 무성한 황무지나 다름없다. 이들 좌파-사회주의자들에게 묵시적으로 호응하는 정치 무관심은 더욱 큰 문제다. 그들의 안중에는 과거에 대한 맹목적 비난, 현실에 대한 비이성적 불평, 사회적 병폐에 대해 남 탓하는 습관만 가득하고, 미래 세대에 대한 사려 깊은 배려도 없다. 무엇보다도 그들에게 국가란 시혜 기관일 뿐이다. 사실 그들은 지금 지켜야 할 조국(father land)을 가지고 있지 않으며, 따라서 애국심도 없다. 그러나 불행히도 좌파-사회주의 세력에 맞설 수 있는 정치세력, 진정한 우파-보수정당은 지금 존재하지 않는다. 그렇기에 한국이 이런 위급한 처지에서 벗어나려면 일반 시민들의 각성이 어느 때보다 절실하다.

한 가닥 희망은 있다. 아직 적지만 자유의 중요성과 이를 지켜주는 국가의 의미를 새삼 자각하는 애국 시민들과 그들을 일깨우려 고군분투하는 소수의 지식계층도 있다. 만시지탄은 있지만, 시간이 걸리더라도 그들의 열정을 격려하고 결집시키는 모임과 단체의 결성, 교육과 홍보 활동과 같은 적극적 운동을 전개해 나가야 할 때다. 무엇보다도 애국시민들의 의지를 대변하고, 정치무관심 계층의 애국심을 고취시킬 수 있는 진정한 우파—보수주의 정치세력을 만들어야 한다.

우리 시대의 전체주의

전체주의는 국가가 명시하는 정강이나 정책에 대한 반대나 비판을 일절 허용하지 않거나 극도로 제한하는 정치체제 또는 정부 형태를 말하며, 따라서 국가는 국민의 사적, 공적 영역에 대해 고도의 통제를 행사하는 체제이다. 그렇기에 전체주의는 권위주의의 극단적 형태로 여겨지기도 한다(〈그림 1〉 참조). 전체주의 체제에서는, 따라서, 근대 국민국가의 기초로 인식된 개인 주권과 자유, 개인의 존엄성과 같은 개념은 이성적 설계로 형성된 특정 이념의 하위개념일 뿐이거나 무시되며, 최상의 가치로 존중되지 않는다. 인명 존중, 인권 사상의 결핍을 드러내고, 종종 인종말살(genocide) 정책을 실행하기도 한다. 바로

이 점 때문에 보수주의나 자유주의는 전체주의와 결코 타협할 수 없지만 사회주의, 공산주의, 이슬람 신정체제는 흔히 전체주의적 속성을 지니게 된다. 역사적 이유로 전체주의는 무솔리니의 파시즘, 히틀러의 나치즘, 스탈린이나 마오쩌둥 식의 좌파 전체주의와 동격으로 인식되고 있지만, 현 중화인민공화국(PRC, Peoples Republic of China), 이란 이슬람공화국(IRI, Islamic Republic of Iran)도 여기에 속한다.

전체주의 체제는 단순한 이전의 국민국가와 다른, 20세기 초반에 형성된 정치체제이며, 이념적 순수성을 최상의 덕목으로 삼는 체제다.[32] 전체주의 체제는 예외 없이 혁명적 사변을 통해서, 역설적이게도, 대중의 열정적 호응을 얻어 성립되었을 뿐 아니라, 파시즘이나 나치즘과 같이 민주적 절차를 통해 도입되었으며, 그 원동력은 바로 이념적 호소력이었다. 그것은 나치즘에서 인종투쟁, 마르크스-레닌주의에서 계급투쟁, 이슬람 극단주의의 지하드(Jihad), 한국에서 좌파들의 민중 항쟁론으로 나타났다. 이들 이념은 모두 비판을 수용할 수 없는 원리주의이자, 유사종교적 속성을 지니기에 그만큼 대중적 호응을 받기 쉽다. 비록 국가체제의 차원은 아니라 하더라도 전체주의적 이념 성향은 자유민주주의 체제에서도 발견된다. 일부 극단적 리버럴 좌파들이 옹호하는 성소수자 차별 철폐, 전면적 이민 및 난민수용 정책, 국경철폐론, 그린 뉴딜(Green New Deal)과 같은 급진적 사회개혁론도 본질적으로 전체주의적 속성을 지니고 있다. 그것들은 냉철한

---

32) Arendt, Hannah, The Origins of Totalitarianism, Harcourt, Brace & Company, 1979.

현실인식이나 과학적 분석이라기보다는 교조적 믿음, 정치적 열정에서 나오기 때문이다.

현재 자유세계가 직면하고 있는 심각한 위험은 중국 공산주의 체제라는 새로운 전체주의의 위협이다. 마오쩌둥이 1949년에 건설한 중화인민공화국은 마르크스-레닌주의 이념에 바탕을 둔 사회주의적 이상의 실현과 확산이라는 전체주의 체제였고, 그런 건국이념은 단 한 번도 버린 적이 없이 현재까지 계승되어 왔다. 자유주의 진영은 일찍부터 공산주의 중국의 위협을 그 엄청난 인구와 크기 때문에 소련에 못지않은 위협으로 간주하고 있었다. 동서진영의 최초 군사적 대립은 1950년의 한국전쟁이었다. 그것은 소련의 승인을 얻어 남침한 북한에 의해 촉발되었지만, 교전의 상대는 사실상 미국과 중국이었고, 양측은 3년간 엄청난 사상자를 낸 채 휴전으로 봉합되어 현재의 남북한 대치상태에 이르고 있다. 이후 중국은 마오쩌둥 치하에서 중소분쟁, 대약진 운동과 문화혁명의 실패에 따른 국내정치적 혼란기에 빠져 세계적인 위협으로 발전하지 않았지만, 1972년부터 대소 봉쇄전략으로 도입된 미·중 화해 시기에 접어들면서 열강의 반열에 오를 계기를 마련했다. 덩샤오핑 체제가 집권한 1978년 이후부터 본격적인 개혁개방 정책을 추진하기 시작한 중국은 지난 40년간 경이적인 경제성장을 이룩하였고, 이제 명실공히 세계 2위의 경제적, 군사적 강국으로 성장했다. 다른 한편으로, 같은 기간에 미소 냉전의 종식과 소련체제의 붕괴가 이어지면서 비대해진 중국은 유일하게 공산주의 체제를 표방하는 강대국으로서의 위상을 확보하게 되었다.

중국이 눈부신 경제성장을 이루고 부강한 현대국가로 성장한 데는 미국과 서방국가의 협조로 자유주의적 세계무역질서에 편입된 것이 결정적인 역할을 하였다. 중국은 미국과 협력 관계를 발전시키면서 세계무역기구, 국제통화기금의 회원국이 되는 등 국제기구에 적극적으로 참여하고, 서방국가의 기술력과 자국의 막대한 저임금 노동력을 결합하는 방식으로 선진국의 거대한 시장에 진출할 수 있었다. 개혁 개방 노선의 주역인 덩샤오핑은 역사적인 1972년 유엔 연설에서 다음과 같이 그들의 정책 노선을 전 세계에 천명했다:

> "중국은 사회주의 국가이며 개발도상국이기도 하다. 중국은 제3 세계에 속한다. 중국 정부와 인민은 마오쩌둥 주석의 교시를 일관되게 따라서, 모든 피압박민들과 피압박국가들이 독립을 쟁취하고 이를 지키려는 투쟁을 지지하며, 국가 경제를 발전시키고 동시에 식민주의, 제국주의와 패권주의를 배척한다. 이것이 우리가 짊어진 국제적 사명이다. … 만일 중국이 언젠가 자신의 깃발을 내리고 초강대국이 된다면, 만일 그들도 세계에서 전제주의 국가가 되어 모든 다른 국가들을 자신의 지배하에 두고 괴롭히고 착취하려 한다면, 전 세계 인민들은 중국 정권을 사회주의-제국주의자로 지목하고, 이를 드러내고 저항해야 하며, 중국인민들과 합심해서 이를 무너뜨릴 것이다."

중국은 자신들의 공산주의적 국가 정체성을 고수하면서 경제성장을 추구한다는 정책 의도를 분명히 하고 있었지만, 서방국가들은 이를 해가 없고 비정치적인 활동으로 여겼기에 그들의 경제개발과 개혁

개방 정책을 지원했다. 다수의 정치전문가는 자본주의적 번영으로 자유에 대한 열망이 강화되면 중국은 점차 자유민주주의 국가로 이행하거나, 적어도 국제사회의 평화에 대한 기여라는 책임을 다할 수 있는 국가로 발전할 것으로 기대해 왔다. 국제사회는 중국이 본격적인 개혁개방 정책을 추진하던 1980년대의 중국이 '자신을 드러내지 않고 실력을 기른다'는 '도광양회(韜光養晦, Hide your strength and bide your time)'라는, 다분히 중국적인 대내 정책을 공개적으로 천명한다는 사실에 별로 주의를 기울이지 않았고, 뒤이어 발생한 대규모 자유화 요구 시위가 천안문 대학살(天安門大屠殺, Tiananmen Square Massacre) 사태로 귀결된 사실도 크게 문제 삼지 않았다. 이런 국내외 정치적 배경 위에서 중국경제는 지난 40여 년간 연평균 8%를 넘는 초고속 성장률을 이룬 끝에, 중국은 지금 세계의 공장으로 불릴 만큼 세계 최대의 공업생산국, 세계 2위의 경제대국, 세계 최대의 군대를 가진 군사 대국, 최첨단 과학기술을 실용화하고 있는 현대국가로 변모했을 뿐 아니라, 전 세계에 정치적, 경제적 영향력을 과시하는 국가로 성장하였다. 이런 일련의 사태 진전이 중국의 숨은 장기 전략의 실현인지는 알 길이 없지만, 자유민주주의 국가들은 40여 년 전 덩샤오핑의 연설이 불길한 예언이었음을 깨닫게 되었다.

우리의 현실적인 관심인 '현대 중국이 자유민주주의 국가를 위협하는 우리 시대의 전체주의 국가인가?'라는 문제이므로, 전체주의 체제를 규정하는 기준을 살펴볼 필요가 있겠다. 프랑스의 정치철학자 레이몬드 아롱은 이를 다음과 같이 적시한다[33]:

모든 정치활동에 독점적 권력을 행사하는 일당 독재국가;
유일한 권위를 부여받은 통치 정당이 준수하는 국가 이데올
로기; 공식적 진실을 배포하는 대중매체를 통제하는 국가의
정보독점 체제; 주요 경제활동 기구를 국가의 통제 하에 두
는 국가통제경제; 경제적 또는 전문적 행위를 범죄로 몰아가
는 이념적 테러; 범법자에 대한 처벌과 이념적인 박해.

여기에 더해 전체주의 국가들은 예외 없이 제도적 폭력과 비밀사찰
을 활용하는 테러 시스템에 의존하여 자국의 주민들을 통제한다.[34]
이들 전체주의적 속성들은 모두 현재의 중국체제에 정확히 들어맞는
다.

이상에서 열거한 기준은 전체주의 국가들이 필연적으로 갖게 되는
속성들이자 주로 국내적 특성들이다. 그러나 전체주의 국가들에서 공
통적인 또 다른 특성은 대외정책에서도 뚜렷이 드러난다. 그들은 자
신의 이념적 순수성과 정당성을 국내뿐만 아니라 대외적으로 입증,
방어해야만 하므로, 늘 이념의 전파와 팽창전략을 추구한다. 그것은
파시스트와 나치가 벌인 침략전쟁, 소련이나 중공의 팽창전략, 또는,
한국전쟁이나 월남전과 같이 그들의 사주로 발발한 대리전의 형태로
나타났다. 그들의 대외전략은 흔히 간첩 활동, 체제선전이나 영향력

---

33) Aron, Raymond, Democracy and Totalitarianism(1968).
34) 이 기준은 즈비그뉴 브레진스키의 '6개의 전체주의 요건' 중 하나이다.
(Brezezinski, Zbigniew (1956). 그의 나머지 5개 요건들은 아롱의 기준과 대체로
일치한다.

확대와 같이 은밀한 침투활동으로 나타나기도 한다. 이들 특성들이 전체주의 체제를 자유민주주의 체제와 분간하게 해주는 상호배타적인 기준들이다.

중국공산당은 마오쩌둥-덩샤오핑-시진핑 체제에 이르기까지 공산주의 이념의 실현이라는 목표를 포기한 적이 없다. 그들은 엄격한 공산당 독재체제를 유지해 왔으며, 대중언론을 철저히 통제하는 체제임은 잘 알려진 사실이므로, 위의 필요기준 1-3에 부합한다는데 의문의 여지가 없다. 그러나 나머지 세 가지의 기준에서 나오는 특성들은 중국공산당 체제의 진정한 위험을 이해하기 위해 주목하지 않으면 안된다. 그것들은 종전의 전체주의 체제에서 보기 드문 중국이라는 거대한 국가적, 역사적 특이성에서 나온다.

첫째는 중국의 경제 운용 방식이다. 중국이 개혁개방의 과정에서 자본주의적 요소를 도입하고, 국제경제 질서에 동참했으며, 그것이 경제적 성공의 큰 요인이었던 사실이다. 그들은 재산권의 부분적 허용과 보호, 주식시장과 민간기업의 육성, 자유무역, 기술도입과 외자 유치와 같이 적극적으로 시장경제 활성화를 추진했다. 이 과정에서 중국의 풍부한 저임 노동력과 선진국의 기술제공이 결정적으로 큰 기여를 했고, 여기에 고수익 투자기회와 잠재력이 큰 거대 중국 시장에 이끌린 서방 자본주의 기업들이 대거 참여했다. 동 기간에 미국 정부는 클린턴, 부시, 오바마 정권 모두 중국의 부상과 자국 기업들의 중국진출을 적극적으로 옹호하였다. 중국은 이런 우호적인 환경 속에서 자국에 투자하는 기업에 대한 기술이전을 의무화하거나 기술도입 정책을 합법적 또는 불법적 복제나, 지적 재산권 침해의 방식이든, 강화해서 급속한 공업화를 이룰 수 있었다.

그 결과 중국은 단기간에 절대빈곤에서 탈피하고, 1인당 소득은 22배가 넘는 8천 불 수준으로 성장했으며, 주민들의 생활 수준도 급격히 향상되는 등 경이적인 성공을 거두었다. 자본주의적 경제체제로 전환한 덕택에 중국은 세계 최대의 교역 국가의 하나가 되었고, 거대한 인구 규모 덕분에 생산력 기준으로 미국을 초월하는 제1의 경제 대국으로 성장하는 쾌거를 이루었다. 그러나 경제적 과실은 주민들에게 고르게 돌아가지 않았다. 불평등은 경제성장 과정에서 흔히 나타나는 불가피한 현상인 점을 고려하더라도, 중국의 경제적 불평등은 지나치게 높고 구성 형태도 악성이다. 중국의 불평등 지수(지니계수 기준) 46.5는 OECD 평균(32.3)이나 미국(45.0) 보다 높고,[35] 전세계 불평등 국가 순위로 상위 10% 수준에 속한다. 경제지 포브스의 추정에 따르면, 개혁개방기에 중국인의 자산은 5배로 늘었음에 비해, 상위 0.01%의 고소득자는 40배 이상 급성장했고, 중국의 억만장자 수는 미국과 인도의 경우의 숫자보다 많다.

더욱이 중국의 부자들은 거의 모두가 고위공직자, 공산당이나 인민해방군의 간부, 또는 그들과 연관된 인물이며, 정치인과 친분을 쌓지 않고 부자가 될 수 없다든가, 정치인들의 부패가 심각하다는 인식은

---

35) 세전 및 이전소득 전 지니계수. 2020년 전후 기준(자료: CIA, World Fact Book, World Population Review-2020)

널리 알려져 있다. 중국의 통계나 내부정보의 신뢰성은 검증하기 어렵지만, 중국에서 부의 편중과 지배계층의 부패가 심각하다는 점은 부인하기 어려워 보인다. 이는 중국의 경제활동이 자본주의적이며 경제적 자유화의 외형을 가졌음에도 불구하고 철저히 국가에 의해 관리되는 방식을 고수했다는데 기인한다. 중국은 5만여 개의 국영기업(SOE, State Owned Enterprise)을 가지고 있고, 상위 500여 개의 대기업들의 대주주는 중국 공산당과 인민해방군이거나 그들과 관련된 인사들이며, 정부의 보조금에 의존해서 운영되는 기업에 2천만 명 이상이 고용된 것으로 추정되고 있다.[36) 주요 금융기관과 모든 기업들이 정부의 강력한 규제를 받고 있을 뿐만 아니라, 언론매체들은 사실상 공산당의 선전기관이며, 인터넷과 유튜브도 엄격한 검열과 통제를 받는다. 중국 정부는 종종 사회질서 훼손이나 반정부 선동이라는 혐의를 걸어 수백, 수천 개의 인터넷 채널을 폐쇄하기도 했다.

그들의 경제 운용 방식에서 단연 최악은 자국 주민에 대한 노동 착취일 터이다. 중국 공산당은, 공식적인 부인에도 불구하고, 전국에 산재한 정치범수용소, 노동교화소에서 사상범들을 비인간적 처우와 더불어 강제노동에 동원해왔다는, 즉, 노예노동자로 사용해 왔다는 사실은 비밀이 아니다. 자국민들을 대상으로 한 노동착취는 신장 위구르와 티베트 지역에서 직업훈련생들에 대해서, 그리고 도시지역에 대거 유입되는 농촌 출신 이주노동자에 대해서도 가해지고 있다. 후자는 중국의 폐쇄적 주민등록 제도에 따라 도시 거주증이 허용되지 않는

36) Lee Edwards, Is China Totalitarian? Heritage Foundation, Feb26th, 2020.

비거주 도시근로자들을 일컫는데, 흔히 농민공(農民工, rural migrant workers)으로 알려졌고, 전체노동 인구의 1/3인 약 2억2천 명에 이른다고 한다. 그들은 자국민임에도 도시 거주가 허용되지 않는 불법체류자이며, 교육과 복지제도의 사각지대에 놓여 있기에 열악한 노동조건과 정상임금의 절반에도 못 미치는 임금을 감수해야 한다고 알려져 있다. 사실상 노예노동자와 다름없다. 중국의 노예노동은, 구체적 상황이나 중국경제에 대한 기여도는 내부정보의 정확성이나 통계수치의 신뢰성을 확인하기 어려운 중국의 체제 속성 때문에 단정하기 어렵다 하더라도, 상당한 수준으로 존재한다는 사실 자체는 부인할 수 없어 보인다.[37]

이런 경제 운용 방식이 중국 공산당이 거둔 성공, 부와 권력의 원천이다. 그들은 WTO 체제하의 국제무역 자유화와 글로벌리즘의 확산을 기회로 삼고, 비관세장벽과 환율조작과 같은 자신들의 중상주의적 무역정책을 접목시킴으로써 세계 최대의 외환 보유국, 최다 미국채권의 보유국, 자타가 공인하는 '세계의 공장(Factory of the World)'의 지위를 얻게 되었다. 중국이 도입한 자본주의는 민주적 사회주의, 시장 사회주의(market socialism)나 사회 민주주의도 아닌, 자본주의 강점과 약점, 글로벌리즘과 자유무역의 약점을 교묘히 조합하여 만든 강성(强性) 사회주의(Hard socialism)이다.

중국 전체주의의 두 번째 실천방식은 주민의 감시통제 체제이다.

---

37) Josh Gelernter, China's Slaves, National Review, DECEMBER 13, 2013 & Peter Bengsten, China's Forced Labor Problem, The Diplomat, March 21, 2018.

중화인민공화국은 건국 이후부터 줄곧 인민해방군과 경찰력을 동원해서 정적의 숙청과 탄압, 주민의 감시통제라는 노선을 버린 적이 없고, 그 잔인성과 폭력성은 중국 공산당 체제의 상징처럼 여겨지기도 한다. 중국이 철저한 주민통제와 억압 정책을 고수하는 것은 공산주의 체제유지의 속성상 불가피하기에 그리 놀랍지 않다. 그들의 이념체계에서 공산은 사회적 정의와 도덕률을 규정하는 최정점에 있으므로, 자유시민이나 다른 정파의 견해와 반론은 존재가치가 없고 숙청이나 타도의 대상일 뿐이기 때문이다. 그들의 주민통제 정책은 개혁개방 시기 이후에도 전혀 약화되지 않았고, 천안문 학살사건, 파룬궁 추종자 말살 정책, 신장·위구르 주민 탄압, 홍콩 시위자 진압으로 이어져 왔다. 중국 공산당의 주민 감시통제 시스템은 전국에 산재한 교도소, 정치범수용소, 노동교화소38)와 같은 수용소들과 실천 전위대인 인민해방군과 막강한 경찰조직으로 구성돼 있다. 중국은 인민해방군 소속의 무장경찰 부대(PAP, People's Armed Police)를 포함하는 200만 명의 거대 경찰병력을 운용하며, 그중에서 150만 명 규모의 공안(公安: 中華人民共和國 公安部)경찰이 핵심을 이룬다.

공안은 2천 년대 초반에 정권의 통제력 확대를 위해 대폭 강화된 조직으로, 교통법규 위반이나 마약범죄 단속과 같은 일반범죄 행위의 단속뿐 아니라 시위 진압, 정치범 색출, 언론과 인터넷 검열에 이르기까지 무소불위의 권력을 행사한다. 그들은 엄격히 사회질서를 유지해

---

38) 중국 정부의 은폐로 정확한 실태는 알려지지 않았지만 신장 위구르 지역에만 약 180만 명의 정치범들이 수용된 것으로 추정되고 있다.

야 한다는 명시적 임무를 부여받고 있기에, 비상상황으로 판단할 경우, 영장 없이 주민사찰, 체포, 구금 및 즉결처분까지 할 수 있는 전세계에서 가장 강력한 경찰 권력이다. 공안은 자유민주주의 체제이 주민봉사 기관과는 차원이 다른 주민에 대한 감시통제 기관이다. 그들은 반정부 인사와 정치범을 체포, 구금, 가택연금, 강제노동형이나 사상재교육형에 처하게 할 뿐만 아니라, 정부 시책에 대한 비판을 색출하고 처벌하는 데 주역을 담당한다. 일반시민들은 반정부 행위에 대한 의혹으로 검문이나 가족에 대한 위협을 받기도 하고, 주변인들이 급작스럽게 사라지거나 의문시하는 일들을 종종 목격하기에, 공안을 두려워하고 대면하기조차 꺼린다.

중국 공산당은 특히 정치범이나 체제 비판자를 무자비하게 처벌하고, 어떤 반정부 행위, 정부 비판, 또는 그럴 가능성마저도 일절 용납하지 않는 방식으로 주민통제를 한다. 마오쩌둥 사상이나 정권에 대한 비판, 천안문 학살에 대한 비난이나 언급은 철저히 금지되어 있고, 위반자는 예외 없이 구금되거나 정치범수용소로 보내져서 비인도적 처우, 사상재교육과 강제노동형을 받는다. 특히 주민 인구의 10%에 달하는 100만 명의 신장 위구르인들과 파룬공 추종자들이 그런 가혹한 처분의 주 대상이었고, 그들 중 일부는 장기이식 목적으로 장기 적출의 희생자가 되었다는 끔찍한 정황도 확인되고 있다.[39] 투옥 중

---

39) 정치범의 장기 적출 의혹은 서방세계의 언론에서 오래전부터 제기되어 왔다. 런던에 본부를 둔 인권변호사 단체인 중국진상위원회는 최근 이런 만행이 계속되고 있다고 발표한 바 있다.(Owen Bowcott, China is Harvesting organs from detainee, tribunal concludes, The Guardian, Mon 19, 2019). 동 위원회에 조사

인 2010년에 노벨 평화상을 받았던 반체제 인사 류 시아보(Liu Xiabo)
는 2017년 병보석으로 풀려난 직후 사망했고, 신장 위구르에서 교과
서 편집인으로 일했던 얄쿤 로지(Yalqun Rozi)는 2015년에 분리주의자
로 종신형 선고를 받고 복역 중이며, 최근 우한 바이러스 연구소에
재직 중인 의사들이 정부 발표와 다른 견해를 발설했다는 이유로 구
금된 사례에[40] 이르기까지, 반정부 인사에 대한 가혹 행위나 주민통
제 사례는 무수히 많다.

자유세계가 중국의 주민통제 방식에 특별히 주목하는 까닭은 그들
이 최첨단 IT 기술을 활용해서 전방위적 감시통제 시스템을 구축해
나가고 있다는 점이다. 중국은 반도체와 배터리 소재 산업, 태양광 기
술에 대한 집중투자, 빅데이터 활용, 5G 상용화, 음성과 얼굴인식기
술, 인공지능 활용과 같은 차세대 기술의 개발과 실용화에 국가적 역
량을 총동원해 왔고, 이들 기술을 실용화한 데서 세계적 리더로 성장
했다는 사실은 치하할 만하다. 그러나 불행히도 중국 공산당 정권은
최첨단 소재와 IT 기술을 활용하여 그들의 전체주의적 행태를 강화하
는데도 놀랄 만큼 신속하고 효과적인 실력을 발휘하고 있고, 주민감

과정에 참석한 중국 당국자는 재소자의 장기수확(organ harvesting)이 종전에 있
었음을 시인했다고 알려졌다.
40) 우한 시립병원의 의사 리 웬리안(Li Wenlian)은 2019년 최초로 언론에 코로나
바이러스의 위험성을 발설했다가 공안에 의해 허위사실 유포죄로 체포, 구금되
었고, 이후 더 이상 이를 언급하지 않는다는 조건으로 석방되었다. 동 지역의
다른 의사들 몇 명도 같은 처분을 받았다고 한다. 그는 이후 뉴욕 타임스와 인
터뷰(2020년 1월)에서 당국이 초기에 방역조처를 했다면 우한 폐렴의 확산을
줄일 수 있었을 것이라고 말하기도 했다. 그 직후 그 자신이 폐렴에 감염되어
사망했다.

시와 통제에서 기술적 혁신을 이룬 국가가 되었다.

　중국은 현재 2억 개가 넘는 감시 카메라와 숫자 미상의 감시 로봇을 배치, 운용하는 '전자 감시형 경찰국가(electronic surveillance-based police state)' 체제이다. 그들은 인공지능에 기반한 얼굴인식기술, 빅데이터 기술을 원용한 '스마트형 도시(smart city)'의 개발을 추진 중인, 사실상의 '빅 브라더국가(Big Brother sate)'로 발전하고 있다. 그들의 국가체제가 만들어 내는 사회는 조지 오웰이 '1984'에서 그려낸, 그가 '동물농장' 모형으로 삼았던 소련식 공산 독재체제가 '무운전 자동차(driverless car) 체제'와 결합한 디스토피아로 불러도 과장이 아니다.

　근년에 중국 공산당은 자신들의 '사회신용평가 카드(social credit card)' 제도라는 혁신적 발상을 실천에 옮기고 있다. 이 제도는 모든 시민의 신체와 건강 정보, 학업과 직업 성취 수준, 교우 관계나 사회 활동, 정치적 시각에 이르는 모든 신상정보를 수집, 관리하고, 이를 사회적 신용등급으로 환원할 수 있는 제도이다. 사회신용 체계는 수년 전부터 신용평가회사가 예비 작업을 주도하는 식으로 진행되어 오다가 2020년부터 실용단계에 들어가게 되어있고, 현재 중국의 중앙은행인 중국 인민은행의 관할하에 있다.

　사회신용평가 카드 제도의 구체적 내용은 아직 밝혀져 있지 않지만, 통상적 신용카드의 확장판으로 추정할 수 있다. 우리는 누구나 개인 신상정보의 유출이 가져오는 위험을 걱정하고, 실제로 악용될 수 있다는 사실도 잘 안다. 거의 모든 개인정보가 타인에게, 그것도 독재 권력의 수중에 들어간다는 것은 시민의 자유와 개인 주권의 포기와 다름없음은 불을 보듯 뻔하다. 이 제도는, 최악의 경우, 전 주민을 감시 통제하는 효율적인 수단이자 독재 권력에 대한 절대적 순종을 강요하는 사회로 만들어갈 것이기에, 자유시민이라면 결코 용납할 수 없다. 그런데도 중국 정부는 이것을, 서구 사회가 사회질서 안정이라는 제도의 본질을 이해하지 못하는 무지의 소치라고 깎아내리면서, 이 제도의 실행을 강행 중이다.

중국 전체주의가 외부세계에 주는 가장 직접적 위협은 마지막 세 번째 형태인 대외팽창 전략이다. 그들은 글로벌리즘과 자유무역의 정신을 존중하는 미국과 서방 진영의 약점을 파고들어, 저임금과 불공정무역 관행, 지적재산권과 기술 탈취를 활용하는 독특한 중상주의 정책의 운용으로 단기간에 엄청난 돈을 벌었다. 중국 공산당 정권은 엄격한 주민통제로 이룩한 정치안정과 엄청나게 축적된 경제력 덕분에 자신감을 얻어, 전 세계에 대한 영향력 확대에 나서기 시작했다.

시진핑 체제가 2012년에 등장한 직후, 중국은 일대일로(一帶一路: OBOR, One Belt One Road) 정책을 채택하고, 세계 도처에 전진기지를 조성하는 한편, 저개발국가와 경제적 부진에 시달리는 자유민주주의 국가에 대한 투자확대, 주요 국제기구에 대한 영향력 강화와 자국체제의 선전에 주력해 왔다. 프리덤하우스는 이를 두고 시진핑의 중국이 지난 10년간 국내 통제력 강화와 본격적으로 대외 영향력 확대를 추구해 왔다고 평가한다. 그들이 팽창전략을 추구하는 진정한 의도에 대해서는 평가가 엇갈리고 있지만, 글로벌 초강대국을 지향한다는 사실은 최근 자국의 저자세 대외정책을 탈피하겠다는 공식적 선언에서 드러나고 있다.41)

공식 용어로는 BRI 계획(Belt and Road Initiative)으로 알려진 일대일로 정책은42) 표면적으로는 중국 주도 아래 아시아, 아프리카, 유럽의 70여 개 국가나 국제기구를 중심으로 해서 사회간접자본 건설투자를 한다는 국제개발 프로그램이다. 이 계획에서 일대는 고대 실크로드를 염두에 둔 도로와 철도로 구성된 육상 교역로를, 일로는 현대판 해상 실크로드를 의미한다. 본질적으로 중국을 중심에 둔 육상과 해상의 교역로를 건설하겠다는 발상이고, 최종 목표연도를 중화인민공화국 건국 100주년이 되는 2049년에 맞춘다는 사실에서도 과거 중국의 영화를 재현시키려는 의도를 읽을 수 있다. 중국은 같은 시기에 제1 도련선(第一島鍊線), 제2 도련선(第二島鍊線)이라는 해상 군사전략 개념을43) 도입하고, 항공모함과 최신형 구축함을 건조하는 대대적인 해군

---

41) 시진핑은 2017년 10월의 연설에서 "우리는 세계의 중심에 서서 인류에게 더 큰 공헌을 해야 할 때가 되었으며", … "중국은 우뚝서서 동방에서 확고한 지위를 차지했고, 우리의 "번성하는" 중국적 사회주의 경제모형은 저개발 국가에게 "새로운 선택"이라고 선언했다.(Financial Times, October 20, 2017).

42) 중국 정부는, 일대일로라는 용어에서 하나라는 단어가 줄 수 있는 부정적 인식을 없애기 위해 2016년부터 이를 BRI계획이라고 부른다.

43) 이들은 원래 한국전쟁 시기에 미국의 대소, 대중 해상봉쇄 전략으로 대두된 The first and the second island chain strategy에서 나온 전략개념이다. 전자는 쿠릴열도, 오키나와 보르네오 섬을 연결하는 방위선, 후자는 이보다 동쪽 해상에 있는 보닌 군도, 일본 동부의 화산군도와 필리핀 동부의 군도를 연결하는 선이다. 중국의 새로운 해상전략은 원래의 미국의 해상전략들에 대한 도전 전략

력의 증강, 남중국해에 인공섬을 건설하여 군사기지로 삼는 등으로
적극적인 해양진출 전략을 추진하고 있다. 이런 공세적 군사전략은
자국의 교역로 수호를 넘어 동 지역에서 미국의 해상패권에 대한 도
전으로 여겨지고 있기에, 미국과 일본, 인도 및 오스트레일리아를 주
축으로 하는 동맹국이 구축한 인도-태평양 전략이 대치하는 상황이
조성되고 있다.

  중국의 BRI 계획은 현재까지 적지 않은 성과를 거두어 왔다. 그들
은 엄청난 자금력을 동원하여 대폭적인 군비 확장을 서두르는 한편,
일대일로의 대상 지역에서 직접투자나 차관 공여의 방식으로 철도와
도로건설, 해운과 하역회사 사들이기와 무역 전초기지 확보에 주력했
다. 그 결과 케냐의 지하철 건설, 지부티에 자국 군사기지 건설, 이
란, 스페인, 이탈리아, 그리스, 파키스탄에서 주요 항구의 사용권 획
득, 카자흐스탄 공항과 국영기업에 대한 집중투자를 성사시키는 등,
40여 개의 주요 지역에 전초기지를 확보하는 성과를 거두었다. 특히
이탈리아는 EU의 반대에도 불구하고 유럽 지역에서 최초로 적극적인
BRI 계획에 참여 및 제노아, 트리에스트, 팔레르모의 항구 사용권 제
공을 선포함으로써 전 세계를 놀라게 했다. 중국은 이런 과정에서 재
정난에 시달리는 국가에 상환하기 힘든 부채를 안겨주는 부채함정
(debt trap) 전략, 투자대상 지역에서 자국 노동자를 대거 투입하는 식

  으로 볼 수 있다. 전자의 구체적 형태로 시진핑 정권이 센가쿠 열도, 파라셀 제
  도, 스베틀리나 군도를 자국 영토로 규정하는 영해법을 공포한 바 있고, 현재
  국제 분쟁지역이 되고 있다.

민정책을 실천한다는 비난을 받고 있기도 하다.

　중국의 팽창전략은 본질적으로 구 소련이 추구했던 좌파 제국주의와 다르지 않다. 그들이 이란, 베네수엘라, 북한과 같은 전체주의적 불량국가에 군사적, 경제적 지원을 지속해 왔다는 사실, 한국이나 베트남과 같은 주변국에 대한 정치적 간섭 강화, 자유 진영의 국가에서 자신들의 문화와 정치이념의 적극적인 선전 공세[44], 학계, 언론계, 정치권에서 우호세력 확보 활동에서부터 정보망 해킹, 불법적 기술정보 절취나 간첩침투와 같은 공작을[45] 전개해 왔음은 공공연한 사실이다. 이런 일련의 행태들은 사회주의 패권 국가를 지향하는 중국의 야망을 노골적으로 드러낸다.

　다수의 지식인들이나 정치전문가들은 중국이 개혁개방 노선을 진행하면서 점진적으로 자유주의적 세계질서(liberal world order)에 동참하게 될 것으로 기대했던 것이 사실이다. 그러나 중국은 자신들이 성취한 경제적, 기술적, 정치적 성공을 자국민의 자유와 행복의 증진, 인류의 평화와 번영의 확대에 이바지하기보다는 전체주의적 초강대

---

44) 중국은 2천 년대 들어 세계 각지에 자국의 문화와 체제를 홍보, 선전하는 활동을 강화해 왔다. 대표적인 경우인 공자학원은 중국 정부의 재정지원을 받는 교육, 홍보기관으로서, 전 세계의 수십 개 대학에 약 500여 개가 설립되어 있으며, 빠른 속도로 증가하고 있다. 미국, 일본과 한국에 가장 많이 분포되어 있지만, 미국과 스웨덴 등 일부 국가에서는 자금출처와 체제선전을 문제 삼아 폐쇄가 되는 추세도 드러나고 있다.

45) 최근 하버드 대학의 저명한 교수(Charles Leiber)가 매수 및 위증으로 기소되고, 보스턴에서 중국공산당 소속의 과학자가 간첩 혐의로 체포된 사건 등 다수의 사례가 적발되고 있다.(로이터 통신, January 28, 2020).

국의 지위를 차지하려는 목표가 보다 분명해지고 있다. 그것은 아마
도 사회주의 패권 국가의 건설이라는 그들의 이념적 한계에서 나오는
필연성일 터이다. 이런 상황에 직면한 자유진영의 국가는 대처방안을
두고 고심하고 있다.

사정을 더욱 어렵게 만드는 요인은 다음의 두 가지다. 먼저 중국이
라는 거대한 국가의 막강한 힘이다. 중국은 14억이라는 막대한 인구
를 가진 거대 국가, 엄청난 경제력을 가진 국가, 일사불란한 통제체제
와 막강한 군사력을 가진 국가다. 그들의 경제력과 기술력은 세계의
공장으로 불리는 세계 최강의 생산력과 세계 최대의 교역 국가[46], 초
고 수준의 최첨단 전자정보 역량을 가진 국가라는 데서 나온다. 오늘
날 서방 자본주의 국가들의 대형 기업들 중에 중국 정부와 기업에 기
술경제 협력 관계를 유지하지 않는 경우는 드물게 되었다.

바로 이런 점들 때문에 일부 서방 언론이나 정치전문가들은 중국을
대안적 정치경제 체제로 상정하기에 이르렀다. 다른 하나는 자유진영
의 리버럴 좌파들, 특히 학계, 언론계와 일부 정치인들 중에 친중 성
향이 무시할 수 없이 크다는 점이다. 그들은 냉전기의 친 소련 지식인
들의 경우처럼, 자본주의적 경제질서, 자유주의적 세계질서, 미국이
주도하는 세계평화 질서에 비판적이다. 다수의 지식인, 사업가, 정치

---

46) 세계 수입과 수출금액으로 보면, 2018년 현재 중국은 11.4%, 13.5%로 단연 세
  계 최대 교역 국가다. 그 뒤를 이어 미국은 13.4%, 9.0%, 독일은 6.7%, 8.4%를
  차지한다.(자료: UN Comerccial Trade 통계).

인들이 중국공산당 독재체제의 참모습에 주목하기보다 그들의 통치체제의 효율성이나 일사불란함에 감탄하고 우러러보기까지 하는 현상은 슬픈 일이다. 그들은 중국공산당 체제가, 역사적으로 중국 제국이 그랬던 것처럼, 잔혹하고 억압적인 전체주의 체제, 지배엘리트 중심의 중압집권적 독재체제, 백성을 탄압하고 노예 상태로 가두어 두는 체제임을 외면하고 있다.

그들은 노예노동, 인권침해와 불공정 무역관행에 대해서는 입을 다무는 대신, 중국이 가져오는 경제적 이득에 더욱 주목한다. 그들은 자유무역과 비교우위론이라는 교조적 이론에 집착하여 자국의 안보에 대한 위협, 자국민들이 겪어야 하는 경제적 피해는 무시하는 글로벌리스트의 견해를 지지하며, 다수의 보수우파 지식인들도 이런 입장을 적극 지지한다. 막강한 영향력을 지닌 뉴욕타임스나 이코노미스트는 반미친중의 성향을 자주 드러내며, 중국의 국제 전략과 지위를 옹호하거나 미국이 주도하는 세계질서를 불공정하다고 보는 입장을 취하기도 한다.

중국이 부분적으로 자본주의 시장경제 제도를 도입하고, 자유세계질서에 동참했지만, 중국 공산당의 공산독재 체제와 전체주의적 야심은 자유세계의 시민과 공존할 수 없다. 지식층이 이런 중국의 위협을 과소평가하는 경향은 그것이 자신들의 이성적 모형의 관심 대상이 아니거나 한계를 넘는 영역에 있기 때문이다. 이런 이유로 전체주의 중국의 위험은 이전의 소련 전체주의의 경우보다 훨씬 심각해 보인다.

보수우파는 중국의 전체주의를 타협이나 옹호의 대상으로 보지 않는다. 그것은 그들의 이념성향이 개인의 주권과 자유의 존중이라는 범할 수 없는 가치에 뿌리를 두고 있고, 어떤 임의적 정치권력에 대한 순종도 용납할 수 없다고 믿기 때문이다. 보수주의자는 국가를 본질적으로 민의를 하의상달(下意上達)의 방식으로 결집하는 체계로 인식하고, 설계된 질서에 복종하는 상명하달(上命下達)의 체계로 보기를 거부한다. 그러므로 그들은 지배엘리트가 임의로 자임하는 권력에 순종하려 하지 않는다.

이에 반해 리버럴 좌파의 이념체계는 본질적으로 이성적으로 설계된 질서이고, 이런 상명하달식 질서에 대한 순응은 자연스러운 귀결이다. 그렇기에 그들은, 보수우파와 반대로, 전체주의적 이념에 수렴하는 경향을 보이게 된다. 보수주의자의 이념성향은 자유주의자들의 가치중립적, 무정부적 성향을 지지하지도 않는다. 그들은 그런 성향이 사회 혼란을 초래해서 궁극적으로 독재 권력을 초래하게 됨을 인식하기 때문이다.

보수우파와 자유주의자는 전체주의 중국에 적극적으로 대처해야만 한다. 그들은 그 대응전략이 동서냉전에서 소련 전체주의를 패배시킨 봉쇄전략일지, 또 다른 혁신적 전략이 될지를 선택해야만 한다. 이 책의 집필을 마무리하는 중에 터진 코로나 바이러스 펜데믹은 중국 공산주의 제국의 위험성과 부도덕성을 드러냈다. 중국은 전체주의의 폐쇄적 속성에 갇혀서 바이러스의 유출과 확산을 은폐하고 조작함으로

써 전 세계에 전대미문의 대재앙을 초래했다. 이 사태의 교훈이 있다면, 그것은 바로 중국 전체주의의 도전에 적극적으로 대처해야 할 당위성을 다시 한번 일깨워 준 점이다.

부분 결론

국가와 이념은 불가분하게 연결된 개념이다. 근대 국민국가는 처음부터 개인 주권과 개인의 존엄성이라는 자각으로부터 태동했고, 이런 인식에서 자유와 평등의 사상은 이후 국가의 성격과 범위를 규정하는 기초가 되었다. 이들 사상의 정치철학적 형태가 정치이념이다. 인류 역사상 지난 400년은 이념의 시대였고, 이념의 분화에 따라 여러 행태의 국가로 발전되었고, 수많은 내전과 국제 전쟁이 발발했던 기간으로도 볼 수 있다. 모든 주권국가는, 정치 형태와 상관없이, 모든 국민의 복리를 떠나서 존재할 수 없기에, 국가는 공공재를 공급하는 주역이 될 수밖에 없고, 그 범위와 역할에 대한 이견이 보수-우파와 리버럴-좌파의 첨예한 이념갈등에서 중심적 부분을 차지한다. 현대 국가들이, 수준의 차이는 있지만, 복지국가의 성격을 가진 것도 그런 사정을 반영한다. 신좌파 정신은 공공복리의 범위를 불법이민자의 복지, 사회적 약자의 권익 신장, 환경복지와 신재생에너지를 포함하는 사회 전반의 문제로 확장하고, 국가 역할의 공간을 전통적인 공공재의 공급자를 넘어서 민간 활동 공간의 전 영역으로 확대하려 한다.

자유를 중시하는 보수−우파는 국가가 국방과 질서 유지라는 전통적 역할에 치중하는 최소국가의 원칙을 고수하려 하지만, 평등을 보다 중시하는 리버럴−좌파는 사회정의의 차원에서 정부 개입의 확대를 주장한다. 반세기 전 케네디 대통령은 취임사에서 '국가가 당신들을 위해 무엇을 해 줄지를 묻지 말고, 국가를 위해 무엇을 할 수 있을지를 물어보십시오.' (And so, my fellow Americans: "ask not what your country can do for you ─ ask what you can do for your country. My fellow citizens of the world: ask not what America will do for you, but what together we can do for the freedom of man.")라는 표현으로[47] 전 세계적으로 커다란 반향을 일으켰다. 연설 내용은 자국민뿐만 아니라 우방국가의 국민들 모두를 향한 메시지를 담았기 때문이다.

이 구절은, 반공주의자이자 자유 보수주의의 기질을 가졌던 그가 사용한 정치적인 수사에 불과했지만, 밀턴 프리드만과 같은 보수주의자들의 즉각적인 반론을 불러왔다. 국가의 일은 개인의 일에 참견하는 데 있지 않고, 개인은 국가를 위해 봉사하는 존재가 아니기 때문이라고 보기 때문이었다. 그렇기에, 전방위적인 국가 영역의 확대를 당연시하는 대중적 인식과 국제적 분쟁과 대립의 위협이 커져가는 현 상황에서 이 구절의 함의를 따지는 일은 새삼 중요한 과제로 여겨진다. 그것은 현대판 이념전쟁의 성격을 드러내기 때문이다.

모든 이념 논쟁은 결국 국가와 사회의 성격을 규정하고 선택하는

---

47) 존 에프 케네디가 행한 1961년 1월 20일의 취임사 일부.

문제로 귀착한다. 그것은 우리가 좋든 싫든, 원하든 원하지 않든, 피할 수 없다. 우리가 당면한 이념적 선택의 대상은 보수주의, 자유주의, 사회주의이지만, 현실적 선택 문제는 전체주의적 국가사회 체제를 수용할지의 여부라고 볼 수 있고, 보수우파는 이를 단호히 거부한다. 모든 자유세계의 시민들은 당면한 실존적 위험, 중국이라는 거대 좌파 전체주의에 결연히 맞서서 패배시켜야 한다.

거대한 착각

"화가 난 사람들은 항상 옳지는 않은 법이다."

"허영과 오만은 흔히 동의어로 사용되지만, 다른 개념이다. 사람
은 허영심은 없지만 오만할 수 있다. 오만(자존심)은 자신이 자신
에 대해 가진 견해에 연결된 개념이지만, 허영심은 다른 사람들
이 우리를 어떻게 평가하는가에 관련되어 있다."

- 제인 오스틴 (오만과 편견, 1813)

　이념대립의 구도에서 거친 논쟁이나 과장된 선전 선동이 등장하는
일은 흔히 있는 일이어서 별로 놀랍지도 않다. 의도적인 거짓말, 사실
왜곡, 가짜 뉴스의 유포나 인신공격은 좌우 양 진영에서 모두 사용한
다. 그러나 그 강도나 과격성에서 리버럴-좌파의 경우가 훨씬 심하다
는 점은 의심할 여지가 없다. 그들의 공격이 흔히 보수주의가 부자와
기득권을 대변한다고 몰아가려 한다든가, 보수주의자의 지적 수준이
나 도덕성을 의심하는 등과 같이 근거 없는 편견을 조장하는 데 모아

지기 때문이다. 대중 여론의 형성에 심대한 영향을 끼치는 언론계가 압도적으로 리버럴−좌파의 성향을 가지고 있다는 사실은 문제의 심각성을 더욱 크게 만든다. 이념의 본질적 성격을 냉철히 판단하기 위해서는 이들 편견과 선입견을 먼저 제거해야 할 터이다.

오인

보수주의 정신 또는 성향(conservative mind or tendency)에 대하여 가장 흔히 씌워지는 부정적 이미지는 낡은 사고방식을 고집하는 태도라는 오인(誤忍, misperception)일 터이다. 그런 까닭에 특히 젊은 연령층이나 고학력 계층에서 보수주의에 대해서는 비우호적으로, 반면에 그 반대 개념으로 여겨지는 진보주의(progressivism)에 대해서는 호감을 갖는 경향이 흔히 드러난다. 그들에게 전통의 존중과 사회개혁 중에서 선택을 하라고 묻는다면 십중팔구 후자라는 대답이 되돌아올 것이다.

고령자들이나 지적 능력이 낮은 사람들이 상대적으로 더욱 완고하거나 보다 맹목적 믿음에 따르기 쉽다는 지적은 아마도 사실이겠지만, 역설적으로 젊은이들이나 높은 지적 능력의 보유자가 그들의 새로운 지식을 과신하고 독선적인 성향을 드러내는 경우도 드물지 않다. 그들은 경험적 지식이 부족하고 현장 지식보다는 개념적 지식에 보다 친숙하기에, 자신들의 정당성을 과시하려는 경향을 지니기 때문이다. 그러나 아마도 사회적 적응을 주도하는 계층은 상대적으로 큰

비중을 차지하는 중간 연령층, 그리고 보통 수준의 지적 능력을 가진
계층일 터이다. 그들은 상대적으로 보다 현실적이며 보다 덜 독선적
인 반면에, 변화에 대해 보다 민감하지만 신중한 입장을 취하기 쉽고,
생존 차원에서 변화에 대해 적응하려고 애쓴다. 또한, 그들은 일종의
지적 무임승차 현상인 시류에 편승하기 쉽기에 여론형성의 주역이기
도 하고 여론에 잘 휩쓸리기도 한다. 생각과 행동의 형성과 교류에
큰 제약을 받지 않는 자유사회에서 그들은 종종 보수적 입장을 취하
지만, 그것이 낡은 사고방식에 대한 집착에 연유할 거라는 생각은 진
실과 거리가 멀다.

　그러므로 진정한 자유사회는 추상적 개념적 지식만이 넘치는 사회,
이념적 독선과 선동이 대중을 지배하는 사회가 아니며, 실질적 구체
적이고 경험적 지식이 널리 유포되어 상호 견제할 수 있는 사회, 실질
적인 언론자유가 확보된 사회이어야 한다. 그런 사회에서만 진정한
보수주의 정신이 자랄 수 있다. 실제로 전통과 기존질서를 존중하는
보수주의 정신은 변화에 대해 보다 개방적인 태도를 보이는 반면, 소
위 진보주의가 설계하는 이성적 사회정책은 역설적으로 보다 폐쇄적
인 경향을 띠기 쉽고, 자코뱅식 사회개혁이나 사회주의의 숱한 실패
의 사례에서 드러나듯이, 대중적 적응의 실패로 이어지기 쉽다.

　보수주의의 이념적 특성에서 가장 핵심적인 위치를 차지하는 개념
은 자유이다. 보수-우파의 주장은, 의식적이든 무의식적이든, 예외
없이 개인의 영역을 중시하는 데서 나온다는 사실은 그들의 비판자들

이 간과하는 경우가 많다. 그들이 신봉하는 자유는 개인의 존엄성과 사적 영역을 존중하는 정신이며, 이를 자신과 타인에게 모두 적용되는 보편적 가치라고 믿기에 개인의 권리와는 다른 소극적인 의미의 자유이며 절제된 자유일 수밖에 없다. 그들이 평등보다는 개인의 차이와 다양성을 존중하고, 경제적 자유와 작은 정부를 옹호하며, 자발적인 협조정신을 중시하는 경향도 여기에서 나온다. 그들에게 정부는 이런 자유를 지켜주는 존재이며, 사회적 질서는 자생적으로 형성되는 질서다.

그러므로 개인의 생명, 자유와 재산이 보장되고 다양성과 자발적 선택이 존중되는 사회에서 맹목적 추종이라는 말은 그 자체가 어불성설이다. 그들은 자신들의 자유를 지키기 위해, 때로는 생존의 차원에서, 끊임없이 새로운 환경에 적응하고 스스로를 변화시키려 하기 때문이다. 그렇기에 보수주의자들이 늘 자유와 자발적 선택을 최상위의 가치로 지키려 하고, 신의 섭리를 제외한 어떤 종류의 간섭도, 그것이 전체주의적 정치권력이든 이성 만능주의자들의 비난이든, 거부한다.

그들은 내적, 외적 환경변화에 적응하고, 시행착오의 과정을 통해 자신들을 변화시키려 하며, 전통과 기존질서에 내재된 지혜를 이용하려고 애쓴다. 그런 과정에서 새로운, 보다 정확히 말하자면 수정 보완된 전통, 질서, 제도가 형성된다. 그들은 새로운 지식, 새로운 기술, 혁신적 창의력을 수용할 때는 늘 신중하고, 점진적 방식, 기존 질서를 깨뜨리지 않는 접근방식을 선호하지만, 때로는 특히 자신들의 자유와 안위가 침해되면 격렬한 정치투쟁이나 전쟁을 선도하기도 하였다. 그

런 정신으로 그들은 신기술과 산업혁명, 대중교육제도의 확산, 사회
안전망 도입을 수용하였으며, 영국 왕실 체제를 유지하면서 의회제도
를 발전시킨 한편 전체주의에 맞선 전쟁을 주도하고, 미국의 독립전
쟁과 남북전쟁, 한국의 건국 전쟁에 주역을 담당하였다.

구체제와 관습의 유지를 고집하는 일부 극단주의자들, 즉 수구(守
舊) 보수주의(paleo-conservatism)가 존재해온 건 사실이지만, 결코 보수
주의의 주류가 된 적도 없었고 그럴 가능성도 없다. 보수주의를 낡은
사고방식에 대한 집착과 동일시하는 시각은 단순히 정신의 착각이거
나 반(反)보수주의자들의 선동에서 나오는 희화(戲畫, caricature)에 지나
지 않는다.

오해

보수주의에 대한 가장 해로운 인식의 오류는 아마도 보수-우파를
어리석거나 반이성적 행태로 보는 시각일 것이다. 정치적 공방에서
상대 진영을 무지하거나 완고하다고 비난, 공격하는 일은 좌우를 가
릴 것 없이 흔하지만, 좌파-리버럴의 경우 훨씬 심하고, 그 상당 부
분은 위에서 논의한 대로 뿌리 깊은 대중적 선입견에 기인함은 의심
할 여지가 없다. 그런 편향된 시각은 보수주의자를 '바보 무리'로 몰
아 부친 존 스튜어트 밀의 언급48)에서부터, 보수 정당의 정치지도자

---

48) 밀의 언급을, 공정을 기하기 위해 그대로 인용하면 다음과 같다.

들이 낮은 지능수준을 가졌다거나 부도덕하다고 비방하는 데 이르기까지, 과거부터 줄기차게 이어져 왔다. 특히 근년에 들어 대학가, 언론계, 연예계에서 반(反)보수적 좌파-리버럴들이 절대다수를 차지하고 있고, 그들은 보수-우파를 무식하고 부패한 집단이라고 공격하기를 넘어 비과학적이며 복잡하거나 철학적인 사고력이 부족한, 바보 같은 (낮은 IQ를 가진) 사람들로 폄하하기 좋아한다는 점은 널리 알려져 있다. 좌파-리버럴이 보수-우파를 저(低)지능과 연결시키려는 경향과 지식계층의 압도적인 좌편향은 상호 연관되어 있는 사실로 보이기 쉽지만, 이는 진실과는 거리가 멀 뿐만 아니라, 그런 인식이 여론 형성과 정치적 선택에 지대한 영향을 끼치므로 잘 따져보지 아니하면 안 된다.

보수-우파와 저지능의 상관관계라는 추론은 지식수준이 높을수록 현명한 선택을 할 거라는 추측과 좌파-리버럴 이론가들의 절대다수가 최고 수준의 지식인이었다는 관찰에서 나온 선입견과 무관하지 않고, 이는 근대 계몽주의 내지 이성만능주의 사상에 뿌리를 둔 가설이라고 할 수 있다. 그러나 현명한 선택이 반드시 높은 학식을 전제로 이루어진다고 보기 어렵다는 점, 즉 지식과 지혜가 다른 개념이라는 사실, 전자가 주로 개인적 선택의 문제인 반면에 후자는 개인과 개인

"I did not mean that Conservatives are generally stupid; I meant that stupid persons are generally Conservative. I believe that to be so obvious and undeniable a fact that I hardly think any honorable Gentleman will question it."
그는 보수주의자가 모두 어리석다고 말하지는 않았지만, 그들의 지적수준이 의심된다는 의중을, 심지어 명예를 중시하는 신사들까지 들먹이며, 숨기지 않고 있다.

또는 개인과 사회 사이에서의 문제일 경우가 많다는 점, 그리고 지식인은 대인 접촉의 경험이 상대적으로 적다는 약점을 간과하고 있다.

그렇기에 높은 지식이 항상 정직, 도덕심, 현명한 정치적 선택과 같은 지혜를 보장하지 않는다는 사실을 주목하지 않으면 안 된다. 우리는 일상적인 결정의 경우에서, 정치적, 경제적 또는 다른 사안에서, 낮은 지식 소유자가 현명하게, 높은 지적 수준의 보유자가 어리석은 선택을 하는 경우를 어렵지 않게 발견한다. 반면에 보수-우파 이론가들은, 러셀 커크가 '보수주의 정신' 49)에서 고찰한대로, 모두 당대 최고의 철학자, 문필가, 정치사상가들이었다는 사실에도 주목해야만 한다.

그럼에도 보수성향과 지적 수준을 연관시키려는 편견은 끈질기게 남아 있다. 근래에 많이 회자되고 있는 '보수 증후군-인지능력의 부상관관계(否相關關係, negative correlation)' 라는 실증연구50) 결과는, 국제간 횡단면 자료라는 표본의 한계, 검증 방법, 결과 해석의 타당성에 대해 제기되는 심각한 비평에도 불구하고, 그런 편견을 확산시키는데 기여했다. 그러나 보수증후군(保守症候群, Conservative Syndrome)이라는 용어 자체가 근대 보수주의 정신을 대변하지 못하는 비과학적

---

49) Russel Kirk, *Conservative Mind: From Burke to T.S. Eliot, Stellar Classics,* 7th Revised Edition, 2001, originally published in 1953.
50) Stankov, L. and J. Lee, Conservative Syndrome and the understanding of negative correlation between religiosity and cognitive abilities, Personality and Individual Differences, September 2018.

개념인 데다가[51], 결론의 주요 근거로 삼은 종교성(Religiosity)-인지능력 점수(PISA Score)[52]간의 부상관관계가 지역적, 문화적 및 제도적 특성에서 나온 편향성을 반영하기 쉽기에 크게 신뢰하기 어렵고, 상관관계 추정치 자체도 과대평가된 것으로 이후 저자 자신도 인정한 대로 평가되고 있다.

정치적 성향과 지적 능력의 연관성에 대한 편견을 조장하는 주요 요인 중의 하나는 지식층의 좌편향일 것 같다. 특히 대학교수 사회의 좌편향은 심각한데, 조사 결과에 따라 다소간의 차이는 있지만 미국, 영국, 한국에서 전체 대학교수의 70~80%가 좌파-리버럴 성향으로 나타나고 있다. 최근 이런 현상을 보다 구체적으로 규명해 본 애덤 스미스 연구소(ASI; Adam Smith Institute)의 한 연구보고서는 몇 가지 주목할 만한 분석 결과를 내놓았는데, 요약하면 이렇다.

　　일반 대중의 보수-우파 지지율은 절반에 가깝지만, 대학교의 경우 12% 정도이고, 좌편향은 인문사회 분야에서 훨씬 심하다.
　　교수들의 정치성향은 일반 대중의 경우와 크게 다르지 않았지만, 1960년경부터 좌편향이 가속화되어 현재와 같은 압도적 수준에 이르렀

---

51) 보수정신을 일종의 정신질환쯤으로 여기는 이 경멸적 용어가 사용된 경위는 명확하지 않다. 하지만 저자인 스탠코프(Larra Stankov)를 포함한 일부 심리학자들이나 좌파-리버럴 논객들이, 자칭 반보수주의 공격수인 폴 크루그만(Paul Krugman)의 경우처럼, 흔히 사용한다.
52) 인지능력의 척도로 자주 이용되는 PISA(Program for International Student Assessment) 점수는 OECD가 각국의 교육제도의 수준을 비교, 평가하기 위해 개발한 지수로서 15세 학생의 수리, 과학, 독해력을 평가한 지수이다.

고, 반면에 보수-우파 지지율은 같은 기간 중에 1/3 수준으로 격감하였다.

보수-우파 지지율의 감소는 보수-우파 교원의 감소라고 하기 보다는 좌파-리버럴들이 대거 대학 교직을 선택한 결과, 즉 그들의 자기실현적 선택(self-selection)에 기인한다.

교원의 평균 지능수준(IQ)은 보수-우파와 좌파-리버럴 교수들 간에 차이가 없고, 상위 5%의 IQ 보유자는 보수-우파의 비율이 상대적으로 더 높았다.

이런 연구 결과들로 미뤄보면, 정치성향-지적 능력이 연관되어 있다는 가설이 별로 설득력이 없음을 알 수 있다. 오히려 보수주의나 보수주의자에 대한 부정적 시각은 주로 지식층, 특히 압도적으로 리버럴-좌파의 성향을 지닌 대학교수들의, 편향된 인식의 결과일 수 있음을 강력히 시사한다.

오만과 편견

지식층의 반보수주의적 편견은 우연한 상관관계가 아니며, 그들의 지적 속성과 밀접히 연관되어 있다. 느슨하게 정의하면, 지식층은 지식의 탐구와 조성 및 전달에 종사하는 사람들을 지칭한다.[53] 그러므

---

53) 보다 엄밀한 지식인(intellectual)의 정의는 정교하고 좁은 정치철학적 해석을 필요로 한다. 경제학자 토마스 소웰은 지식인을 '최종생산물이 아이디어'인 사람

로 그들은 최소한 평균 수준 이상의 지능을 가졌다고 볼 수 있고, 주로 연구, 교육기관이나 언론계에서 활동한다. 자연히 그들은 자신의 지적 능력에 대한 자부심과 자존심이 강한 반면에 지적 오만과 독선에 빠지는 경향도 그만큼 크다.

지식인들이 일반대중에 비해 보다 더 도덕적이거나 훌륭한 인품을 가지고 있을 것인지 여부는 알기 어렵지만, 적어도 지적 성찰을 필요로 하는 사안에 대해서 겸손은 그들의 미덕이 아님은 분명하다. 그들은 특히 정치적, 사회적 사안에 대해 종종 자신의 주장을 강변하거나 남에게 가르치려는 태도를 드러내고, 이런 경향은 좌파 리버럴의 경우 더욱 두드러지게 나타난다. 그들의 지식이 경험적, 실질적 지식을 중시하는 보수성향의 지식인들에 비해 보다 더 추상적, 연역적 성격을 가지기 쉽기 때문이다.

그런 까닭에 그들은 자신을 합리적, 이성적, 진취적이라고 여기는 반면에, 보수주의자는 비합리적, 비이성적이며, 퇴영적 사고방식에 집착하는 바보일 거라고 생각한다. 그들은 경험적 지식이 거대하고 정교한 이성의 산물이라는 사실을 이해하지 못하거나 외면하려고 한다. 그렇기에 그들은 시장과 자생적 질서를 싫어하고, '이성적' 자원배분과 설계된 사회질서에 호감을 드러낸다.

이라고 정의한다(Thomas Sowell, Intellecvtual and Society, Basic Books, 2012). 지식층의 구성과 좌편향에 대해서는 아래의 제4장에서 다시 논의한다.

  그들은 사회 자체가 거대한 시장이자 자생적 질서의 산물이며, 자신도 그 일부라는 사실을 인정하려고 하지 않고, 이를 독립적인 위치에서 이성적으로 재구성한 유토피아로 대체하고 싶어 한다. 그들은 시장이 진실의 발견과 공익을 성취하는 최선의 과정이기보다는 불미스러운 사건이나 과도한 불평등을 유발하는 근원이라고 여기므로, 자본주의와 이를 옹호하는 보수주의에 대해 적대적인 태도를 취한다. 그들은, 의식적이든 무의식이든, 늘 자신들이 일반대중이나 보수주의자들에 비해 지적, 도덕적으로 우월하며 이성적이고 정의롭다고 여긴다.

  물론 그들의 사회 설계는 현실에 잘 부합하지 않고, 시장을 이기지 못하며, 대부분 실패로 끝난다. 그들의 사회모형은 다양한 개인적 이성의 합성, 냉철한 현실 인식이라기보다는 선험적, 집단적 이성과 이상적 열정에 근거하기 때문이다. 그러나 그들은 자신들의 데카르트적 이성의 한계를 인정하기보다 이를 대중의 무지와 자유 보수주의자들의 방해 때문이라고 화를 낸다. 그들은 특히 자본주의와 보수주의자에 대해 심한 혐오감과 적개심을 드러내는데, 이는 그들이 자처하는 바와는 반대로 이성적이라기보다는 아래의 인용문에서 드러나듯이[54] 감성적 대응에 가깝다.

    "집단주의 옹호론은 틀렸지만 단순하다; 그것은 감성적 논리다. 이에 비해 개인주의 옹호론은 섬세하고, 미묘하며, 정교하다; 그것은 간접적이지만 합리적인 논리다. 그리고 감성적 능력은 스스로를 지식

---

54) Milton Friedman, *Capitalism and Freedom*(1972)에서 인용.

층이라고 여기는 사람들보다도 역설적이게도, 혹은 그들보다도, 대부분의 사람들이 더욱 많이 지니고 있다."

이런 사정을 감안하면, 지식층의 지적 오만이 보수주의에 대한 편견을 조장하는데 크게 기여하고 있음이 분명해 보인다.

철학적 비판

보수주의에 대한 가장 흔한 철학적 비판의 하나는 보수주의가 중시하는 자유, 미덕, 질서가 내적 일관성을 결여하고 있다는 지적일 터이다. 보수주의가 철학이라기보다는 삶에 대한 태도라는 시각도[55] 비슷한 맥락에서의 견해로 볼 수 있다. 보수주의가 사회주의나 자유주의와 같이 이성적 합리성이라는 단일 기준이 아닌 다원적인 가치를 추구한다는 점은 사실이다. 그러나 이들 가치는 서로 배타적이지도 않을 뿐 아니라 오히려 장점이기도 하다. 절제된 자유, 미덕을 벗어나지 않는 질서, 자유를 보전하기 위한 질서와 같이 상호 견제가 가능한 가치를 의미하기 때문이다.

흔히 제기되는 또 다른 비판은, 보수주의가 반동적 사상(reactive thinking), 또는 반동적 정치운동(political movement)이라고 격하하는

---

55) 이런 시각을 표명한 경우는 보수주의자 자신을 포함해서 수없이 많다. 예를 들어, 영국보수당 당수였던 Quentin Hogg(1959): "Conservatism is not so much a philosophy as attitude,…" 라든가, Economist(July 4, 2019): Conservatism is not so much a philosophy as a disposition. 등이다.

경향을 들 수 있다. 좌파-리버럴과 보수-우파의 '구조적 차이'를 설명하면서, 저명한 리버럴-좌파 경제학자 폴 크루그먼(Paul Krugman)은 전자를 다양한 이해집단의 연합인 반면, 후자는 보수주의 정치운동이라고 비판했다.56) 이 비판은 어느 정도 진실에 가까울 수 있다. 보수주의는 본질적으로 반동적, 탈이념적 성향을 지닌 이념이라고 볼 수 있기 때문이다. 버크의 보수주의도 급진적 자유주의 세력인 신(新)휘그파('New Whig' faction)와 프랑스 재코뱅의 급진 개혁운동을 비판하는 과정에서 태동했고, 1980년대의 보수혁명도 신(新)좌파 정치운동에 대한 반발의 성격을 지녔었다. 또한, 오늘날 리버럴-좌파의 정치적 입장은 이해관계의 연합이라기보다는, 제2장에서 논의한대로, 다양한 좌파적 이념연합의 성격이 강하다.

그러므로 크루그만의 주장은 정반대로 들어맞는 것처럼 보이기도 한다. 이런 모든 비판들의 근저에는 보수주의를 비이성적 사고방식으로 보는 시각이 자리 잡고 있음을 간과해서는 안 된다. 그러나 뒤따르는 제3, 4장의 논의에서 드러나듯이, 보수주의 이념은 이성의 불완전성이나 오류의 가능성을 경계하는 이성적 자각에 근거하고 있고, 이성을 거부하는 미신적 사고와는 거리가 멀다는 점에 주목해야 할 것이다. 보수-우파가 전통과 사려 분별을, 이념적 독선보다는 지적 성찰과 자기 쇄신을 선호하며, 끊임없이 이성적 설계의 실패와 한계를 비판하는 경향을 반동적 사고로 폄하하는 태도야말로 비난받을 일이다.

---

56) Paul Krugman, Conservatism's Monstrous Endgame, New York Times, Dec. 17, 2018

부분 결론

보수주의에 대한 반대측 비판을 제대로 이해하고 건설적 논쟁으로 이끄는 일은 자유사회의 생존을 위해서도 없어서는 안 된다. 불행히도 좌우 대립의 형태로 격렬해지고 있는 현대판 이념전쟁이 점차 대중선동(demagoguery), 대중 인기영합(populism)의 수준으로 발전하고 있다. 물론 좌파 포퓰리즘에 못지않은 우파 포퓰리즘도 무시할 수 없지만, 이들이 단순히 정치적 견해차를 반영하지 않는다는 사실에 주목하지 않으면 안 된다. 전자가 본질적으로 리버럴-좌파의 지적 오만과 권력 욕구에서 나온다는 사실 때문이다.

역사적으로 보면, 좌파의 선동은 늘 그들이 권력 쟁취를 통해 기존 사회질서의 해체와 사회변혁을 이루려는 열정에서 나왔고, 어김없이 폭력적 시위와 사회 혼란, 무자비한 혁명을 불러왔다. 그렇기에 보수주의에 대한 그들의 비판도 의도적인 인신공격의 성격이 강하다는 사실을 경계하고, 이를 사전에 차단하는 일이 건전한 이념 논쟁의 필수 요건이라고 여겨진다.

자유사상의 변천과 보수 정신

"어떤 종류의 자유도 일시에 상실되는 경우는 거의 없다."

- 데이비드 흄('자유에 대해서(연도 미상)',

Selected Essay Reissuud in 1988)

"그것은 최상의 시기이자 최악의 시기, 지혜의 시대이자 어리석
음의 시대, 확신의 세대이자 불신의 세대, 광채의 계절이자 암흑
의 세대, 희망의 봄이자 낙망의 겨울이었다."

- 찰스 디킨스(두 도시의 이야기, 1818)

　　정치적으로 중요한 영향력을 지닌 정치이념은, 정체성과 실천성의
기준에서 본다면, 보수주의와 자유주의 및 사회주의이다. 이들은 모
두 근대 자유주의 사상이라는 공통된 뿌리를 가졌지만 이후 정치적,
사회적 환경의 변화에 따라 다른 경로로 진화하였고, 극명하게 대조

되는 흔히 적대적인 이념으로 대립하게 되었다. 그 근원은 이들 사상이 구분되는 가장 핵심적 주제인 자유와 평등에 대한 인식의 차이로 볼 수 있다.

실천적 주제들인 전통의 존중, 정부의 규모와 범위, 경제적 자유와 재산권 존중, 법치주의, 사회질서에 대한 해석의 차이는 여기에서 나오기 때문이다. 역사적인 이유에서 유래한 좌우 정치진영의 개념이 보수주의로 대변되는 보수-우파와 리버럴리즘이나 사회주의를 상징하는 리버럴-좌파로 양립하게 된 계기도 자유주의에 대한 인식과 해석의 차이에서 나왔다고 볼 수 있다.

자유사상의 기원과 변천

자유주의는 서구적인 정치경제 사상인 자유 이념의 일본식 번역어로 우리에게 알려지게 된 용어다. 자유를 뜻하는 단어 〈liberty〉의 어원인 라틴어 'liber'는 고대에서는 '속박되어 있지 아니함, 즉 노예가 아니거나 노예상태에서 벗어남'이라는 의미를 가졌고, 주로 자유로움(freedom) 또는 해방(liberation)이라는 사회적 신분을 가리키는 말로 사용되었다. 이 용어는 중세기에서 형용사의 형태로 '아낌없는', '관대한' 또는 '(기존의 해석 또는 질서에) 구애받지 않는다'는 비정치적인 뜻으로 사용되어 왔는데, 너그러운 씀씀이를 뜻하는 'liberal spending'이나 (신학적 해석에 얽매이지 않고) 자유롭게 탐구하는 인문학을 뜻하는 'liberal arts'가 바로 그런 사례들이다.

자유가 정치적 또는 정책적 용어로 등장하기 시작한 시기는 18세기 중엽 이후였고, 유럽의 여러 지역에서 사용된 증거들이 있지만[57], 주로 영국의 사상가들에 의해 정치경제학 사상의 중심적 개념으로 자리 잡게 되었다는 것이 정설이다.[58] 이 시기에 영국에서 'liberal policy', 'liberal views', 'liberal plan', 'liberal system' 과 같은 용어들의 사용이 급속히 확산되었다. 자유(liberty)라는 개념 자체의 등장은 이보다 한 세기 전 영국 내전 시기에 나온 토마스 홉스와 존 로크의 정치철학으로 거슬러 올라간다.

하지만 이 개념, 즉 자연권(natural right) 또는 천부적으로 부여된 권리(God-given right)로서의 자유는 사적 영역(private sphere)의 존중을 고집하는 앵글로 색슨인의 전통적인 기질에 바탕을 두었음이 분명해 보인다. 그 전통은 이미 수 세기 전에 대헌장(Magna Carta)에 반영되었고, 내전 말기의 명예혁명과 권리장전으로 재확인되었다.

이런 앵글로 색슨인들의 기질은 유럽 대륙이나 다른 지역에서는 찾아보기 힘든 특질이었고, 재산권과 사적 영역, 법치주의, 전통과 관습법, 의회주의를 중시하는 관행으로 발전하였다. 이후 18-19세기의 기간 중에 스코틀랜드, 잉글랜드를 주축으로 하는 유럽의 계몽주의

---

57) The Economist, *The many meanings of liberalism*, Johnson, June 30th, 2016.

58) Klein, Daniel, *The Origin of 'Liberalism'*, The Atlantic, February 13, 2014. 자유사상의 파급에 대해서는 F.A. Hayek, *The Transmission of the Ideals of Economic Freedom*, Economic Watch, 9(2), 163-169, 2012 참조.

사상가들에 의해 다듬어진 초기 자유주의는 이런 이념적 성향을 반영하고 있음에 주목할 필요가 있다. 이런 근거에서 영국의 정치가이자 역사학자인 헤넌(Daniel Hannan)은 자유의 정신이 원래 앵글로 색슨인들의 작품이었고, 영연방 국가와 북미를 아우르는 영어권에서 가장 잘 보전되고 있다고 주장한다.59) 이 관점은 적어도 아래에서 논의하게 될 자유사상의 분화와 혼돈, 보수이념의 성립을 이해하는 데 매우 중요하다.

초기 자유주의는 영국의 입헌군주제와 의회제도 발전, 미국 혁명과 독립과 같은 정치적 발전의 이념적 기초가 되었을 뿐 아니라 시장경제와 자유방임의 원리를 중시하는 방식으로 경제적 자유를 적극적으로 옹호하였다. 법치주의와 재산권 보호, 작은 정부의 원칙을 근간으로 하는 이런 경제적 자유의 이념은 18-19세기에 영국과 미국에서 산업혁명을 이끌었고, 자본주의 경제를 기반으로 하는 경제적 번영의 이념적 기초가 되었다.

자유주의 사상의 첫 번째 분기(分岐)는 유럽대륙으로 번져나가면서 다른 궤도로 발전한 자유 사회주의(liberal socialism, social liberalism)이다. 그 사상적 원조는 초기 계몽주의 사상가로서 가장 큰 영향력을 지닌 인물의 한 명인 루소(Jean-Jacques Rousseau, 1712-1778)였다. 그는 자연권을 신봉하고 사회계약론을 설파한 자유주의자였지만, 초기 자유주의자들과는 달리 이를 거꾸로 해석했다. 자연 상태의 인간은 천

---

59) Daniel Hannan(2013).

부적으로 자유로웠지만 사회질서와 전통이 발달하면서 불평등이 확대되어 왔고, 그만큼 보편적 가치인 자유는 파괴되었다고 본 것이다, 즉, 문명의 발전이 불평등을 낳고, 이는 본원적인 자유를 훼손시켰다고 보았다. 바로 이런 인식의 차이에서 자유사회주의는 보수주의나 초기 자유주의와 극명하게 대조된다.

루소의 주장에 따르면, 원초적 자유를 복원하려면 대중의 일반의지(general will)로 형성된 사회계약에 의해 불평등을 제거해야만 한다. 이런 평등사상은 프랑스 혁명을 주도한 자코뱅식 개혁주의자나 이후에 등장한 사회주의자와 마르크스−레닌주의자들에게 주요 이론적 기초를 제공했을 뿐 아니라, 20세기 후반부터 급성장한 문화 다원주의(Cultural pluralism)와 포스트모더니즘(post-modernism) 사상의 발전에도 지대한 영향을 끼쳤다.

그의 사상은 영미에 비해 훨씬 강력한 절대왕권과 봉건제도의 압제에 시달리던 유럽대륙에서 구체제를 타파하거나 극복하고 새로운 사회를 건설하는 이념으로 이용되었다. 여기서 자유주의는 평등정신에 바탕을 둔 사회개혁의 사상으로 이해되고, 훗날 초기 자유사상의 변종인 리버럴리즘, 사회주의나 공산주의 또는 전체주의 사상으로까지 발전해 나갔다. 이런 사정으로 유럽대륙의 자유사상은 현대에 이르기까지 사회적 자유주의(social liberalism)의 성격을 강하게 유지하고 있고, 초기 자유사상에 보다 충실한 고전적 자유주의(classical liberalism)와 구분되기에 이르렀다.

이성적 계몽주의 사상이라는 같은 뿌리에서 나온 이들 두 자유사상, 즉 고전적 자유주의와 자유 사회주의를 구분 짓는 가장 중요한 차이점은 자유의 범위에 대한 해석으로 볼 수도 있다. 고전적 자유주의가 자유를 어떤 강제력의 간섭도 받지 않는 사적 영역 또는 개인주권의 보장으로 보는 반면, 사회적 리버럴리즘은 이를 어떤 개인이든 누려야 할 동등한 권리의 보장으로 해석한다. 전자가 자유를 소극적인 방식으로 정의하고 개인의 이성적 판단이나 선택을 중시하는 입장이라면, 후자는 자유가 보편적 권리라는 적극적인 정의에 따라 개인적 영역보다 사회적 이성을 중시하는 입장을 취하게 되었고, 벌린(Isaiah Berlin)은 이들 개념을 각각 소극적 자유(negative liberty)와 적극적 자유(positive liberty)로 구분하였다.[60]

두 자유 개념이 서로 상충될 여지가 크다는 사실을 이해하기는 어렵지 않다. 전자가 어떤 권위적 간섭도 배제하려 하고 개인적 주도권과 작은 정부를 선호하는 입장이라면, 후자는 개인적 선택보다는 권리의 공평성을 우선시하므로 사회적 간섭과 큰 정부를 선호하기 때문이다. 두 개념은 경제적 자유를 보는 시각, 특히 전자가 재산권 보호, 후자가 분배 정의를 가장 우선적 과제로 본다는 점에서 극명한 차이를 드러낸다.

자유주의는 20세기 이후 정치적 상황의 격변에 따라 다시 한번 분화 과정을 겪는다. 자본주의 경제가 거둔 눈부신 성공에도 불구하고

---

60) Berlin, Isaiah(1990).

불황기마다 심화되는 빈곤과 경제적 불평등의 문제를 피할 수 없었기 때문이다. 이런 사회적, 정치적 갈등에 대해 보다 성숙한 자유민주주의 국가들은 사회복지제도나 재분배정책과 같은 사회주의적 요소를 도입하는 방식으로 대처한 반면, 보다 후진적 국가들은 극단적인 사회주의 정책을 채택하거나 공산전체주의 체제로 전환하였다.

가장 극적인 변화는 유럽 국가들에 비해 사회주의적 정책의 도입에 소극적이었던 미국에서 일어났다. 대공황을 겪은 직후 뒤늦게 사회복지정책을 도입하기 시작한 미국에서 뉴딜 정책의 이름 아래 실업자와 빈민구제정책, 사회보장제도, 초누진세(超累進稅, super-progressive tax system) 제도의 도입과 케인즈 경제정책의 실시와 같은 사회주의적 국가개입 정책들이 본격적으로 추진되었다.

더욱이 뉴딜 정책의 옹호론자들은 자신들의 정책 기조를 리버럴리즘으로 부르기 시작하면서 자유주의는 점차 초기 자유주의의 개념과는 정반대의 뜻을 지니게 되었다. 이후 수십 년간, 미국 정치의 주도권이 이런 정책 기조를 대변하는 민주당 중심으로 옮겨가면서, 리버럴리즘이 사실상 유럽식의 자유 사회주의의 의미를 갖는 반면, 초기 자유주의는 고전적 자유주의로 구별하는 관행이 굳어지게 되었다. 이런 자유사상의 분화과정의 혼란과 본질적 성격과 다른 이념들과의 차별성은 다음과 같은 하이에크의 구절에서 가장 잘 드러난다.

'나는 여기서 어떤 오해의 여지도 차단하기 위해 용어 사용법의 문제를 설명해야만 하겠습니다. 나는 논의 전체에서 일관되게 "리버럴"이라는 용어를 원래의, 19세기에서, 그리고 영국에서, 지금도 사용되고 있는 의미로 사용하려 합니다. 현재 미국에서 이 용어는 흔히 정반대의 의미로 사용되고 있습니다. 그것은 이 나라에서 좌파운동의 위장 전략의 하나로, 그리고 자유를 진정 믿는다고 여기는 멍청한 사람들이 "리버럴"의 뜻을 거의 모든 유형의 정부 통제를 마음대로 사용해도 좋다는 뜻으로 사용되고 있습니다.

나는 아직도 미국에서 진정 자유를 신봉하는 사람들이 왜 좌파들이 필수불가결한 자유라는 용어를 탈취하게 내버려 두었을 뿐 아니라 그들 스스로가 그 용어를 원래의 자유를 맹공격하는 수단으로 사용하기 시작한 이유에 대해 당혹해하고 있습니다. 이것은 결과적으로 수많은 진정한 자유주의자들이 자신들을 보수주의자로 여기는 경향을 촉진했다는 데서 더욱 개탄스럽습니다. 물론 막강통제국가(all-powerful state) 신봉자들에 저항하는 투쟁에서 진정한 자유주의자들이 공동 명분을 추구하기 위해 때로는 보수주의자와 제휴해야만 하고, 현대 영국에서와 같이 자신들의 이상을 추구할 수 있는 방도가 따로 없다는 점은 맞습니다. 그러나 진정한 자유주의는 보수주의와 차이의 여지가 여전히 있고, 이들을 혼돈하는 것은 위험합니다.

보수주의는, 비록 어떤 안정된 사회에서도 필수적인 요소이지만, 사회 조직도는 아닙니다, 그것은 가부장적, 국가주의적, 권력 옹호적 경향에서 종종 진정한 자유주의보다 사회주의에 더 가깝고, 그리고 그것은 전통주의적, 반지성적, 때때로 신비적인 성향으로 인해서, 일시적

환멸감의 시기를 제외하면, 결코 젊은이들과 이 세상을 좀 더 나은 세
상으로 만들려면 변화가 바람직하다고 믿는 이들을 이끌리게 할 수
없습니다. 보수주의 운동은 그 성격상 기존 특권의 옹호자가 될 수밖
에 없고, 기득권의 보호를 위해 절대권력을 가진 정부에 의존해야만
합니다. 자유주의적 입장의 핵심은, 모든 기득권을, 만일 그것이 정부
가 어떤 특정 계층에게 다른 계층에게 주어지지 않은 조건으로 부여하
고 보호하는 원래의 적절한 의미에서라면, 부정하는 정신입니다.'

하이에크의 '노예사회'에 포함된 이 논평은 초기 자유주의와 보수
주의의 연관성, 오늘날 리버럴리즘이라는 이름으로 통용되고 있는 미
국식 또는 현대 리버럴리즘(American or modern liberalism)의 성격과
초기 자유주의와 보수주의 및 리버럴리즘의 연관관계에 대한 그의 견
해를 잘 나타낸다. 그는 이후에도 보수주의에 대한 유보적 입장을 취
했고, 자신이 고전적 자유주의의 신봉자라는 입장을 고수하였다. 하
지만 그는 보수주의와 고전적 자유주의의 이념적 공통성과 차별성을
동시에 강조하고 있음을 알 수 있다.

보수주의에 대한 그의 비판에서 주목해야 할 부분은 변화에 대한
소극적 태도와 권위주의적 성향을 지적한 부분이다. 전자는 보수주의
가 실제로는, 비록 정치적 목적의 타협이었거나 점진적이고 온건한
방식에 따랐지만, 종종 중요한 사회적 변혁을 이끌었던 점에서 부정
된 바 있다.61) 한편 권위주의에 대한 그의 비판에서, 비록 그가 단서

---

61) 구체적인 사례로서 일반 투표제를 확대한 영국의 디스레일리 개혁, 비스마르크

를 달고 있지만, 보수주의가 자유와 기회를 '특권층에게 부여한다
는' 주장은 적어도 미국 사회의 경우에는 다소 과장된 것이다. 보수
주의의 기본 정신이 자유의 정신, 특히 경제적 자유와 실저주의
(meritocracy)를 존중하고 있고, 특권을 부여하는 권력자의 존재를 인
정하지 않기 때문이다. 그런 선입견은 아마도 그가 권위적 전통이 강
한 오스트리아 태생이었고, 애착을 느꼈던 영국 사회가 귀족사회의
관습을 유지하고 있음을 의식하고 있었던 데서 나왔다고 짐작된다.
실제로 그는 스스로, 미국을 '미지의 문명'이라고 표현한 대로[62], 미
국 사회를 잘 알지 못하고 있음을 인정하기도 했다.

  자유주의와 리버럴리즘의 관계가 변화한 과정을 이해하는 데 있어
서 간과해서는 안 되는 부분은 정치철학 내지 정당의 이념적 지향성
이다. 새로운 리버럴리즘의 정책들이 더욱 사회주의적 색채를 강화한
정치 성향으로 변질되면서, 1970년대에 이르러 초기 리버럴리즘에 충
실한 정치이념의 옹호자들은 스스로를 리버타리안(libertarian)으로, 그
런 이념을 리버타리아니즘(libertarian)으로 부르기 시작하였다. 하이에
크는 강한 자유주의적 성향을 가졌기에 흔히 리버타리안으로 알려지
기도 하지만, 그 자신은 이를 탐탁하게 생각하지 않았고 스스로를 고
전적 자유주의의 신봉자라고 여겼다. 한편, 같은 시기에 보수주의는
정치적으로 리버럴리즘이나 사회주의에 반대되는 우파적 정치이념으

의 기초교육제도와 사회복지 정책, 시어도어 루즈벨트의 반독점 규제, 박정희의
국민보험제도 도입 등을 들 수 있겠다. 이들은 모두 반사회주의자이자 투철한
보수주의자였다.

62) Hayek, *Constitution of Liberty* (2006).

로 지위를 굳혔는데, 영국의 보수당과 미국의 공화당은 보수이념을
대변하는 정당들이다.

자유주의와 보수주의

보수주의 이념은 섬세하고 정교한 해석을 필요로 하는 정치철학이
다. 보수주의는 초기 자유사상의 발전과정에 깊숙이 개입되어 있었
고, 그보다 먼저 개인 주권과 개인 자유의 사상을 수용하였다. 보수주
의는 자유주의와 이념적으로 겹치는 부분이 많지만, 뚜렷이 구별되는
차이점도 가지고 있다. 그렇기에 이들 이념은 늘 비판적 협력관계를
유지해 왔고, 고전적 자유주의와 리버타리안과도 같은 관계를 지속해
오고 있다.

근대 보수주의는 에드먼드 버크(Edmund Burk)류의 자유 지향적 보
수주의이며, 구체제 계승에 집착한다는 이념은 아니다. 그리고 초기
자유주의자들과 마찬가지로 반 사회주의적, 우파적 정치이념이라는
속성에서 벗어나지 않았다. 보수주의는 개인적 자유, 재산권 보호, 법
치주의, 작은 정부의 이념에 충실한 점에서 리버타리아니즘과 겹치
고, 정치적 자유의 측면에서는 공화주의(republicanism)의 성격을 가진
다. 리버타리아니즘과 구별되는 점은 정치적, 문화적 전통과 국가적
정체성을 보다 중시한다는 점이다.

정당의 정책 기조의 기준에서 본다면, 영국의 보수당(Conservative Party)과 자유당(Liberal party)[63], 미국의 공화당(Republican party)과 자유당(Libertarian party)의 차이로 볼 수 있을 터이다.[64] 반면에 보수주의는 변형된 자유주의 사상인 리버럴리즘과 리버타리아니즘과 마찬가지로, 거의 모든 이념적 특성과 정책에서 반대 입장을 드러낸다(〈표 1〉 참조).

그러므로 근대 보수주의를 제대로 이해하려면 먼저 자유사상에 대한 정확한 인식론적 성찰이 필요하다. 계몽주의 시기의 초기에 가장 중요한 철학적 이슈는 정치적 정통성의 근거에 대한 논란이었는데, 계몽주의 철학자들은 이를 개인 주권과 사회적 합의, 즉 자유와 사회계약에서 찾았다. 홉스(Thomas Hobbes), 로크(John Locke), 몽테스큐 (Charles-Louis de Secondat, Baron de La Brède et de Montesquieu, 1689-1755)와 같은 계몽주의 사상가들은 자유가 봉건질서와 같은 인위적인 권위에 의해 부여되는 것이 아니라 인간이 태생적으로 보유한 권리이므로, 본인이 동의하지 않는 한 어떤 임의적인 권력도 이를 빼앗을 수 없다는 자연권 사상을 발전시켰다. 따라서 자유는 바로 개인주권 (individual sovereignty)의 인정이며, 로크는 이를 생명, 자유와 사유재산에 대한 권리로 해석했다.

---

63) 흔히 토리로 알려진 보수당의 공식명칭은 Conservative and Unionist party이며, 자유당은 19세기에 창립된 Liberal party가 20세기 중반에 Social Democratic party와 연합한 정당인 SDP를 지칭한다 (Cannon(2004)의 British History (2004) 참조).
64) 이들 정당의 이념적 특성과 성립 과정, 미국 자유당과의 연관성은 다음 절(특히, 각주 10, 11 참조)에서 보다 상세히 논의한다.

그들이 인식한 자유는 어느 특정 개인이나 집단에만 주어지는 특권이 아닌 자연권이므로, 타인의 자유를 침해할 수 없는 범위로 제한하지 않으면 안 된다. 자연권 사상에 따르면, 국가는 만인 대 만인의 투쟁이라는 사회적 혼란을 막기 위해 주권자인 개인들이 합의해 준 권력 기구일 뿐이며(Hobbes), 사회정의 실현의 주체는 사회전통에서 드러나는 도덕 법률(moral law)인 자연법이지 권력자의 의중에 따른 선언이 아니다(Locke).

앵글로색슨 사회의 전통인 관습법 체계에서 기원한 자연법사상은 흄(David Hume, 1711-1776), 퍼거슨(Adam Ferguson, 1723-1816), 아담 스미스(Adam Smith, 1723-1790)와 같은 보수적 자유주의자들이 계승하여, 보수주의적 법정신인 '법의 지배(Rule of Law)' 라는 개념으로 발전되었다. 자연법사상은 헤링턴(James Harrington, 1611-1677)의 헌법 중시주의와 브랙스턴(William Blackstone, 1723-1780)의 관습법 존중 사상에도 기여하였고, 그들의 사상은 영국과 미국의 헌법 체계의 기반이 되었으며, 하이에크의 법철학 형성에도 커다란 영향을 끼쳤다.

본질적으로 자유로운 이성의 산물인 자연권과 자연법 개념이 자유주의 사상의 주축이며, 계몽주의 사상가들이 처음부터 이를 정치적 정당성이나 사회질서와 연관시키려고 했던 사실은 그리 놀랍지 않다. 자유로운 이성의 개념은 아리스토텔레스와 토마스 아퀴나스의 사상에서도 이미 드러났었고, 흔히 초기 보수주의자로 일컬어지는 리차드 후커(Richard Hooker, 1554-1600)는 이들을 근거로 국가의 정통성을 교회와 국가의 타협에서 찾기도 했다. 이처럼 자유와 개인 주권의 개념에 기초한 초기의 자유주의 사상은 '보수적' 자유주의였다.

자유주의 사상을 그와 연관된 이념들인 보수주의, 리버럴리즘, 리버럴리즘 또는 그들과 유사한 이념들의 발전경로를, 이들의 현대적 의미와 표현 및 정치세력의 구분은 혼란스럽기도 하므로, 다시 요약 정리해 볼 필요가 있겠다. 주요 근대 국민국가들은 궁극적으로 시민적 자유의 확대를, 즉 자 사상을 지향하게 마련이고, 리버럴리즘, 리버타리아니즘, 그리고 보수주의는 이런 자유사상을 다른 방식으로 대변한다고 볼 수 있다. 이들 이념은 아마도 역사적 이유로 가장 쉽게 의미전달이 되는 용어로 이해되고 있지만, 이런 포괄적인 용어는 서로 중복되거나 때로는 상충되기도 하는 성향을 나타내기 쉬우므로 논의상 혼란을 줄이기 위해 먼저 이들과 관련된 다른 표현들도 검토해 볼 필요가 있다.

리버럴리즘은 자유보다는 평등을 중시하는 성향이 강하므로 자유사회주의, 유럽식 자유주의, 진보적 자유주의(social liberalism, European liberalism, progressive liberalism), 미국식 자유주의(American liberalism)로 표현되기도 한다. 어느 경우에나 고전적 자유주의와는 상충되기에 개념 혼동의 여지가 크다. 리버타리아니즘은 고전적 자유주의 또는 시장 자유주의(market liberalism)에 가까운 개념이고, 그렇게 표현되기도 한다. 한국에서 이를 자유지상주의 또는 자유지선주의로 표현하지만, 자유주의 사상에 내재된 소극적 자유의 개념에 어울리지 않고 국가의 역할을 필요 이상으로 부정적으로 보게 만드는 위험이 따를 수 있다.

한편 보수주의는 널리 통용되는 용어이지만 정치 철학적 기원은 영미식 자유사상에 기반을 둔 이념이며, 체제고수 성향을 의미하는 수구 보수주의(paleo conservatism)가 아니라는 사실에 유념할 필요가 있다. 그렇기에 우리의 논의 대상인 보수주의는 자유(주의적) 보수주의(liberal conservatism, or libertarian conservatism)를 의미하고, 흔히 현대 보수주의(modern conservatism)라는 용어로 표현되기도 한다. 뒤따르는 논의에서 보수주의도 바로 이런 의미의 이념을 지칭한다.[65]

리버럴리즘은 20세기 중반에 이르러 자유사상을 대표하는 이념의 하나로서 지위를 굳혔다. 냉전 시기에 자유민주주의 체제의 국가들도 사회주의적 복지-재분배 프로그램들, 친노조 정책과 정부규제 강화, 케인즈식 경제정책과 같은 리버럴리즘 정책 기조를 채택하였는데 이는 리버럴들이 정치적 주도권을 잡은 덕택이다. 덧붙여, 1960년대에는 반인종차별, 페미니즘, 성적 평등, 참정권 확대를 요구하는 민권운동이 격화되면서, 리버럴리즘은 사회적, 문화적 영역으로 확대된 문

---

65) 로날드 레이건이 1976년의 미국 공화당 대통령 후보로 나서면서, 자유당(Libertarian Party)의 후보가 제기한 '리버타리아니즘 표절론'에 대한 다음의 회신은 보수주의, 리버럴리즘과 리버타리아니즘의 성격에 대한 논쟁의 본질을 뚜렷이 드러내고 있다.
'…나는 리버타리아니즘이 보수주의의 핵심이라는 표현을 종종 써 왔습니다. 그 표현에서 리버타니아니즘은 소문자 'l'로 시작하였고, 귀하의 정당 명칭인 자유당(Libertarian Party)과는 관련되지 않았습니다. 나는 내가 말한 어떤 것도 자유당 당원에게 혼란스럽게 할 거라고 믿지 않지만, 개인적 자유에 대한 보수주의적 접근방식은 리버럴들(the liberals)의 큰 정부 개념과는 전혀 다르고, 본인의 그런 용어 사용은 정당하다고 믿습니다.…'

화적 리버럴리즘(cultural liberalism)의 성격을 지니게 되었다.

이렇게 형성된 현대 리버럴리즘(modern liberalism)은 1970년대의 절
정기에서 친 좌파적, 친 사회주의적이며 적극적으로 자유를 옹호하는
이념성향으로 자리 잡게 되었다. 그러나 과잉복지, 과도한 정부 개입,
사적 영역의 축소, 경제적 자유의 훼손과 같은 리버럴리즘의 문제점
들이 경제적 침체와 사회적 혼란을 가중시킴에 따라 1980년대에 들어
서 극적 반전이 일어났다.

리버타리아니즘과 보수이념의 부활, 우파 정권들의 집권으로 좌파
적 정책과 정부 역할의 팽창에 제동이 걸리기 시작한데 이어, 드디어
1990년대에 소련과 동구 공산권의 붕괴, 사회주의 정권들의 몰락이라
는 도미노가 뒤따랐다. 좌파 사회주의 이념은 급격히 주도권을 상실
하였기에, 일부 논객들은 리버럴이나 리버럴리즘을 경멸적 뜻으로도
사용하기에 이르렀다.

한편 탈규제와 경제적 자유의 확대와 더불어 20세기 후반부터 잦은
금융 불안과 이어지는 경기침체라는 부작용, 특히 2008년에 자본주의
국가들을 강타한 금융위기와 대불황(Great Recession)을 계기로 리버럴
리즘이 재부상하는 현상이 나타났다. 여기에다 지난 수십 년간 엄청
난 속도로 진행된 기술발전과 고령화, 글로벌화가 겹치면서 고용불안
과 경제적, 사회적 불평등에 대한 관심의 증대가 주요 요인이 되었기
때문이다.

이제 평등주의는 문화적 상대주의와 글로벌리즘(globalism)의 이념적 토대 위에서 정치적, 사회적 영역으로 확대되고, 리버럴리즘의 새로운 동력으로 작동하고 있다. 리버럴리즘의 문화 상대주의는 리버타리아니즘의 탈국가적 성향과 겹치기 때문에, 이들 이념의 연대가 이루어지기도 하였다. 국경개방 정책, 친 이민 정책, 친 국제기구 성향이 전형적인 사례이다. 한편, 근년에 이런 리버럴리즘 성향의 득세에 대해 보수주의가 강화되는 현상도 나타나고 있다. 이런 연유로 현재 이념대립의 구도는 보수-우파와 리버럴-좌파 또는 보수와 리버럴의 대립구도로 표현되고 있고, 아마도 당분간 지속될 것으로 보인다.

자유 이념은 궁극적으로 이를 주도하는 정치세력, 즉 정권 또는 정당의 이념성향에 따라 실천된다. 오늘날 자유민주주의 체제의 국가에서 정권의 이념 성향은 리버럴리즘과 보수주의로 양분되어 있다고 볼 수 있다. 정당의 정책 지향성에서(〈표 2〉 참조), 통상 리버럴리즘은 좌파적 또는 친 사회주의적 성향, 보수주의는 우파적 또는 친 자본주의적 성향으로 구분되기도 한다. 리버럴리즘과 보수주의 이념성향을 표방하는 정당의 명칭은 각국의 정치 사정에 따라 다양하게 나타나지만, 대표적인 사례로 미국의 민주당(Democratic party)과 공화당(Republican party)[66], 영국의 보수당(Conservative party)과 노동당(Labor party)을 들 수 있다. 리버타리아니즘은 이념적 순수성에도 불구하고 이런 2분적 구도에 편입될 수 없고[67], 현실적으로 대안적인 정치세력

---

66) 미국의 정치사와 정당의 변천 과정에 대해서는 많은 문헌, 예를 들어 Critchlow(2015)가 있다.
67) 리버타리아니즘은 경제적 자유의 측면에서는 보수주의와 같거나 더 강경하지만

의 이념으로 자리 잡기는 당분간 어려워 보인다[68].

　보수주의와 자유주의의 관계를 요약하자면, 보수주의와 리버타리아
니즘은 초기 자유주의 경우처럼 비판적 협력 관계를 유지하고 있다.
현대적 보수주의는 수구적 보수이념과 구별하는 의미에서 자유주의적
보수주의(liberal conservatism), 또는 현대 보수주의(modern conservatism)
라는 용어로 표현되기도 하는 이유도 거기에 있다.[69] 반면에, 좌파적
이념성향이 강한 리버럴리즘은 리버타리아니즘이나 보수주의와 대립
적 위치에 있고, 근년에 들어 사회주의와 동조하는 경향을 드러내기
에, 리버럴좌파 이념으로 자리를 굳히게 되었다.

　사회적, 종교적 이슈에서는 리버럴리즘보다 더욱 리버럴한 입장을 취한다(〈표1〉
참조). 후자의 입장은 리버럴리즘이 문화적 상대주의(cultural relativism)나 평등
주의(egalitarianism)에 입각하는데 비해, 리버타리아니즘은 보편적 자유를 중시
하거나 탈국가주의적 성향(mini-anarchist preference)을 가지는 데서 나온다.

68) 리버타리아니즘 정당으로서 큰 정치적 영향력을 행사한 유일한 경우인 영국의
자유당(Liberty Party)은 18-19세기에 막강한 지위를 누렸지만 이후 급격히 쇠퇴
하였고, 사회민주당과의 연합 시기를 거쳐 Liberal Democratic Party, Libertarian
Party이라는 군소정당으로 명맥을 잇고 있다. 미국의 Libertarian Party도 1972년
에 등장한 이후 주목할 만한 정치세력으로 성장하지 못하고 있다. 이를 극단 리
버타리안(Paleo-libertarian) 또는 무정부적(Anarcho-libertarian) 성향에 기인한다
는 견해도 있다(James Kalb, 참고문헌 중).

69) 로날드 레이건이 1976년의 미국 공화당 대통령 후보로 나서면서 자유당
(Libertarian Party)의 후보가 제기한 '리버타리아니즘 표절론'에 대한 다음의 회
신은 보수주의, 리버럴리즘과 리버타리아니즘의 성격에 대한 논쟁의 본질을 뚜
렷이 드러내고 있다.

　'…나는 리버타리아니즘이 보수주의의 핵심이라는 표현을 종종 써 왔습니
다. 그 표현에서 리버타니아니즘은 소문자 'l'로 시작하였고, 귀하의 정당 명
칭인 자유당(Libertarian Party)과는 관련되지 않았습니다. 나는 내가 말한
어떤 것도 자유당 당원에게 혼란스럽게 할 거라고 믿지 않지만, 개인적 자
유에 대한 보수주의적 접근방식은, 리버럴들(the liberals)의 큰 정부 개념과
는 전혀 다르고, 본인의 그런 용어 사용은 정당하다고 믿습니다…'

<표 2> 주요 현안에 대한 이념적 견해 차이

	리버럴리즘	리버타리아니즘	보수주의
적극적 자유, 평등주의	지지/옹호	반대/배척	반대/배척
정체성 중심 정치(identity politics)	옹호	중립적	반대/배척
큰 정부, 정부 지출, 시장 규제	지지/옹호	반대/배척	반대/배척
소극적 자유, 경제적 자유, 자유무역	미온적/중립적	지지/옹호	지지/옹호
문화적 상대주의, 정치적 올바름	지지/옹호	중립적	반대/배척
치안/질서 유지, 반테러 정책	미온적/중립적	중립적	지지/옹호
금융/은행 규제	지지/옹호	반대/배척	반대/배척
자유 은행/통화 제도	반대/배척	지지/옹호	반대/배척
재량적 통화정책	지지/옹호	반대/배척	중립적
누진세, 법인세, 상속세 유지/확대	지지/옹호	반대/배척	반대/중립적
소득재분배, 사회복지 확대	지지/옹호	반대/배척	반대/배척
최저임금 보장/인상	지지/옹호	반대/배척	반대/배척
친 노조 정책, 노동시장 규제	지지/옹호	반대/배척	반대/배척
친 이민 정책, 이민 무제한/국경개방	지지/옹호	지지/옹호	미온적/중립적
제한적 이민, 불법이민 단속, 이민 보호구역(sanctuary city) 폐지	반대/배척	반대/배척	지지/옹호
무슬림 이민/난민 제한	반대/배척	반대/배척	지지/옹호
친환경/청정에너지 정책	지지/옹호	미온적/중립적	미온적/중립적
낙태 (임신중절)	지지/옹호	지지/옹호	반대/배척
동성간 결혼, 성적 소수자 지원 정책	지지/옹호	지지/옹호	반대/배척

따라서 현재의 이념대립 구도는 보수이념에 기반을 둔 보수우파와 리버럴리즘과 사회주의의 연합의 성격을 가진 신좌파를 대변하는 리버럴좌파의 2분법적 구분으로 이해되기에 이르렀다. 정당의 정책 지향성에서(〈표 2〉 참조) 통상 후자는 좌파적 또는 친 사회주의적 성향, 전자는 우파적 또는 친 자본주의적 성향으로 구분되기도 한다. 리버럴리즘과 보수주의 이념성향을 표방하는 정당의 명칭은 각국의 정치 사정에 따라 다양하게 나타나지만, 대표적인 사례로 미국의 민주당

(Democratic party)과 공화당(Republican party)[70], 영국의 보수당
(Conservative party)과 노동당(Labor party)을 들 수 있다. 리버타리아니
즘은 이념적 순수성에도 불구하고 이런 2분법적 구도에 편입될 수 없
고[71], 현실적으로 대안적인 정치세력의 이념으로 자리 잡기는 당분간
어려워 보인다[72].

사회주의와 보수주의

보수주의는 처음부터 자유주의와 비판적 협력 관계를 리버럴리즘
이 분화해 나가기 전까지는 유지해 왔으며, 정치적으로 자유민주주의
체제의 발전에 크게 기여해 왔다. 그러나 사회주의는 자유의 개념에
대해 보수주의와 상반된 인식을 가지고 있었기에 늘 보수주의와 상극

---

70) 미국의 정치사와 정당의 변천과정에 대해서는 많은 문헌들, 예를 들어
Critchlow(2015)가 있다.
71) 리버타리아니즘은 경제적 자유의 측면에서는 보수주의와 같거나 더 강경하지
만 사회적, 종교적 이슈에서는 리버럴리즘보다 더욱 리버럴한 입장을 취한다
(<표 1> 참조). 후자의 입장은 리버럴리즘이 문화적 상대주의(cultural
relativism)나 평등주의(egalitarianism)에 입각하는 데 비해 리버타리아니즘은 보
편적 자유를 중시하거나 탈국가주의적 성향(mini-anarchist preference)을 가지는
데서 나온다.
72) 리버타리아니즘 정당으로서 큰 정치적 영향력을 행사한 유일한 경우인 영국의
자유당(Liberty Party)은 18세기-19세기에 막강한 지위를 누렸지만 이후 급격히
쇠퇴하였고, 사회민주당과의 연합 시기를 거쳐 Liberal Democratic Party,
Libertarian Party이라는 군소정당으로 명맥을 잇고 있다. 미국의 Libertarian
Party도 1972년에 등장한 이후 주목할 만한 정치세력으로 성장하지 못하고 있
다. 이를 극단 리버타리안(Paleo-libertarian) 또는 무정부적(Anarcho-libertarian)
성향에 기인한다는 견해도 있다(James Kalb, 참고문헌 중).

의 입장을 가지고 있었다. 보수-우파는 자유를 반드시 지켜야 할 보편적 가치로 여기지만, 바로 그런 이유 때문에 자유는 타인의 자유를 존중할 의무를 동반해야 하고 스스로 규율하고 절제되어야 하는 개념으로 본다.

자유는 자신과 그 연장인 가정을 포함하는 개인 영역, 즉 개인 주권의 존중을 의미하므로 자발적 협조정신으로 이어지며 사회 안정, 전통과 시장의 발달을 이끄는 유효한 수단으로 여겨지기도 한다. 이런 자유에 대한 가장 큰 위협은 임의적 권력이므로 법치주의가 반드시 지켜져야 할 뿐 아니라, 정부의 역할은 사회질서와 국가안보 유지라는 최소한의 수준에 머물러야 한다. 이런 범위를 벗어난 국가는 임의적 권력기구이고 자유에 대한 위협의 근원이 되기 쉽기 때문이다.

보수-우파가 지향하는 자유 수호, 법의 지배와 작은 정부, 가정과 사회질서의 존중, 자본주의적 시장질서의 중시와 같은 원칙들은 모두 이런 자유 중시 사상에서 나온다. 이런 사상체계가 보수주의 이념의 핵심이자 보수주의 정신이다. 반대로 사회주의자는 급진적 사회개혁을 국가라는 공권력에 의존하여 달성하려는 목표에 집착해 왔고, 그 선두에는 늘 사회주의 성향의 지식인들이 서 있었다. 사회주의는 지식인들의 탁상공론적 유토피아 게임의 성격을 벗어난 적이 없다.

보수정신은 개인의 자유와 기존 사회질서 그리고 자본주의 정신을 동시에 존중하고 점진적 개혁을 선호하는 경향 때문에, 하이에크나

크루그먼(Paul Krugman)에 이르기까지, 지식인들의 비난 대상이 되어
오기도 했다. 보수정신이 내적 일관성이나 철학적 체계성이 부족하며
지나치게 소극적이라는 이유에서다. 대표적 보수 자유주의 철학자의
한 사람으로 꼽히는 오크셧(Michael Oakeshott, 1901-1990)조차도 보수
정신을 다음과 같이, 다소 냉소적인 표현으로 정의했다.73)

> "그러므로 보수적이라 함은 미지(未知)보다 친숙함, 해보지 않았던
> 일보다 해본 일, 신비함보다 사실, 가능성보다 실제, 무한성보다 한계,
> 먼 곳보다 가까운 곳, 초과 풍요(super abundance)보다 충족(suffiency),
> 완결성보다 편의성, 유토피아의 환희보다는 현재의 유쾌함을 선호하는
> 것을 의미한다."

이 구절은 보수정신의 장단점, 사회주의와의 차별성, 그리고 지식
인들의 편견도 잘 드러낸다. 보수주의자는 결코 필요한 변화를 거부
하지 않고 질서 있게 수용했으며, 그들의 지혜는 지식인들의 독선적
성향보다 융통성을 지녔다는 것은 역사적 경험이었고, 그것을 가능하
게 했던 것은 자유시민이 참여하는 시장의 힘이었다. 보수주의가 경
제적 자유와 시장을 중시하고 자본주의를 옹호하는 이유도 거기에 있
다. 보수주의에 대한 사회주의자의 비판과 공격이 초기에 시장경제와
자본주의에 집중되었던 것도 좌파지식인들의 지적인 오만과 편견에
서 나왔다.

---

73) Michael Oakeshott, *Rationalism in Politics and Other Essays*, 1991.

자본주의가 거둔 눈부신 경제적 번영에도 불구하고 불평등과 부패라는 아름답지 못한 결과를 만들어 낸 것은 사실이다. 그러나 그 대부분은 인간의 탐욕과 부도덕성에서 나왔고, 시장이나 자본주의형 경제라는 제도 자체의 탓이라고 보기 어렵다. 반체제 운동으로 탄생한 전체주의적 사회(공산)주의 국가들은 빈곤과 불평등의 해소에 실패했을 뿐 아니라 정권의 타락과 부패는 자본주의 국가의 경우보다 더욱 심하다는 사실은 현재에도 드러나고 있다.[74] 이런 사례들은 불평등, 부패와 타락은 제도의 문제라기보다는 인간 행동의 부도덕성과 한계와 절대권력의 문제임을 잘 보여준다.

좌파지식인들의 이상은 사회 해체에 성공할 수는 있지만 실질적인 사회체제의 건설에는 실패한다는 사실은 프랑스 혁명에서부터 공산주의 혁명에 이르기까지 현대적 복지국가의 실험에서도 반복적으로 입증되어 왔다. 이런 경험들이 프란시스 후쿠야마의 '역사의 종언(1989)'이 자유민주주의가 마르크스주의―사회주의를 패배시켰다고 선언하게 만든 주요 근거가 되었다. 그러므로 계속되는 아래의 논의에 앞서, 사회주의의 실패를 요약해 둘 필요가 있겠다.

　―사회주의는 어느 곳에서도 성공한 예가 없다. 이런 진단은 소련식 마르크스―레닌주의 체제, 인도의 국가사회주의, 나치 독일의 국가사회주의, 중국의 모택동 체제, 북구의 민주사회주의, 북한과 쿠바의 공산독제 체제, 남미식 사회주의 체제에 모두 적용된다.

---

74) 사회주의 독재국가 중국, 북한, 베네수엘라는 전형적인 사례다.

－사회주의 실패의 공통적인 최악의 요인은 사유재산 제도와 시장의 부정이다. 사회(공산)주의 이론의 핵심은 사유재산 제도의 철폐다. 마르크스와 사회주의 이론가들은 자본주의의 토대가 사유재산과 시장이라는 점을 잘 알았기에 프롤레타리아 혁명이라는 폭력적 방식으로 이를 붕괴해야 한다고 선동하였다. 이후의 모든 사회주의 체제가 독재국가라는 강제 권력에 의존할 수밖에 없었던 이유는 시민사회와 문명 자체가 사유재산과 불가분의 관계임을 알았기 때문이다.

－ 사회주의는 인간과 사회는 '이성적' 설계에 따라 임의로 개조될 수 있다고 믿는다. 이런 지적 오만은 인간 존엄성의 부정, 사회 해체를 필연적으로 만들어 내고 자생적 질서를 파괴하기에 지속될 수 없다.

－ 사회주의는 독제권력을 동반하지 않고는 성립될 수도 유지될 수도 없다. 이는 이론적이나 실증적으로도 입증되어 왔다. 보다 온건한 사회주의 체제인 민주사회주의 체제에서도 국가의 강권력은 입법독재(legistlative dictatorship)의 형태로 시민의 자유를 억압, 통제한다. 이런 법에 의한 통치(Rule by Law)는 보수정신의 핵심인 법치주의(Rule of Law) 정신을 정면으로 위배하는 법의 폭력이다.[75] 자유민주주의 국가에서 사회정의 실현의 명분으로 추진되는 법 행동주의(legal

---

75) 법의 횡포의 가장 두드러진 사례는 아마도 한국의 경우일 것이다. 한국은 경제적 자유와 사유재산권을 침해하는 입법을 양산해 왔고, 좌파 사법부가 이전의 박근혜 대통령을 2016년 말부터 뚜렷한 입증 절차도 거치지 않은 채 불과 4개월이라는 초단기간에 탄핵, 파면하는 기록을 세우고 좌파정권을 탄생시키는 데 주역을 담당했다.

activism)는 대부분이 공권력을 이용해 사회주의적 이상을 실현하려는
시도에 지나지 않는다.

− 사회주의는 항상 피해자 정신(victimology)을 자극해서 계급투쟁
으로 몰아갔다. 사회주의자는 사회적 약자들의 피해의식과 강자에 대
한 적개심을 부추겨서 기존 체제의 해체와 새 질서의 구축을 획책하
려 한다. 모든 사회주의 운동은 예외 없이 대중적 항의시위나 집회와
난동으로 시작하고, 흔히 프롤레타리아 혁명과 같은 난폭한 혁명으로
이어졌다.

− 사회주의는 역사상 유례가 없는 규모의 대량 학살과 인명손실을
불러왔다. 사회주의 혁명은 프랑스 혁명, 나치 치하의 유태인 학살,
소련과 중공의 정치범 학살이나 감금의 사례에서 드러나듯이 1억 명
이상의 인명 살상을 저질렀으며, 같은 방식의 만행이 후진 사회주의
국가인 북한, 베트남, 캄보디아, 쿠바에서도 자행되었다. 더욱 가증스
러운 사실은 이런 모든 악행이 자국민을 대상으로 일어났다는 점일
것이다.

사회주의의 폐해는 기본적으로 리버럴리즘의 성격을 지닌 유럽의
사회민주주의 국가나 미국에서 더욱 온건한 형태로 나타났다. 보수주
의자는 이들 사회주의 정책의 무모함을 지적, 경험적 역량을 통해 꿰
뚫어 본다. 하지만 보수우파가 리버럴 좌파와 대화하고 그들을 이해
시키는 일은 매우 어렵다. 그들의 이념성향은 본질적으로 이성적이기

보다는 열정과 증오의 감정, 현실적 지식의 부족함에서 나오기 때문
이다. 더욱 심각한 문제는 그들이 자신의 열정과 신념이 인간과 사회
의 본질에 대한 무지와 현실적 지혜의 결핍에서 나온다는 사실을 미
처 인식하지 못한다는 데서 나온다는 사실이다.

　사회주의의 본질을 신랄하게 비판한 대표적 인물이었던 처칠은 '사
회주의는 실패의 철학, 무지의 신념, 그리고 질투의 복음이며, 그 내
재적 덕목이란 궁핍을 공유하는 것뿐이다.' 라고 혹평한 데 이어서,
사회주의 성향이 흔히 젊은이들의 사회적 지식과 경험의 부족에서 기
인한다는 점을 지적한 바 있다.76) 처칠 자신도 젊은 시절 페이비언
사회주의자(Fabian socialist)였고, 레이건도 초기에는 열렬한 민주당 지
지자였음을 숨기지 않았다. 위대한 보수사상가 하이에크나 보수 경제
학자 소웰(Thomas Sowell)도 젊은 시절에는 사회주의자였다. 그러나
그들 모두는 이후 사회주의의 위험에 대해 적극적으로 경고하고, 대
응 논리를 전개하거나 실천하는 데 앞장선 보수주의자가 되었다. 이
들 보수주의자들의 활동은 20세기 중반 이후 사회주의 이념의 침체를
초래하는데 크게 기여했다.

　그러나 1990년대 이후 사정은 급변하고 있다. 미국과 한국처럼 번

---

76)"Socialism is the philosophy of failure, the creed of ignorance, and the gospel
　of envy. It's inherent virtue is the equal sharing of misery."(의회 연설문 Europe
　Unite, 1947 &1948). 나이와 정치이념의 연관성을 시사하는 유명한 구절 "If a
　man is not a socialist by the time he is 20, he has no heart. If he is not a
　conservative by the time he is 40, he has no brain."은 원전에 대해서는 이론이
　없지 않지만 처칠이라는 것이 정설이다.

영한 자유 민주 국가에서 리버럴 좌파가 주도하는 또 다른 유형의 사회주의 운동인 신좌파 정치운동이 공세를 강화하고 있음에 따라 첨예한 이념갈등이 재연되고 있기 때문이다. 현재 상황은 보수주의자들이 다시 한번 건강한 보수주의 정신을 복원하고, 새로운 정치사회 질서가 확립되도록 노력하지 않으면 안 될 상황으로 진전되고 있다.

전통적 사회주의에 비해 리버럴리즘은 이념적 취약성에도 불구하고 인명 손상이나 사회주의 독재정권을 요구하지도 않았고, 케인즈식 경제운용이나 복지제도의 확충이라는 방식으로 자본주의 체제를 수정, 보완하려는 입장을 견지했다. 그들의 접근방식이 한계에 부닥치고 복지국가의 부작용이 드러나기 시작한 20세기 후반에 이르자 리버럴리즘의 정치적 영향력은 급격히 쇠퇴하게 되었고, 보수주의 운동에 주도권을 넘겨주게 되었다. 그러나 그들의 재반격은 같은 시기에 신좌파 운동으로 이미 시작되었고 현재 절정기에 이르고 있어 보인다. 신좌파 이념의 성격, 구성 요소 및 진행 과정은 위에서 이미 다루었으므로(제2장 참조), 아래의 논의는 보수주의 정신과 신좌파 운동과 관련된 이념적 차이에 초점을 맞추고자 한다.

신좌파의 대두

신좌파 이념은 전통적인 사회주의와 리버럴리즘에 문화 사회주의가 합세한 형태를 취하고 있다. 그 이론적 중심을 이루는 문화 상대주

의 또는 문화 다원주의는 주류 문명과 사회질서에 대한 비판적 시각
에 근거하고 있기에, 이론가들의 원래 의도와는[77] 무관하게, 평등정
신의 확장을 옹호하며, 특히 보수주의, 자본주의와 기독교 문명에 저
대적인 입장을 취한다. 그들의 입장을 문화 마르크시즘이라고 보는
시각도[78] 여기에서 나온다. 실제로 그들의 주장은 반인종주의, 성소
수자 차별 반대, 페미니즘 확대 운동, 불법이민 규제 반대와 무제한적
이민 수용과 국경 개방, 성역화 도시 옹호, 낙태권리 확대, 반 무슬림
정책 반대, 정치 온당성 옹호와 같이 정치사회의 전 영역에서 과격한
항의 운동의 형태로 표출되고 있다.[79] 여기에 세계주의자(globalist)와
환경(우선)주의자가 가세하고, 보수주의자나 순복음주의자의 도덕주
의 성향이나 국가주의 성향에 반대하는 일부 리버타리안들이 동조하
고 있다.

글로벌리즘은 자유무역을 지지하는 리버타리안과 신보수주의자의
입장과 경제적 실리를 취하려는 다국적기업과 월스트리트의 이해관
계가 걸려 있기에 전적으로 신좌파 이념과 합치한다고 보기는 어렵지

---

77) 그들의 이론적 근거는 대체로 프랑크푸르트 학파, 특히 마르쿠제(Herbert
    Markuse, 1898-1979)의 비판이론(Critical theory)에 따르고 있다. 그들의 비판은
    자본주의와 마르크시즘과 같은 주류 사상 모두를 대상으로 하였다.
78) Mendenhall, A., *Cultural Marxism is Real,* Mises Institute, 2019.
79) 미국의 2016년 대선 유세 과정에서 화제가 된 민주당 대선후보 힐러리 클린턴
    의 이 발언은 이런 신좌파적 견해를 적나라하게 드러낸다. 그녀는 공화당 후보
    의 지지자들에게 '개탄스럽고 구제불능인 무리들'이라는 요지의 비난을 퍼부었
    다("… half of Donald Trump's supporters belong in a basket of deplorables and
    irredeemables characterized by racist, sexist, homophobic, xenophobic,
    Islamophobic views.")

만, 반보수 연합세력의 일부인 점은 분명하다. 환경주의자가 신좌파 운동에 적극 동참하는 동기는 분명하지 않지만 아마도 그들의 정치력 확장에 있는 것으로 보인다. 환경 문제의 심각성과 시급성 여부는 분명한 결론을 내리기 어렵고, 본질적으로 과학적 영역이지 정치적 문제가 아니기 때문이다.

이런 사정으로 신좌파 연합은 전통적 사회주의의 영역인 경제적 불평등의 문제를 넘어 사회문화의 전 영역에서 반보수주의 공격에 몰입하고 있다. 신좌파 운동에서 억압받는 프롤레타리아의 자리는 흑인, 미국 원주민, 히스패닉과 같은 소수인종, 불법체류자, 여성, LGBTQ, 무슬림 과격주의자로 확대되었고, 특권층은 자본가나 부르주아를 넘어 백인 남성이나 기독교인, 기독교 문화까지 포함되었고, 이들을 매도와 저주의 대상으로 여기는 경향도 나타나게 되었다. 그들의 운동은 흔히 정치 온당성(political correctness), 정체성 정치(identity politics) 같은 형태로 드러나고, 종종 안티파(Antifa: Anti-facist movement), 사회정의 전사(social justice warrior)들이 주도하는 무모하고 격렬한 시위의 형태로 나타나기도 한다.(위의 제2장에서 거론한 사례 참조).

이처럼 격렬한 이념갈등은 미국, 영국, 한국과 같은 다수의 번영한 국가에서 공통적인 문제가 되고 있다. 불행히도 이념적 대치상황은 추상적 논쟁과 정쟁 수준에 머무르고 있고, 실제로 심각한 위협이 될 수 있는 대내외적 현안 문제의 해결은 경시되고 있다는 우려가 점차 커지고 있다. 미국의 경우, 그런 현안 문제는 전체주의적 외세의 위협과 도시퇴락(都市退落, deterioration of city)의 문제다. 전자는 공산 독재 국가 중국의 부상과 무슬림 테러의 위협이다. 불공정 무역관행과 선진국 기술의 탈취로 엄청난 부를 축적한 중국은 이를 이용해 전 세계적으로 그들의 영향력을 확장함으로써 새로운 패권 국가가 되려 하고 미국의 국익을 침해해 온 사실은 이미 잘 알려진 사실이다.

한편, 이란을 중심으로 한 중동지역의 무슬림 극단주의 세력은 여전히 미국과 유럽에 대한 테러의 확산에 주력하고 있다. 이런 위협을 저지하려는 보수주의자들의 노력에 대해 신좌파 연합은 비협조적이거나 비난하는 입장을 취하고 있다. 정쟁 차원의 반대도 있지만, 글로벌리스트들의 경제적 이해관계나 신좌파의 다문화주의적, 무정부적 성향과 상충되기 때문이다.

도시 퇴락은 훨씬 더 복잡하고 심각한 이념 편향의 결과를 상징적으로 드러내는 문제이다. 오늘날 미국의 주요 대도시의 도심 지역은 한결같이 무주택자의 천막으로 뒤덮여 있고, 마약중독자와 범죄가 범람하는 비극적인 상황에 시달리고 있다. 이들 도시들은 대부분이 캘리포니아, 워싱턴과 같은 서부 지역, 중서부의 미네소타와 일리노이, 뉴욕과 매사추세츠를 위시한 뉴잉글랜드 지역에 분포해 있고, 모두 사상 최대의 풍요와 자유를 구가하고 있다. 이들 대도시들이 속한 대부분의 지역에서 주지사, 시장과 지방의회는 거의 모두가 민주당과 리버럴좌파들이 장악한 지 오래되었고, 아마도 이 추세는 한동안 유지될 것으로 보인다. 그러나 이런 정치적 상황이 고착될 것이라거나 불가피하다는 생각은 큰 오산이다. 보수혁명이 진행되던 1980년대만 해도 대다수의 주요 도시와 주정부는 공화당과 보수주의자들의 차지였고, 도시의 번영도 이미 높은 수준에 도달해 있었다. 현재의 정치적 상황은, 시기적이나 경과 기간으로 보면, 지난 20년간 급성장한 신좌파의 득세와 깊이 연관되어 있다.

이들 지역은 미국에서 가장 인구가 많고 부유하며, 대도시들은 타지역에 비해 소수인종과 이민자들의 비율이 훨씬 높고 다양하고 역동적인 사회를 이루고 있다. 이들 대도시는 예외 없이 성역화 도시정책을 채택하고 있기에 다양한 배경을 가진 불법 이민자들의 천국이기도 하다. 이들 지역은 또한 다른 지역보다 월등히 높은 수준의 인적, 물적 자원을 투입하여 사회복지 확대, 여성과 사회적 취약계층 보호, 시장 개입과 친환경 규제 정책들을 적극적으로 도입하고 있으며, 그렇기에 타지역에 비해 세금부담과 생활비용이 가장 높은 지역이기도 하다.

대도시는 명문대학과 연구기관, 주요 신문과 방송사, 각종 예술문화 단체, 대기업 본사들, 스포츠 연예산업 관련 업체가 집결해 있고, 그렇기에 지식인들의 주거지역이자 생활공간이기도 하다. 대도시의 풍요와 자유는 불법 이민, 성소수자, 사회적 취약계층을 자석처럼 끌어들인다. 이런 사정은 유럽과 한국의 대도시에서도 별반 다르지 않다. 한 마디로 표현하자면, 이들 대도시는 신좌파들의 '꿈의 도시'들이다(〈표 2〉, 〈표 3〉 참조).

그러나 불행히도 이들 지역은 전국 수준에 비해 훨씬 높은 빈부격차와 치안 불안을 겪고 있고, 최근 들어 중산층의 타지역 이주가 늘어나는 역설적 현상도 나타나고 있다(〈표 3〉 참조). 미국에서 가장 높은 소득수준과 가장 너그러운 사회복지 제도를 가진 아름다운 도시 샌프란시스코에서 부유층 지역의 초호화주택과 높은 담장을 지켜보아야하고, 도심을 뒤덮고 있는 무주택자들의 천막과 그들이 내다 버린 쓰레기와 오물, 마약 주삿바늘의 처리에 고심해야만 하는 처지가 되었다. 여기에서 저개발국에서나 남아있는 전염병의 확산이나 길거리의 폭력을 걱정해야 하는 실정을 목격하는 일은 실로 고통스럽기도 하다.

이런 정치적 상황과 도시 퇴락화 증상은 로스앤젤레스, 뉴욕, 시카고, 시애틀, 미니애폴리스, 볼티모어, 오스틴과 같은 미국의 대도시에서도 똑같이 일어나고 있다. 그러나 이들 대도시의 교외나 중남부 지역으로 차를 몰고 가보면 사정은 판이하다. 아마도 덜 풍요롭고 다양성도 떨어지겠지만, 훨씬 더 자유롭고 안정된 지역사회의 분위기를 금방 느낄 수 있고, 신좌파 운동 따위의 이념갈등은 찾기 어렵다. 이는 마치 현대판 '두 도시의 이야기'[80]처럼 보이기도 한다. 비슷한 상황이 런던, 파리, 암스테르담과 같은 유럽의 도시들, 남미의 주요 도시들에서도 확인되고 있다.

물론 같은 지역에서 극단적으로 대조적인 사회상이 드러나는 일은

---

80) 디킨스의 소설 '두 도시 이야기(Charles Dickens, Tale of Two Cities, 1818)'를 뜻한다.

도시 퇴락의 문제에 국한되어 있지 않다. 같은 지역, 비슷한 종족적 특성을 가졌지만, 리오그란데 강을 가로지르는 국경의 양쪽에는 멕시코 지역의 빈곤과 사회 불안과 미국 지역의 자유와 번영이 공존하고, 휴전선을 경계로 북한의 비참한 억압과 빈곤은 남한의 자유와 풍요와 대조를 이루고 있다. 이런 차이를 만드는 눈에 보이지 않는 경계선은 자유 보수주의와 신좌파나 사회주의의 이념적 경계선이다.

도시의 급격한 퇴락화는 신좌파 운동의 득세와 결코 무관하지 않다. 사실 도시 퇴락화만큼 이념 대립의 결과를 잘 보여주는 문제도 드물다. 보수우파와 신좌파는 도시퇴락의 원인과 결과 그리고 해결책에 대한 입장에서 견해차가 가장 극명하게 드러나고 있기 때문이다. 보수우파는 문제가 신좌파의 과잉복지 정책, 무분별한 이민규제 완화, 사회적 약자계층(socially marginalized class)에 지나치게 관대한 평등지향 정책들에 있다고 보고, 이런 정부의 간섭들을 줄일 것을 주문해 왔다. 반대로 신좌파는 공공주택 공급 확대, 최저임금 인상, 이민규제 철폐와 같은 정책들을 동원해서 정부의 역할을 더욱 늘려야만 해결할 수 있다고 주장한다. 그들의 주장이 이민자, 성소수자, 저소득계층, 리버럴좌파 지식인들의 호응을 받고 선거전에서 유리할 거라는 사실을 알기는 어렵지 않다. 이런 경향이 커질수록 그들의 정치적 영향력이 커지고, 사정은 더욱 악화될 것임은 불을 보듯 뻔하다. 그런 악순환은 복지국가의 실패 경험에서 이미 확인되었다. 유명한 레이건 대통령의 지적, "사회주의적 정부는 문제의 해결이 아니라 문제를 악화시킨다"("Government is not solution, government is the problem.")는 구절은 아직도 설득력을 가지고 있다.

보수와 신좌파의 쟁점이 경제적 불평등의 차원을 넘어 전 사회 문제로 확대된 까닭에 문제의 심각성도 더 커질 수 있어 보인다. 아마도 도시퇴락에 대한 좌우 입장의 차이는 인간 본성과 자유에 대한 인식의 본질적 차이를 보다 광범위하고 근본적인 차원에서 드러내기 때문이다.

도시퇴락의 문제는 과거에도 있었음은 사실이다. 빅토리아 여왕 치세기의 런던과 파리를 위시한 미국과 유럽의 주요 도시들에서도 자유와 번영이 빈곤과 도덕적 타락과 공존했다. 그러나 미국 서부 해안의 하이텍 도시들, 수도 워싱턴시 주변에 몰려있는 관변 도시들, 뉴욕과 뉴잉글랜드에 산재한 문화중심(cultural center) 도시들, 그리고 사상 최고의 번영을 누리는 국제도시 서울과 같은 현대 대도시들이 모두 리버럴 좌파들이 장악하고 있고, 한결같이 심각한 도시퇴락의 병을 앓고 있다는 사실은 결코 가볍게 여길 수 없다.

도시퇴락의 논쟁에서 주목을 끄는 점의 하나는 리버럴 좌파가 이 문제의 해결을 항상 정치적, 사회적 문제로 부각시키려 하고, 개인의 책임이나 자율적 규제나 공동체의 자발적 협조 정신을 강조하지 않으려 한다는 점이다. 그런 점에서 이는 복지국가의 문제의 한 단면에 지나지 않고, 같은 부작용이나 실패를 거듭할 가능성이 크다. 신좌파 사상의 지지자들이 도시퇴락의 문제를 사회정책으로 해결하려는 태도의 이면에는 사회적 취약자 계층에 대한 진정한 이해나 연민, 자신들의 문제로 여기기보다는 자신들의 책임을 사회의 몫으로 전가시키려는 위선적 동기가 숨어 있다.

신좌파 연합을 주도하는 인사들 중에는 개인적으로 엄청난 재력과 권력을 가진 사람들이 적지 않지만, 자신들의 자원을 이런 문제의 해결에 투입하려는 경우는 극히 드물다. 그것은 아마도 개인의 존엄성과 도덕심에 관심을 갖지 않는 자유주의자의 성향과 이들을 아예 무시하는 사회주의자들의 이념적 편향성 및 그들의 이기적 계산을 드러내지 않는다고 누가 장담할 수 있겠는가?

지식층의 좌편향?

지식층의 좌편향(left-wing bias) 또는 지식층의 좌경화는 거의 상투적 용어(cliché)가 되었다. 그러나 이들 두 단어의 일반적 의미는 어느 것도 정확한 표현은 아니다. 통상적 의미의 지식층은 교수, 교사나 언론인들과 같이 지적인 활동에 종사하고 고학력을 가진 사람들을 가리킨다. 대학교수나 교사들은 지적인 활동에 종사하지만 그들 모두가 학자의 원래 의미인 지식의 생산에 참여하는지는 의문이고, 교육수준의 어디까지를 지식인의 기준으로 볼 것인지도 분명하지 않다. 대학교육이 보편화 되고, 전공의 전문성이 고도로 발전된 현재의 상황에서, 그들 대다수는 학자로서의 기준에 미치기도 어렵다고 볼 수 있다. 만일 지식인과 학자의 기준을 높인다면 그들이 항상 좌파적 성향을 가졌다고 보기도 어렵다. 지적 좌편향은 대상의 규정 방식에 따라 달라질 수 있고, 실체로 존재한다면, 자연스럽거나 필연적 현상이라기보다는 현재의 교육제도와 정치적 과정의 결함을 드러낸다는 사실에 주목할 필요가 있다.

통상적 의미에서 현대 지식층은 어떤 사람들인가? 엄격한 의미에서 지식인(intellectual)은 새로운 사상을 만들어내는, 즉 소웰의 정의를 따르자면, 아이디어를 자신의 최종생산물로 하거나 그렇게 여기는 사람들이다. 그들은 주로 학문적 탐구에 열중하는 학자들(scholar or man of letters)이고 아이디어를 실천하거나 전파하는 일은 그들의 본업이 아니다. 고대에는 성직자나 대학교수들이 그런 역할을 수행했지만 근대 이후 그런 특성은 현저히 퇴색되었다.

오늘날 소위 지식계층은 대체로 학자, 대학교수, 교사, 언론인과 전문직 종사자들을 망라하는 의미를 가지게 되었다. 그들은 최소한 대학 학위를 받은 고학력 소지자들이고, 주로 도시 지역에 거주한다. 그들 대부분은 지식의 생산자라는 전통적인 의미의 학자라고 보기 어렵다. 그렇지만 그들은 복잡한 현대사회를 이해하는 데 없어서는 안될 전문가들이자, 여론형성에 커다란 영향을 끼치는 여론 주도층이라는 대중적 인식 때문에 지식층으로 대접받는다. 그런 까닭에 사회사업가, 종교인, 공무원, 문화예술계의 상위직에 속하는 인사들을 지식층에 포함시키는 경우도 있다.

〈표 3〉 미국 주요 대도시 정치/정책 성향

Rank	City	State	2018 Population	Population Growth, 2000-2018	Policy Preferences	GOP vote share
1	New York	New York	8,398,748	4.70%	- 0.66	33.30%
2	Los Angeles	California	3,990,456	7.70%	- 0.49	27.40%
3	Chicago	Illinois	2,705,994	- 6.50%	- 0.63	29.60%
4	Houston	Texas	2,325,502	17.50%	- 0.17	44.20%
5	Phoenix	Arizona	1,660,272	25.10%	- 0.04	50.70%
6	Philadelphia	Pennsylvania	1,584,138	4.60%	- 0.52	49.80%
7	San Antonio	Texas	1,532,233	31.60%	- 0.01	43.20%
8	San Diego	California	1,425,976	16.20%	- 0.36	37.90%
9	Dallas	Texas	1,345,047	12.90%	- 0.23	47.20%
12	Jacksonville	Florida	903,889	22.70%	0.18	54.20%
15	San Francisco	California	883,305	13.60%	- 1	13.40%
17	Indianapolis	Indiana	867,125	10.80%	- 0.1	48.60%
18	Seattle	Washington	744,955	32.00%	- 0.87	28.50%
19	Denver	Colorado	716,492	28.80%	- 0.48	39.00%
20	Washington, DC		702,455	22.80%	- 0.93	23.10%
21	Boston	Massachusetts	694,583	17.60%	- 0.81	32.20%
23	Detroit	Michigan	672,662	- 28.80%	- 0.73	41.70%
25	Portland	Oregon	653,115	23.20%	- 0.59	30.40%
27	Oklahoma City	Oklahoma	649,021	27.80%	0.28	58.90%
30	Baltimore	Maryland	602,495	- 7.10%	- 0.66	36.70%
31	Milwaukee	Wisconsin	592,025	- 0.80%	- 0.26	40.80%
32	Albuquerque	New Mexico	560,218	24.30%	- 0.23	40.70%
37	Atlanta	Georgia	498,044	18.20%	- 0.48	40.00%
38	Kansas City	Missouri	491,918	11.20%	- 0.37	44.30%
40	Miami	Florida	470,914	29.60%	- 0.43	35.70%
46	Minneapolis	Minnesota	425,403	11.20%	- 0.77	36.40%
47	Tulsa	Oklahoma	400,669	1.90%	0.08	62.20%
50	New Orleans	Louisiana	391,006	-19.10%	- 0.51	41.60%

자료 : Population (Gallup, 2018), GOP vote share (Census Bureau)
　　　Policy 　　　(Tausanovitch & Warshaw, Representation in Municipal Government,
　　　Preference 　2014)

설명 : Policy Preference (1 = Far conservative, -1: Far Liberal)
　　　GOP vote share: % GOP candidate received I 2016 election)

그들은 주로 지식의 습득, 이용 및 전달에 종사하고, 고도로 전문화된 영역에서 일하지만, 그들의 지식은 생산 현장, 생활 현장과는 직접 연결되어 있지 않기에 세부적이기보다는 일반적, 추상적이며, 생산적이기보다는 분배적, 교과서적 지식이다. 따라서 그들의 지식은 구체적 사안에 대안, 적용, 적응 또는 피드백을 하기에는 늘 부족하지만, 일반대중에 대해 일차적인 지식을 전파하고 전달하는 데 보다 유리한 위치에 있다. 그러므로 그들의 지식은 특정 사안에 대하여 구체적, 세부적이며 전문적인 지식에 근거하지도 않고, 독창성을 가질 필요도 없으며, 극소수를 제외하면 일반적, 추상적인 지식을 해석, 재생산해서 전달하는 중고 지식의 전파자들[81]이다. 그들은 본질적으로 화이트 컬러 지식 노동자들이다. 지역적으로 보면, 그들은 주로 대학과 연구기관, 주요 언론기관, 정부 기관과 공공서비스 단체, 대기업 본사, 각종 문화예술 단체들이 집결해 있는 대도시에 집결해 산다. 이념성향으로 보면, 그들은 대체로 리버럴 좌파에 속한다(〈표 3〉 참조).

그러나 일반적 통념에 따른다면, 지식층의 좌편향은 지식의 속성을 반영하고 있고, 위에서 논의된 바와 같이, 지난 20여 년의 기간에 심화되어온 것이 사실이다(제2장의 '현대판 이념 전쟁', 제3장의 '오만과 편견' 참조). 신좌파 이념의 근원과 발전 경로도 지식층의 좌편향과 좌경화의 결과이며, 격렬해지고 있는 이념갈등의 원인 제공자임도 분명하다.

---

81) Hayek, F. Why Intellectuals tend to be Socialists, 1990.

간략히 재론하자면, 좌파 지식인들은 늘 이성적으로 설계된 사회, 어떤 형태의 유토피아 건설, 사회정의의 실현을 지향한다. 그들은, 자신들의 이론체계로는 개인들이 이기적 충동만으로 거래하고 생산 방식을 조직하는 시장질서, 그들의 자발적 협조정신으로 이끌어 가는 사회질서를 이해하지도, 이해하고 싶어 하지도 않는다. 그들은 본질적으로 자신들의 지적, 도덕적 우월성을 믿는 사회 설계론자이기에 자본주의적 질서와 자생적 시민사회를 비판하고 미워한다. 그들은 늘 자신들의 힘을 사회에 투사하고 싶어 하기에, 마치 봉건 왕조시대의 무사들처럼, 권력 지향적, 정치 지향적이 될 수밖에 없다. 이것이 20세기를 풍미한 사회주의자들의 정신세계였고, 이것이 시민사회의 전 영역으로 확장된 형태가 21세기의 신좌파 운동이다.

한편, 20세기 이후 범세계적으로 진행되어 온 민주화 추세와 거대 정부의 부상은 대학 사회와 지식층의 정치적 영향력을 확장시키는 데 크게 기여하였다. 특히 경제공황과 1, 2차 세계대전을 거치면서 도입된 거시경제 정책, 사회복지 정책, 교육 및 대학지원 정책들은 정부의 규모와 범위를 크게 확대시켰고, 민주화 및 대학교육의 대중화 추세와 맞물려 대학교육을 거친 고급인력의 수요와 공급을 대폭 증대시켰다. 미국에서 대학 학위 소지자는 1950년대 이후 70년의 기간에 4배가 늘었고, 한국의 대학 진학률도 4배로 늘어 세계 최고 수준인 80%대에 이르렀다. 이 기간에 정부는 각종 보조금, 학자금, 연구비, 정부 사업에 대한 용역 의뢰와 같이 직접 또는 간접적으로 막대한 재정지원을 함으로써 대학 재정의 정부 의존도는 급격히 커졌고, 대학교수

들이 정치, 군사, 경제, 사회, 과학 및 문화의 모든 영역에서 정부정
책의 입안, 평가, 조정에 동참하는 기회도 대폭 확대되었다. 이는 그
들이 정부의 역할을 확대하는 정책에 보다 친구해지고, 큰 정부를 지
향하는 좌파―리버럴의 입장에 동조하기 쉬운 배경을 형성하고 있다.

또 다른 대학의 위상 변화는 언론계에서 그들이 차지한 역할이다.
값싼 대중매체가 확산됨에 따라 특히 인문사회 분야의 고급인력에 대
한 수요가 급증하였고, 대학은 이들 지식의 전달자와 언론인들을 육
성, 공급하는 주역으로 성장하였다. 그들은 자연스럽게 사회의 병폐
를 비판하고 사회정의를 선전하는 충동에 빠지고, 보수적 성향보다는
사회개혁과 사회정의에 보다 큰 관심을 갖게 된다. 이런 환경변화에
힘입어 대학교수들은 진리와 학문의 탐구라는 고루하고 고된 영역에
만 머무르지 않고, 사회 여론형성에 적극적으로 참여하고, 사회적 평
판과 위신을 누릴 수 있는 지위를 얻게 되었다. 이런 사정으로 대학교
수, 언론과 공직자의 삼두마차, 학―언―정 유착 관계가 자유사회에서
여론을 선도하고 정치를 좌우하게 되고, 그들은 자유의 전통과 작은
정부를 선호하는 보수―우파보다는 평등과 큰 정부를 선호하는 좌파―
리버럴에 보다 우호적인 성향을 갖게 되는 중요한 요인의 하나가 되
었다.

그러나 지식층의 좌편향의 가장 근본적인 요인은 그들의 직업적 특
성이다. 그들의 인간과 사회를 보는 시각은, 객관적 사실과 실제 경험
을 중시하는 보수주의와 달리 탁상공론적이며 이상적이고, 역사적 사

실과 사회적 경험을 그들의 이성적, 합리적 이론모형에 맞추어 재구
성하려 한다. 그들의 이론 설정 과정은 늘 현대문명의 그늘에 대한
비판에서 출발하고, 자본주의적 경쟁체제에서 밀린 소외계층, 사회적
약자에게 가해지는 부당한 처우를 비판한다. 그들은 기성체제의 부당
한 피해자이기에 사회적 방식으로 옹호하려는 입장으로 발전한다.

　사회적 약자에 대한 동정심은 분명히 다른 동물에는 볼 수 없는 인
간이 태생적으로 갖는 심리적 자질이다. 그것은 종족보존의 동기에서
나오는 유전적 본능으로 보는 도킨스(Richard Dawkins)적 시각, 또는
약자의 고통을 자신이 겪을 수도 있는 경우로 여기려는 경향으로 보
는 아담 스미스(Adam Smith)적 해석으로 설명될 수 있다. 좌파이론가
들이나 사회주의 이론모형의 창시자들은, 루소와 마르크스, 프로이드
에서부터 마가렛 미드, 마르쿠제에 이르기까지, 예외 없이 이런 인식
론적 성향과 사회적 경험의 소유자들이었다. 삶의 현실과 인간 실체
에 대한 경험이 짧을 수밖에 없는 젊은 계층이 이상적 합리주의 성향
을 갖는 것은 자연스럽다. 하이에크, 소웰에서부터 처칠과 레이건에
이르기까지, 수많은 자유보수주의자들도 젊은 시절에는 사회주의 사
상에 심취했었다. 하지만 좌파-리버럴 성향은 본질적으로 지식계층
의 속성에 내재하고 있기에 쉽게 벗어나기 어렵다.

　리버럴 좌파 지식층의 이념적 정체성, 응집력과 지속성, 그들의 좌
경화에 대해서는 사회학자들의 활발한 논쟁이 있다.[82] 대학 학부교육

---

82) 예를 들어 Gouldner(1979), Gross(2013).

을 지식인의 수준으로 볼 수 있는지의 문제, 대학원 이상의 전문직 지식인들이 모두 정치철학에 대한 비판능력이 있는지, 20세기 후반에는 좌편향 경향이 없었다는 점, 그들이 사회적 수외계층이 복지보다는 자신들의 이해관계에 더욱 관심을 가질 수 있다는 비판 등이 주요 쟁점들이다. 그럼에도 그들이 지식을 전파하는 기능은 경시할 수 없고, 서로 영향을 받는다는 점에서 대중적 여론의 형성에 중요한 역할을 한다는 점은 분명하다.

이들 지식층의 이념성향을 정확히 파악하거나 실제 정치적 성향이 어떻게 나타나는지를 알기는 매우 어렵지만, 좌편향이 심한 것은 사실이다. 여론조사 결과들을 종합해 보면, 지식층의 리버럴 좌파는 보수우파의 2~4배에 이르고, 이 비율은 지난 25년간 거의 두 배로 늘었음을 시사하고 있다.[83] 지식층의 좌편향의 진원지 격인 대학교수 사회와 언론계의 경우 좌편향이 비율은 이보다 높고, 특히 인문사회 분야의 교수 층에서 그 비율이 4~5배 이상임을 보여준다.[84] 심지어 이 사실은 지식층이 몰려있는 대도시의 좌경화가 크고, 근년에 들어 리버럴 성향이 크게 늘었다는 사실에서도 확인된다(〈그림 2〉, 〈표 1〉, 〈표 3〉 참조).

---

83) Gallup Survey Report, Pew Research Report 참조, ASI(2018), Gross(2019). 언론의 좌편향은 John Perazzo("In the Tank: A statistical Analysis of Media Bias", October 31, 2008), Tim Groseclose(Left Turn: How Liberal Bias Distorts the American Mind, St Martin's Press, 2011), Mark Levine("Unfreedom of Press", Threshhold Edition, 2019)에서 잘 분석되어 있다. 대학교수 사회의 좌편향은 참고 문헌의 ASI(2018), Gross(2019) 참조.

84) Gross(2019) 참조.

지식층들의 좌편향은 청년층과 연예인 계층에도 엄청난 영향력을 행사할 수 있다. 그들은 지적 수준과 경험의 한계 때문에 지식층으로 보기 어렵지만, 보다 열성적이고 감성적인 까닭에 흔히 신좌파 운동의 전위대 역할을 한다. 그들이 대학캠퍼스에서, 방송 무대에서 '사회정의 전사(social justice warrior)'임을 자처하는 항의성 성명이나 성토, 규탄 시위에 나서는 일은 일상적인 광경이다. 젊은 층의 동향에 더욱 민감하고, 저명인사 문화(celebrity culture)에 친숙한 사회 환경에 맞물려, 그들의 행태는 일반 대중의 여론형성에 적지 않은 영향을 줄 것으로 여겨진다.

신좌파 운동에 중요한 영향을 줄 수 있는 또 하나의 정치세력은 대기업이다. 대기업은 수적으로나 이념적 동질성에서 정치세력이라고 보기 어렵지만, 그들의 정치, 경제적 영향력은 막강하다. 특히 국제화로 대형 다국적기업의 위상이 커지고, 금융과 지식정보 산업이 경제를 주도하면서 주요 대기업들의 과점체제가 형성되었기 때문이다. 이들 기업은 막대한 자금력과 광범위한 네트워크를 이용해서 정부정책에 영향력을 행사할 수도 있다. 실제로 다수의 대기업들은 주요 언론업계나 문화 사업에 투자하거나 매입하기도 한다[85].

애플, 아마존, 마이크로소프트, 디즈니, 나이키, 골드만 삭스는 대표적인 사례다. 그들은 주요 사회단체, 좌파 정치인이나 신좌파 운동

---

85) 아마존의 워싱턴 포스트 매입이나 마이크로소프트의 NBC 소유, 월트 디즈니사의 ABC 소유는 대표적인 사례다.

에 자금지원을 하기도 하고, 정부의 무역과 외교정책에 직간접적으로 영향력을 행사하기도 한다.[86] 이런 대기업의 형태는 이념적 순수성에 기인한다기보다는 기업이윤을 확대, 보호하려는 동기가 강하다. 이런 그들의 행태는 금권정치(timocracy)의 한 형태이기도 하다. 그것은 전통적으로 경제적 자유의 존중이라는 보수 정신을 넘는 자유의 일탈이다.

그런 행태의 그늘에는 글로벌리즘과 경제적 자유를 명분으로 자국민의 이해를 경시하고 국가의 안위를 위협하는 위험이 도사리고 있다. 보수주의는 늘 개인의 자유와 개인 주권, 자유 시민의 권익과 안위를 지키려는 정신에서 벗어난 적이 없다. 그렇기에 보수주의자는 이를 보장하는 국가의 존재를 소중히 여기는데, 애국심은 그런 정신의 표현이다. 그러므로 중국과 같은 전체주의 독재체제가 자유무역의 정신을 악용하여 축적한 부를 자국과 전 세계의 자유와 인권을 침해하는 일에 사용하는 일은 허용할 수 없고, 자국의 기업들이, 의식적이든 무의식적이든, 이들 깡패 국가에 협력하는 행태를 용납할 수 없다.

미국의 보수주의자 대통령이었던 캘빈 쿨리지(Calvin Coolidge, 1872-1933)는 오래전에 '정부의 비즈니스는 비즈니스(Business of government is business)'라는 친기업적 말을 남겨 유명세를 탔다. 기업 활동에 정부가 간섭하지 말고 내버려 둬야 한다는 취지였지만, 이를

---

86) 헤지 펀드의 소유자 소로스(George Soros)는 자신이 설립한 Open Society Foundation을 통해 흑인과 성소수자 지원 운동에 막대한 자금을 지원하고, 힐러리 클린턴의 선거 캠프에 거액을 자금 지원했다. 또한, 다수의 대기업들은 중국에 대한 경제제재와 무역 전쟁에 노골적인 비판과 반감을 드러내고 있다.

'비즈니스의 비즈니스는 비즈니스다(Business of business is business)'라는 말로 꼬집은 사람은 딴 사람 아닌 프리드먼이었다. 그의 경고는 정부를 이용해서 자신들의 기득권을 챙기려는 기업의 정치적 행태를 비판한 것이었다. 이런 대기업의 지대추구 행위는 신좌파 운동을 지지하는 행태일 수 있기에 경계해야 할 일이다.

보수주의 정신은 정치권이나 지식층이 기업의 일에 간섭하려 하지 않아야 한다는 입장을 고수해 왔다. 그들은 이제 기업이 기업 본연의 업무에 충실하고, 정치의 영역에 개입해서도 안 되며, 정치권이나 지식층과 야합하려는 충동을 가져서도 안 된다고 주장한다. 보수주의자는 신좌파 운동의 선봉에 있는 지식층의 도전과 여기에 동조하는 세력에 대해 슬기롭게 대응해야만 한다. 자유민주주의와 시장경제 체제의 근간을 해치지 않는 범위에서 신좌파 운동이라는 급진적 사회개혁의 열풍에 맞서기는 쉽지 않다. 무엇보다도 보수주의자가 관심을 가져야 하는 영역은 교육과 언론이다.

리버럴 좌파가 석권한 언론은, 마치 20세기 중반을 휩쓴 사회주의 운동이 그랬던 것처럼, 중심지가 되고 있고, 사실보다 그들의 이념전파에 골몰하는 진실 왜곡과 선전 선동의 중추 기지가 되었다. 초중등 교육은 개인 자유와 시민적 의무(civic duty)에 대한 교육이라는 공교육 본연의 임무보다 좌파이념의 주입에 보다 열중하고, 대학은 그런 이념적 편향성의 진원지가 되었다. 보수주의자는 대안적 경쟁체제의 교육제도 도입, 대안적 언론매체의 육성을 통해 보수정신의 교육과 전파에 총력을 기울여야 할 터이다.

부분 결론

보수주의자는 자유주의자들과는 처음부터 비판적 협력관계를 가졌고, 이 관계는 자유주의가 리버럴리즘과 리버타리아니즘으로 분화한 20세기 중반까지 지속되었다. 오늘날 보수주의는 좌파적 성향이 강화된 리버럴리즘에는 적대적인 관계를, 리버타리아니즘에는 고전적 자유주의 이념을 공유한다는 점에서 종전과 같은 협력관계를 유지하고 있다.

리버럴-좌파의 입장은 정치, 사회, 경제의 거의 모든 영역에서 보수-우파의 입장과 극명하게 상반된다. 좌우 이념대립은 글로벌리즘-국가주의, 큰 정부-작은 정부, 사법 행동주의(judicial activism)-법 절차 중시(respect for due process), 헌법구조 개혁- 헌법정신 고수, 브렉시트(Brexit) 반대-찬성, 동성결혼 찬성-반대, 낙태권리 확대-축소, LGBTQ권익 옹호 정책 지지-반대, 자국 역사의 폄하-존중, 분배 위주 정책-성장 위주 정책, 시장규제 강화-규제 완화 내지 철폐, 증세-감세, 사회복지 확대-축소, 무상의료 및 무상교육 지지-반대, 신좌파-신보수, 진보-보수, 사회주의-자본주의 등등으로 드러난다. 그들의 이념적 오류는 본질적으로 지적 오만이자 권력욕이며, 흔히 과거의 병폐를 비판하는 자학사관, 자기세뇌(自己洗腦, self-indoctri nation)

에 빠지기도 한다.

이런 극심한 좌우 이념갈등은 과도한 정쟁, 극렬한 시위와 소요 사태, 사회 해체나 혁명이라는 위협으로 나타나기도 하고, 특히 역설적이게도, 가장 번영한 자유민주주의 국가에서 두드러지게 나타나는 신좌파 운동이다. 근년에 부상한 신좌파 운동의 주역은 지식층, 특히 대학교수와 언론계 인사들이다. 그들은 정치인, 대기업, 대학생, 사회적 소외계층과 이념적 연합을 이루고 보수 정신을 위협하고 있다. 보수주의자는 이런 도전에 대처해서 그들의 이념을 효과적으로 전파, 교육하고, 특히 대학과 언론계에서 경제적 대안을 만드는 데 총력을 기울이지 않으면 안 된다.

탈이념적 이념의 뿌리

"내가 다른 사람들보다 더 멀리 내다본다면
그것은 거인들의 어깨 위에 올라 서 있기 때문이다."

- 아이작 뉴톤

보수주의 이념은 위에서 본 대로 탈이념적 이념의 성격을 가지고 있다. 보수주의는 전통과 질서, 법치주의와 재산권을 존중하고, 어떤 형태이든 인위적인 권력의 지배를 거부하는 정신을 **빼놓고** 논할 수 없다. 이런 정신적 기반에서 보수-우파들은 가족, 교회, 작은 정부, 국가와 같은 자발적 중간 공동체를 지키려 하고, 자유무역, 자유시장과 자본주의적 경제 질서를 옹호하는 반면, 정부의 사생활 간섭이나 조세 부담과 복지제도의 확충에 반대하며, 사회주의 공산주의와 전체주의 체제를 혐오한다. 또한, 그들은 문화 상대주의, 통제불능식 난민 유입, 무정부적인 세계화 정책에 대해서도 강한 거부감을 드러낸다.

보수주의가 공유하는 이런 기본 원리들은 서로 보완적 성격을 가질 뿐만 아니라 자유와 인간 본성에 대한 깊은 인식론적 성찰에서 연유한다는 것은 결정적인 중요성을 지닌다. 자유는 주로 타인과의 접속점에서 그리고 사회적 관계에서 정의되므로 욕구 또는 권리와 혼동되기 쉽지만, 본질적으로 다르다. 자유가 보편적 가치로서 정립되려면 타인의 자유나 권리를 침해할 수 없기에 권리와 욕구의 무제한적 충족을 의미하지 않으며, 자유에 따르는 책임과 의무와 분리될 수 없다. 그러므로 보수주의가 옹호하는 자유는 소극적인 자유, 절제된 자유일 수밖에 없다.

보수주의자는 개인적 자유와 영역이 최대한 보장되어야 하고 이를 인위적인 권위가 간섭할 수 있는 여지를 최소화해야 한다고 여긴다. 그런 까닭에 그들은 자유주의적 성향을 가짐과 동시에 전통적 질서를 존중하는 반면, 어떤 형태이든 강압적 질서에 복종하기를 거부한다. 이 책의 서두에서 강조하였듯이, 근대 보수주의가 중시하는 전통은 자유주의 사상에 뿌리를 둔 전통이지 전체주의적 질서가 전제하는 복종적, 순응적 전통을 의미하지 않는다.

그들은 또한 인간성의 불완전성에 늘 유념한다. 그들은 인간이 한정된 자연 속에서 태어나 서로 의존해서만 살 수밖에 없는 개체들이며, 동물적 생존 본능과 지적 사고력을 동시에 갖추고, 공격성과 협조 정신, 도덕적으로는 선과 악의 양면적 성향을 가진 태생적으로 불완전한 존재임을 잊지 않는다. 인간의 지적 능력과 이성 또한 불완전할 수밖에 없고, 끊임없이 실패와 재발견의 과정을 겪어야만 한다. 인간 사회는 이처럼 다양하고 상이한 신체적, 이성적, 도덕적 자질과 능력을 가지고 태어난 인간들의 집합인 까닭에 불완전한 사회라는 속성에서 벗어날 수 없다. 보수주의자들이 전통과 질서를 존중하는 것도 인간과 인간사회의 불완전성에 대한 인식에서 연유한다.

인류문명의 발전은 바로 전통과 질서의 수정과 재발견 과정이다. 그 과정은 반드시 진보를 보장하지는 않지만, 보수주의자들은 그것이 신의 섭리에 따라서 혹은 자생적인 협조 정신에 따라 나아간다고 믿는다. 실은 보수주의 정신 자체가 이런 과정을 거쳐서, 특히 18세기 후반 이후 영국과 미국을 중심으로, 수많은 보수주의 지식인의 성찰을 통해 성숙된 과실이다. 그들을 대표하는 사상가들의 생각을 통해 이를 살펴보기로 하자.

에드먼드 버크와 아담 스미스

근대 보수주의 사상은 18세기 후반에 일어난 미국 혁명과 프랑스 혁명이라는 두 역사적 사건의 와중에서 구체적 개념으로 등장하였는데, 에드먼드 버크는 거의 혼자 힘으로 이를 성취한 인물이었다. 그는 미국 혁명은 영국 정부의 자유 침해 정책에 대한 시민적 저항으로 보고 적극적으로 옹호한 반면, 프랑스 혁명은 자유를 빙자하여 전통과 사회질서를 파괴하는 폭거라고 맹비난하였다. 버크의 기념비적인 저작 '프랑스 혁명의 성찰(Reflections on the Revolution in France)'은, 프랑스 혁명의 부당성에 대한 정치적 탄핵을 훨씬 뛰어넘는, 이성적 설계에 기초한 혁명의 오류를 비판한 지적 탐구서였고, 자의식(self-consciousness)과 축적된 지혜(accumulated wisdom)의 결정체인 전통의 존중을 보수주의 정신의 중심에 두는 정치철학으로 정립하였다. 버크가, 비록 자신은 보수주의라는 용어를 쓰지 않았지만, 보수주의의 아버지로 일컬어지는 주된 이유도 여기에 있다.

보수주의 정신을 옹호하는 견해는 적어도 14세기 경의 영국까지 거슬러 올라갈 수 있고, 이후 다수의 법률가, 정치가 및 신학자들이 부분적이나마 주장해 왔을 뿐만 아니라, 버크와 동시대에 활동한 정치 사회 사상가들도 공유했었지만, 이들을 일관된 논리적 체계로 진술한 사람은 바로 버크였다. 그러나 버크의 보수주의 사상은 자유의 정신과 인간성에 대한 깊은 통찰력에 근거하고 있고, 전통에 대한 무분별한 집착과는 거리가 멀다. 버크의 사상을 이해하려면 그의 성장 배경과 경력을 함께 살펴보지 않으면 안 된다.

에드먼드 버크는 1721년 아일랜드의 더블린에서 태어났다. 그의 부모는 각각 가톨릭 신도와 영국 교회 계통인 아일랜드 교회의 신도였지만, 버크는 아버지를 따라 영국 교회의 신자가 되었다. 그는 초기에 프랑스의 제수이트계 대학에서 수학하기도 했지만, 이후 개신교계인 더블린 트리니티 대학에서 주된 교육을 받았다. 전 생애를 통해 깊은 신앙심을 가졌던 그는 개신교 성향이 강한 영국 교회 정신(Anglicanism)에 충실하였고, 이런 종교적, 교육적 배경은 개인의 자유, 전통과 보수적 법 정신의 존중, 그리고 영국의 교회와 의회제도에 대한 존경 심과 같은 그의 사상적 성향에 지대한 영향을 끼쳤던 것으로 보인다.

버크는 홉스, 몽테스키외와 로크, 당대 계몽사상가들의 자유주의 정치철학에 정통하였고, 자연권 및 자연법 사상에 공감하였을 뿐 아 니라 영국 교회와 사회제도, 헌법과 관습법 전통에 깊은 존경심을 가 졌었다. 그는 특히 흄, 퍼거슨, 아담 스미스와 같은 스코틀랜드 계몽 주의 사상가들과 두터운 친분을 가졌는데, 그와 절친했던 아담 스미 스는 버크가 자신의 경제이론을 가장 잘 이해하고 지지했다고 술회하 기도 하였다.

이처럼 버크는 개인적 자유의 소중함과 경제적 자유가 개인의 자유 에 필수조건임을 믿었던 고전적 자유주의자였지만, 진정한 자유는 자 연적, 천부적으로 주어지는 권리나 찰나적 인간 이성의 결과물이 아 니라, 미덕의 기준에서 절제되고 사회적 지혜와 전통 속에서 형성되 며, 신의 섭리를 통해 얻어지는 고귀한 가치로 여겼다. 버크는 인간의 본성이 교만과 사악함을 내재할 수 있음을 잘 이해했었고, 그의 '성 찰'은 절제되지 않은 자유가 독선과 타락에 빠지고 광기와 무질서로 이어진다는 사실을 다음과 같이 질타한다.[87]

"그러나 지혜와 미덕이 없는 자유는 무엇인가? 그것은 모든 가능 한 사악 중에서도 최악이다. 수업료를 내지 않고 절제되지 않는다면

---

87) Edmund Burk, *Reflections on the Revolution in France*, 1790, p.277

어리석고 사악하며 미친 짓이기 때문이다. 미덕이 따른 자유가 무엇인지를 아는 사람은 자유가 입으로만 고상한 채 이를 들먹이는 무지한 자들에 의해 먹칠을 당하는 걸 참고 볼 수가 없다."

버크의 사상은 그의 경력에서 두드러지게 드러난다. 그는 당대 최고의 지성이자 문필가, 웅변가로 인정받았었지만, 일생의 대부분을 영국 하원의 의원으로서 활동한 사람이었다. 그는 정치를 도덕적 질서를 실천하는 신성한 직업으로 여겼던 정치인이었고, 시종일관 자유주의를 신봉하는 휘그당의 당원이었다. 그러나 그는 폭스, 페인과 프라이스를 중심으로 한 급진 당원들이 프랑스 혁명의 지지세력으로 등장하자, 그들 신(新) 휘그(New Whig)와 결별하고 자신을 옛 휘그(Old Whig)라 불렀는데, 이후 고전적 자유주의자의 별명이 되는 계기가 되었다. 그런 과정에서 저술되었던 '성찰'에서 그는 혁명의 과격성을 성토하는 동시에, 전통의 존중이 사회적 질서의 요체임을 역설한다.

버크는 전통을 이전 세대의 축적된 지혜의 집합체이자 세대를 초월해서 이어져 가는 사회적 계약으로서 이해하고, 다음과 같이 묘사한다: "사회는 진정 하나의 계약이다. … 그것은 모든 과학, 모든 덕성, 그리고 모든 완성품에서 존재하는 협력관계이다. 그런 협력관계의 목표는 한 세대에서 얻어지는 것이 아니므로 지금 살고 있는 사람들 사이의 관계에 국한되지 않고, 지난 세대와 앞으로 태어날 세대의 사이에도 성립되는 관계이다." 이처럼, 아마도 '성찰'에서 가장 자주 인용되는 이 구절에서, 그는 세대로 이어져 가는 전통을 존중해야 할

당위성을 강조하였다. 그의 '성찰'은 전통의 보존은 축적된 지혜의
산물이지만 변화의 수단이 없이는 보존할 수 없음도 분명히 밝히고
있다.[88]

그러나 그가 존중하는 전통은 영국의 전통, 절제된 자유의 전통이
었고, 어떤 인위적인 권력의 강압도 거부하는 전통이었다. 그의 정치
경력의 주요 부분을 차지했던 미국 독립의 옹호, 헤이스팅스 탄핵
(Impeachment of Warren Hastings), 프랑스 혁명의 규탄에서 일관되게
드러나듯이, 이런 전통 존중의 정신은 지역적, 시대적 한계를 뛰어넘
는 보편적 사상이라는 점이 뚜렷이 드러났다. 그가 급진적 자유주의
에 대해 반대한 것은 바로 이런 정신에서 나왔던 것이다.

버크의 정치적 성향에서 주목해야 하는 또 하나의 특성은 인간의
이성이나 지식의 불완전성에 대한 경계심이었다. 버크는 특히 정치사
회적, 도덕적 현안 문제를 형이상학적 원칙이나 추상적 개념에 의존
해서 풀려고 하면서 구체적 지식이나 경험을 경시하는 태도를 혐오했
다. 그는 인간 사회라는 다양하고 복잡한 체계를 개조하려는 시도가,
마치 광선이 고밀도의 유체에 투사되면 여러 갈래로 굴절되는 것처
럼, 필연적으로 의도하지 못한 결과와 실패를 빚어낸다고 보았기 때
문이다: "음식과 의약품에 대한 인간의 추상적 권리를 논하는 것이
무슨 소용이 있는가? 질문해야 할 일은 그것들을 어떻게 조달하고 관

---

88) A state without the means of some change is without the means of its
conservation (전게서, p.27)

리할 것인가이다. 그런 문제를 숙고할 때 나는 항상 형이상학 교수들
보다 농부와 의사를 불러오기를 권한다. … 연방 체제를 건설, 재건,
또는 개혁하는 과학은, 다른 실험과학과 마찬가지로, 선험적 방식으
로 가르쳐져서는 안 된다. 또한 그것은 도덕적 원인의 실제 효과가
즉시 나타나지 않기에, 실용 과학이 우리를 지시해 주는 것과 같은
단기적 경험도 아니다." 버크는 프랑스 혁명기의 자코뱅식 이성만능
주의자들의 개혁 방식이, 인간 본성에 대해 갖는 추상적 이해의 한계
와 자신들의 지적 오만 때문에, 실패할 수밖에 없을 뿐만 아니라 도덕
적 타락으로 이어진다는 사실에 주목했던 것이다.

버크는 자신의 사상을 학문적 저작이나 논문으로 발표한 적은 없었
지만 연설문, 편지, 팜플렛의 형식으로 일관되게 주장하였고, 그의 입
장을 지지한 다수의 지식인과 정치인들이 있었기에 영국은 당시 유럽
을 휩쓴 혁명의 광풍을 피해갈 수 있었다는 평을 받았다. 그러나 그는
혁명과 사회개혁에 대한 충동의 위력과 정적들의 열정을 잘 이해했기
에, 영국의 자코뱅들이 사후 자신의 시신을 훼손하려 할 위험에 대비
해서 시신의 매장을 비밀로 하라는 유언을 남겼다고 전해지며, 그의
묘지는 오늘날까지 알려져 있지 않다. 하지만 그의 통찰력과 혜안은
후대의 모든 보수주의자들에게 지대한 영향을 끼쳤고, 버크는 대립적
입장을 견지한 자유주의자들도 인정하는 가장 영향력이 큰 정치사상
가의 한사람이자 가장 위대한 보수주의 사상가라는 평가를 받고 있다.

아담 스미스는 초기 철학적 보수주의(philosophical conservatism)에

이론적 기초를 제공한 선구자의 한 사람이었다. 그의 대표적 업적은 경제학의 창시자, 또는 자본의 아버지로 추앙받을 정도로 경제학 분야로 알려져 있지만, 실은 정치사회의 광범위한 영역에 걸쳐 중요한 영향을 끼쳤다. 『국부론』은 스미스의 사상을 상징하는 고전으로 여겨지고 있지만, 그는 『국부론』에서 자유시장론, 분업과 이기적 행위의 원리, 절대우위론과 같은 고전경제학의 주요 이론들을 창시한 경제학자였지만, 스스로 자신을 경제학자라기보다는 도덕철학자로 여겼고, 이전에 발표했던 『도덕감정론(The Theory of Moral Sentiments)』을 자신의 가장 중요한 저작으로 자랑스럽게 생각했다.

스코틀랜드의 소도시 커콜디에서 태어난 그는 글라스고 대학과 옥스포드 대학에서 사회철학을 공부하고, 박사학위를 받고, 글라스고에서 교수로 재직했으며, 평생 동안 정치철학, 윤리학, 경제학의 연구와 강연에 전념한 학자였다. 그는 절친한 친구인 데이비드 흄과 함께 스코틀랜드 계몽주의를 대표하는 학자였으며, 특히 연하인 버크와 두터운 교분관계를 가졌는데, 버크를 자신의 경제이론과 사상을 가장 잘 이해한 사람이었다고 술회하기도 했다.

자유보수주의자로서 그의 공헌은 『국부론』에서 옹호한 이기적 경제행위의 역할과 사회적 공헌의 관련성을 천명한 유명한 '보이지 않는 손의 원리'이다: "우리가 저녁 식탁에 올라오기를 바라는 음식물은 도축업자, 양조업자, 제빵업자의 선의에서 나오는 게 아니라 그들의 이기적인 이해충족 동기에서 나온다." … 상인, 노동자, 자본가는

끊임없이 가장 효율적으로 "산출물을 만드는 방법을 모색하는 활동
을, 다른 어떤 경우에서나 마찬가지로, 오로지 자신의 이득을 챙기려
는 동기에 따라 수행함으로써 '보이지 않는 손'에 이끌려서, 자신의
의도에 속하지 않았던 (사회 후생의 증진이라는) 목표에 기여하게 된
다. … 자신의 이득 추구는 흔히 진정으로 사회적 목표를 촉진하려
할 때보다 그것을 더욱 효과적으로 이루게 된다."

 이처럼 자유시장의 효율성과 규범적 타당성을 시사하는 그의 이런
논리는 훗날 후생경제학의 법칙으로 일반화되었을 뿐 아니라, 경제적
자유와 자유시장경제의 옹호라는 보수주의 원칙의 이론적 근거가 되
었다. 특히 그의 논리는 자유로운 개인의 활동이 정부나 사회의 의도
적 개입보다 더 바람직할 수 있다는 도덕적 정당성의 함의를 가졌기
에, 경제의 영역을 넘는 범위로 자유보수주의 정신에 커다란 영향을
끼쳤다.

 보수주의 철학에 대한 스미스의 또 다른 중요한 공헌은 도덕감정과
시민사회의 중요성을 역설한 그의 도덕철학(道德哲學)이었다. 그의 '도
덕감정론'은 동정심, 양심, 존경심, 죄책감이나 자책감과 개인적, 사
회적 감정에 대한 관찰과 추론을 통해 타인에 대한 책무의식(sense of
accountability)이 도덕적 삶의 핵심이라는 결론을 내렸다. 그 근저에는
우리가 타인의 행동을 용인하거나 거부하는 결정을 내리기 위해 그들
과 소통하려고 노력하는 과정에서 의식적이나 무의식적으로 추구하
는 '상호 감정에 대한 동정심(mutual sympathy of sentiments)'을 찾으

려는 성향이 있다. 그것은 우리가 자신의 욕망에 따라서만 움직이는 개체가 아니라 다른 사람들의 판단의 대상임을 늘 의식하는 데서 나오기에, 우리는 외부의 시각에서 본 자신, 자신이 타인에게 어떻게 평가되는지를 알고 싶어 하고 그들의 승인과 동정심을 얻으려 하고, 그런 성향이 인간 사회의 기초를 이룬다고 보았다. 이는 자유시민 사회의 기초가 이성적 설계가 아니라 타인이 자신을 대하는 동정심이라는 감정임을 의미한다.

한편 '동정심'은 본질적으로 소극적인 의미의 덕성이므로 안정된 시민사회를 뒷받침할 법적 장치, 바로 영국의 전통적 관습법 체계를 필요로 한다. 도덕철학과 시민사회의 성격에 대한 스미스의 사상은 그의 친구 흄과 버크의 사상과도 일맥상통했고, 영미 보수주의 형성에 지대한 영향을 끼쳤으며, 그 핵심적 정신으로 자리 잡았다.

알렉시스 토크빌

토크빌의 『미국의 민주정치(Democracy in America)』는 자유와 민주주의에 대한 가장 심오한 통찰의 하나라는 찬사를 받고 있는 고전이다. 그는 대혁명 이후 정치 격변기에 있던 프랑스에서 명문 귀족 가문의 일원으로 태어났다. 그의 가족은 혁명의 혼란기에 한동안 영국에 피신해 있다가 나폴레옹 치하에 귀국했었다. 그는 파리에서 법학을 공부한 후 1830년에 법관 보조원(apprentice magistrate) 직책으로 공직

에 입문했다. 당시 프랑스의 정치체제는 절대 왕조를 청산하려는 또
다른 시도인 1830년 혁명(Revolution of 1830)을 통해 입헌군주제를 채
택한 이후 민주공화국 체제로 이행해 가는 상황이었다.

그 이듬해인 1831년에 26세의 토크빌은 한 명의 동료와 함께 미국
여행길에 올랐다. 그는 공식적인 방문 목적을 미국의 교도소 제도를
조사하는 일에 두었지만, 이는 단지 구실에 불과했고, 이후 조사보고
서를 실제로 제출하기도 했지만, 사실은 미국의 정치제도를 연구하려
는 의도를 가졌었다. 그는 9개월의 체재 기간에 미국의 주요 도시들
을 두루 방문하고, 프랑스 정치 망명객과 광범위한 미국 지식인들과
회동하였으며, 이를 토대로 저술한 『미국 민주정치』를 1835년과
1840년에 나누어 출간하였다.

토크빌이 미국에 각별한 관심을 가졌던 이유는 자국 프랑스가 겪고
있던 정치적 혼란을 걱정하고, 민주정치 체제의 불가피성을 이해했기
에 당시에 가장 성공적인 민주공화국 체제로 여겨지던 미국의 경우에
서 통찰력을 얻으려고 했기 때문이었다. 토크빌은 귀족 계층의 기득
권 집착과 특권의식을 혐오하고 자유와 합리주의 정신을 신봉했던 리
버럴이었다. 그렇기에 그는 신분 차별이나 외침의 위협이 거의 없고
자유의 전통을 지닌 미국 사회가 민주공화국 체제를 정착시키기에 적
합한 조건을 가졌다는 데 주목했던 것이다. 그는 영국과 미국의 문화
적, 사회적 전통에 경외심을 가졌고, 버크의 보수주의 사상에도 공감
했던 친영미적 성향(Anglo-Americophile)을 가졌지만, 미국의 민주공화

국 체제에 보다 큰 호감과 희망을 품고 있었다.

그러나 토크빌은 민주정치 체제를 비록 불가피하고 거슬릴 수 없는 정치적 추세라고 보았지만 이상적 정치체제로 여기지는 않았다. 그는 민주정치가 다양한 계층의 이해를 반영하기에 보다 적합하며, 기득권이나 현상의 유지보다는 새로운 아이디어나 변화를 보다 적극적으로 수용하려는 성향을 높게 평가했지만, 지극히 비효율적이며 불안정한 체제임을 간파했다. 그것은 민주정치가, 공화정치 체제가 아닌, 본질적으로 불안정한 다수가 지배하는 체제이기 때문에, 종종 다수의 독재, 소수에 대한 탄압, 무엇보다도 자유와 진실의 억압으로 이어질 수 있는 위험을 내포한다. 다수의 견해나 선호는 현실적 지혜의 산물이기보다는 변덕스러운 감성이나 교조적 합리주의에 지배되기 쉽기 때문이다.

그는 『미국의 민주정치』와 다른 저작물을 통해 반복적으로 이 복잡한 명제를 부각시키고자 애썼다: "나를 슬프게 하는 것은 우리 사회가 민주적이라는 사실이 아니라, 우리가 물려받고 취득한 악덕이 적절히 규율을 동반한 자유를 획득하고 유지하기를 극히 어렵게 만든다는 점이다. 나는 자유가 없는 민주주의만큼 비참한 상태를 알지 못한다."

토크빌은 다음과 같은 미국 사회의 특성이 비교적 순탄하게 민주공화국 체제를 유지해 나가게 하는 데 크게 기여한다고 보았다; 자유와 기업가 정신을 중시하는 사회적 전통, 관습법에 기반한 법치주의, 견제와 균형 및 인권보장에 바탕을 둔 헌법 체계, 종교적 관용과 정경분리, 정치 권력의 제한 및 작은 정부 선호, 교회와 지역협의체와 같은 자발적 사회협동기구의 발달, 기독교 신앙과 개신교 전통에서 나온 도덕심의 존중, 이들은 예외 없이 보수주의자들, 특히 미국의 보수-우파들이 중시하는 덕목이거나 옹호하는 사회제도들이다. 그는 이들이 모든 사회에 보편적으로 적용될 수 있다거나 정치적 위협 요소들을 없앨 수 있는 효과적인 방안이라고 주장하지 않았지만, 안정적인 민주정치의 정착에 기여한다고 보았다. 그는 스스로 자신의 보수주의 성향을 이와 같이 미묘하고 우회적인 방식으로 드러냈다.

토크빌은 자유주의자이자 보수주의자이지만, 『미국 민주정치』에서 여러 차례 밝혔듯이, 어느 한 편을 일방적으로 편들려고 하지는 않았을 뿐만 아니라 민주정치를 적극 옹호하면서도 이를 예찬하지도 않았다. 그는 자유주의자들이 종교나 도덕심과 인간 행위 사이의 연관성을 경시하는 태도를 개탄하면서도, 보수주의자들이 새로운 아이디어를 죄악시하는 경향을 비난하기도 하였지만, 그것은 단순한 양비론을 훨씬 뛰어넘는 수준이었다. 그의 비판은 대립적 정치사상과 민주정치에 내재하는 취약점이나 위험을 종종 역설적인 방식으로 드러내고 이를 충고 내지 경계하는 데 집중되어 있었다.

이런 '토크빌식 역설'은 그의 민주주의에 대한 비판에서 뚜렷이 드러난다. 토크빌은 데카르트적 합리주의자이며 자유주의자였기에 평등과 진보를 표방하는 민주정치를 옹호했지만, 민주주의 독재의 위험성을 집요하게 파고들었다. 그는 다수 민중의 독재는 소수에 대한 탄압과 자유의 파괴에 그치지 않고 자신들의 믿음을 정의로 정당화하려 하기 때문에 과격한 폭정, 비도덕적, 비이성적 성향으로 발전하는 식으로 스스로를 타락시킨다고 보았다.

그는 미국 사회가 어떤 사회보다 균등한 조건(equality of conditions)과 자유의 정신을 애호한다는 데 커다란 감명을 받았지만, 자유와 평등은 서로 대립적인 관계를, 전자는 불평등을 확대하고 후자는 자유를 훼손하는 경향을 가질 수 있음을 정확히 이해했다. 그러므로 자유주의 정신에 기반을 둔 민주정치의 폭정이라는 역설을 해소하려면 적절히 제어된 자유를 추구해야만 하는데, 그는 그 출구가, 버크가 그랬던 것처럼, 전통적 사회제도와 종교적 신념의 존중에 있을 수 있다고 믿었다. 그는 늘 이들 정치적, 사회적 명제에 대해, 때로는 역설적이고 자신의 이론을 제시하기보다는 정확한 의문을 제기하는 방식으로 성찰하는 자세를 잃지 않았다.

토크빌이 자유주의자, 보수주의자 및 민주주의자들이 모두 추앙하는 사상가로 자리 잡았고, 그가 제기한 명제들이 현대 사회에도 놀랄 만큼 적시성을 갖는 이유도 거기에 있다. 토크빌은 같은 시대의 인물이었던 칼 마르크스의 사회주의 이론을 잘 알지 못했지만, 그런 교조적 합리주의 이론이나 이후의 어떤 전체주의적 사상도 그의 비판적 통찰에서 벗어날 수 없을 것이다.

프리드리히 하이에크

하이에크가 보수주의자인가에 대해서는 논란이 있다. 대부분의 자유주의자들은 그를 리버타리안이라고 여기지만, 보수-우파들은 그의 사상이 보수주의 정신에 더욱 부합한다고 본다(부록 2: 하이에크와 보수주의 참조). 논란이 커진 주된 이유는 그가 자신이 보수주의자가 아니라고 주장했던 데 있었다. 그의 이런 입장은 변화와 개혁에 소극적인 보수적 성향을 비판하는 취지에서 나왔는데(그 계기는 자신이 주도해서 창립된 몽펠린 협회에서 보수주의자인 러셀 커크와 벌인 논쟁이었다.), 스스로 자신이 '후회의 여지가 없는 옛 휘그(unrepentant Old Whig)'라고 선언했다. 그는 리버타리안이라는 용어를 좋아하지 않았고, 대신 고전적 자유주의자(classical liberal)를, 또한 리버티보다는 프리덤(freedom)이라는 표현을 선호했는데, 그것은 자유가 종종 권리라는 의미로 오해되기 쉽다고 여겼기 때문이다. 그에게 진정한 자유는, 토크빌이 그랬던 것처럼, 소극적인 자유, 의무가 동반된 자유, 절제된 자유를 뜻했다.

하이에크(Friedrich August von Hayek)는 1894년에 오스트리아 비엔나에서 양가 모두가 저명한 학자들을 배출한 학자 집안에서 태어났다. 비엔나 대학에서 법학과 정치학 박사학위를 취득한 그는 철학, 심리학, 경제학에 몰두하였는데, 이는 그의 사상과 저작에 중요한 배경을 이루었다. 이후 영국으로 이주해서 영국 시민이 된 그는 생애 대부분의 기간에 런던대학 경제학부와 시카고 대학의 교수로서 활동하였다. 학자로서 하이에크는 무엇보다도 경제학자였고, 경기변동 이론에 대한 탁월한 업적을 인정받아 1972년에 노벨경제학상을 수상하였다. 그러나 그는 사회과학 전 영역을 넘나드는 혜안과 통찰력을 지녔던 위대한 사상가로서의 반열에 올라 있다.

한편 대중적으로는 그는 사회주의의 허구성을 논리적으로 파헤친 논객으로서 더욱 잘 알려져 있다. 그가 이런 지위를 획득한 경로는 매우 특이하다. 경제학자로서 명성에도 불구하고 비교적 덜 알려져 있던 하이에크를 일약 슈퍼스타 반(反)사회주의 논객으로 만든 계기는 1943년에 출간된 그의 저작 '노예사회로 가는 길(Road to Serfdom)'이 었는데, 여기서 그는 모든 유형의 사회주의가 필연적으로 전체주의적 노예사회로 이행하게 됨을 그 이전이나 이후, 오늘날에 이르기까지 누구보다 더욱 설득력 있게 설파했다.

놀랍게도 그는 이 책을 당시 전 유럽과 미국을 풍미하던 사회주의적 지적 풍토에서 출간했을 뿐만 아니라 파시스트, 사회주의, 공산주의가 모두 전체주의 속성을 가진다는 점에서 다르지 않다는 점을 날카롭게 지적했다. 그는 젊은 시절 한때 자신도 사회주의적 믿음을 가졌지만, 미제스의 영향에 힘입어 사회주의 실패의 불가피성을 확신하게 되었음을 고백한 적이 있었고, 이후 이를 자신의 사상으로 완성시켰던 것이다. 그는 같은 오스트리아 출신이자 학문적 동지였던 미제스, 포퍼와 더불어 사회주의에 대한 가장 강력한 비판자로서 알려지게 되었다. 다수의 보수주의 정치인들이 하이에크를 자신들의 우상으로 여기는 주요 원인도 여기에 있다.

그러나 하이에크의 사상은 정치적 입장의 표명을 훨씬 뛰어넘는 철학적 탐구의 산물이었고, 자유의 헌법(Constitution of Liberty), 법, 입법과 자유(Law, Legislation and Liberty), 치명적 자만(Fatal Conceit)과 같은 개척자적 저작, 그리고 다수의 논문과 논평 및 기타 저술들을 통해 널리 전파되었다. 하이에크는 사회 또는 사회적 질서가 이성적, 데카르트적 사유의 산물이라는 개념을 부정하였고, 사회라는 용어 자체를 싫어했다. 그런 용어는 사회를 합리적 판단을 하는 존재라고 믿는 비현실적 인격화에서 나온 허구적 개념이기 때문이다.

윤리적 판단과 진실을 이해하는 능력은 오직 개인에게만 있고, 그나마 그것들은 다양한 개인들의 접촉과 상호관계, 끊임없는 시행착오 과정이 이루어지는 시장을 통해서만 형성된다. 시장은 그런 방식으로 진실을 발견해 나가는 과정이며, 특정 집단의 일시적 지식에 의해 대체될 수 없다. 그러므로 이성적 지식이나 사고를 바탕으로 설계된 어떤 사회 설계 또는 정부가 주도하는 사회개혁의 시도도 성공할 수 없다. 그것은 필연적으로 개인의 자유와 진실 발견의 과정, 시장의 형성을 억압한다. 도덕과 사회질서는 시장 과정을 통해 자라나는, 얻어지는 자생적 질서이지, 사회적 목적을 위해 설계된 질서가 아니다. 이런 자생적 질서와 시장 역할의 발견은 하이에크 사상의 핵심이다. 보수주의자나 리버타리안이 모두 그를 최고의 지성으로 존경하는 이유이기도 하다.

사회주의에 대한 하이에크의 예언자적 진단은 반복적으로 현실화되었고, 그는 소련 공산주의 체제의 붕괴를, 서거 직전에, 직접 목격하는 행운을 누린 학자라는 평을 받기도 했다. 그러나 그는 사회주의적 이상에 대한 열정을, 특히 지식계층이 그런 사회를 설계하려는 유혹에 쉽게 빠져드는 경향을, 결코 과소평가하지 않았다. 또한 그는, 토크빌이 그랬던 것처럼, 민주정치가 비록 전제적 통치를 차단하기에 가장 적절한 체제로서 옹호했지만 평등 지향적, 반자유적 성향을 내재하고 있고, 사회주의적 유토피아에 대한 선동에 취약하다는 점을 극도로 경계했다.

사실 그는 일생을 통해 지식계층이 케인즈 경제이론이나 사회주의 정책을 옹호하는 현상에 대해 깊은 좌절감을 느꼈다. 보수주의에 대한 그의 비판도 이런 좌절감의 연장선상에서 사회주의적 유토피아에 대한 대안 제시나 변화에 대해 소극적인 성향을 비판하려는 의도에서 생겨난 것이라고 생각된다. 그가 만일 생존해 있다면 세계적으로 또 다른 유형의 사회주의가 득세하고 있는 현 상황을 어떻게 평가할지 몹시 궁금하다.

러셀 커크와 윌리엄 버클리

보수주의의 전성기는 영국의 빅토리아 여왕 치세기와 미국에서 독립 이후 1, 2차 세계대전 이전까지의 기간이었다. 이 기간 중 보수주의와 자유주의는 이들 국가에서, 다소의 부침에도 불구하고, 이념적 주도권을 장악하고, 민주주의의 정착과 정치적 안정, 산업혁명과 경제적 번영에 크게 기여하였다. 그러나 잇따른 경제공황과 세계대전, 전체주의와 사회주의가 득세하면서 보수주의는 정치적 영향력을 점차 잃어 갔다. 이런 추세는 전후 냉전 시기에도 이어져서, 영국의 노동당 집권과 미국 리버럴리즘(American liberalism)의 부상으로 케인즈 경제정책, 사회복지 제도의 확대와 거대 정부가 당연시되면서, 보수주의 사상은 급속히 정치적 영향력을 상실하였다. 보수주의 침체의 주요 요인은 그것이, 이념의 특성상, 내부적으로 일관된 논리체계로 구성되어 있지 않은 반이성적 이념이며, 사회주의나 리버럴리즘과 같은 개혁 논리에 맞서서 효과적인 대안 제시를 하지 못하는, 부정적이며 반응적인 사고방식으로 여겨졌기 때문이었다.

커크는 이런 부정적 인식들을 반박하고 근대 보수주의를 재정립한 인물로 평가받고 있다. 미국 중서부 소도시의 중산층 가정에서 태어난 러셀 커크(Russell Amos Kirk)는 미시간 주립대학과 듀크 대학에서 수학했고, 스코틀랜드의 세인트 앤듀러스 대학에서 미국인으로서는 최초로 문학박사 학위를 받았다. 그는 1953년에 출간된 저서 『보수주의 정신: 버크에서 산타야나에 이르기까지(Conservative Mind: From Burke to Santayana)』에서 존 아담스, 해밀턴, 토크빌, 디스레일리, 콜러리지, 나다니엘 호손, 티 에스 엘리오트, 베저트, 뉴먼, 바비트 등 수십 명에 달하는 주로 영국과 미국의 정치인, 시인, 문필가, 신학자, 철학자들의 사상을 조명, 추출하는 방식으로 보수주의 사상을 체계화하였다. 수년 후 그는 이를 정리하여 다음과 같이 보수정신의 규범 (canons of conservatism)을 발표하였다.

1. 초월적 질서의 존재에 대한 믿음(커크는 이를 전통, 신성한 계시 또는 자연법이라는 다양한 개념으로 표현했다.)
2. "다양하며 신비스러운" 인간의 존재에 대한 경애심
3. 사회는 자연스러운 차별성을 강조하는 질서와 계층을 필요로 한 다는 확신
4. 재산과 자유는 밀접히 연관된다는 신념
5. 관습, 관례와 사려분별에 대한 존중
6. 현존하는 전통과 관습은 신중함의 정치적 가치에 대한 존경심을 수반하기에 혁신은 여기에 연계되어야 한다는 확신.

이들은 분명히 버크 자신이 했음직한 말들이고, 커크는 자주 버크 정신을 부활시켰다는 평을 받고 있다. 그의 '보수주의 정신'은 저명 한 보수 지식인들의 입을 통해 전통과 질서, 도덕심을 무시하고 원자 화 된 개인의 권리와 효용극대화에 치중하는 자유주의의 무모함에 대 한 통렬한 비판들을 담고 있다. 이를 통해 그는 개인적 다양성과 존엄 성, 적절히 규제된 자유, 전통적 사회질서와 사려분별심을 옹호하는 정신이 보수주의의 핵심가치임을 강조했던 것이다. 또한, 그는 보수 주의 정신과 현대 서구 문명의 뿌리는 기독교 신앙에 있다고 믿었으 며, 만년에 독실한 가톨릭 신자로 귀의하였다.

커크의 『보수주의 정신』은 지식계층이 보수주의 사상을 재평가하는 계기가 되었고, 비록 그 자신은 정치권에서 역할을 하기를 꺼려했지만, 이후 미국에서 보수주의적 정치적 세력이 재집결하게 만든 주요 원동력의 하나가 되었다. 기본적으로 문필가였던 커크는 고전적 자유주의를 옹호했지만, 보수주의의 또 하나의 주축인 경제적 자유에 대해서는 별로 언급하지 않았다. 하지만 그 간격은 같은 시기에 활동했던 하이에크, 밀턴 프리드먼과 같은 자유주의 경제학자들의 노력으로 채워졌고, 이런 방식으로 자유의 전통을 기반으로 하는 현대적 보수주의가 정립되었다.

커크가 보수주의 복원 운동의 정신적 기반을 제공했다면, 버클리는 이를 실질적인 보수주의 운동과 보수정치 세력으로 이끈 중심인물이었다. 그는 작가, 방송인, 정치평론가, 칼럼니스트로서 정력적인 활동을 펼친 보수 이데올로그였으며, 최장수 텔레비전 프로 '사격전선(Firing Line)'의 진행자, '내셔널 리뷰(National Review)'의 창간자이자 편집인으로 가장 잘 알려져 있다. 그렇기에 그는 "버클리는, (아마도 확실히), 지난 반세기의 기간에 미국에서 가장 중요한 대중지식인이었다. 한 세대 전체를 통해 그는 미국 보수주의자의 저명한 대변자이자 범기독교(ecumenical) 인사였다."라는 평을 받는다.[89]

---

89) 미국의 현대 보수주의 역사학자 조지 나시의 논평으로, 위키피디아의 인용문이다. Nash, George H.(February 28, 2008). "Simply Superlative: Words for Buckley".National Review Online. Archived from the original on March 3, 2008. Retrieved February 29, 2008.)

윌리엄 버클리(William Francis Buckley, Jr.)는 1925년 뉴욕시에서 부유한 보수주의적 가정에서 태어났다. 그는 유년시절에 멕시코, 프랑스, 영국 등지에서 교육을 받았지만 예일대학에서 정치학, 역사, 경제학을 공부하고 정치학 학위를 취득했다. 리버럴의 아성 예일대학 재학 시부터 그는 논쟁가로 이름을 날렸고, 이후 예일의 학풍을 비판한 저서 『신과 예일인(God and Man at Yale)』으로 유명해지기도 했다. 버클리의 사상은 리버타리안, 정통 보수주의와 기독교 정신의 복합체라고 할 수 있고, 스스로 자신을 리버타리안 보수주의자라고 자처했다. 보수주의에 대한 그의 업적은 보수주의 이념의 대중교육과 전파와 정치세력화를 주도한 데 있다. 그는 탁월한 언변과 문장력으로 보수주의 운동의 구심점이 되었고, 커크와 보수주의 정치인들과의 회동을 주선하고, 샤론 보수주의 성명서를[90] 주도하였으며, 골드워터와 레이건의 정치적 부상에 중요한 역할을 담당하기도 했다.

---

90) Sharon Statement(1960)은 미국에서 '자유 수호를 위한 청년회의(YAF, Young Americans for Freedom)'가 발표한 성명서로서 보수주의 운동의 정신을 표명한 중요한 문서로 평가받고 있다. 후속되는 제6장에서 자세히 논의한다.

6

보수주의 정신의 재발견

"너무도 흔히 보수주의는 옳지 않은 것들을 보존하려 하고; 자유
주의는 자율규제의 정신을 훼손하며; 혁명은 불변인 것들을 인정
하지 않으려 한다."   - T. S. 엘리엇

"보수주의자는 정부정책이 질서, 정의와 자유를 보전하려는 의도
로 성립된다고 생각한다. … 반면에 이념가(ideologue)는 정치를,
사회를, 심지어 인간성까지도, 변조하기 위한 혁명수단으로 생각
한다. 그들은 유토피아를 향한 행진에서 인정사정 보려 하지 않
는다."   - 러셀 커크(보수정신: 버크에서 엘리엇까지, 1953)

 보수주의자가 당면한 가장 시급한 현안은 새로운 정치, 사회 및 경
제적 환경에서 보수정신을 어떻게 재규정할 것인가, 즉 보수정신의
재발견 문제라고 할 수 있다. 대부분의 주요 국가에서 새로운 보수,
따뜻한 보수, 개혁 보수라는 개념들이 유행병처럼 회자되고 있음은

이를 잘 보여준다. 대부분의 경우에 이들은 보수주의 정신을 리버럴 좌파적 성향에 근접시키려는 시도에 지나지 않는다. 보수주의 철학의 기본정신을 이해하지 못했거나 경솔한 절충주의를 반영하기 때문이다. 이 장에서 우리의 논의는 미국의 보수주의를 집중적으로 고찰함으로써, 진정한 보수정신을 탐색하려고 한다.

이념으로서 보수주의 정신을 특정 지역의 경우를 중심으로 논의하는 데는 늘 위험이 따른다. 이념이 보편타당성을 전제로 하는 개념임에 비해, 보수주의는 전통과 관습을 중시하기에 지역적 특수성을 배제하기 어렵기 때문이다. 그럼에도 불구하고 보수주의 정신의 발전과정을 특정 국가의 경우를 중심으로 살펴보는 일은 진정한 보수정신을 모색하기 위해서는 매우 중요하고 유용하다. 우리는 아래에서 미국의 보수정신이 어떤 경로를 거쳐 발전했으며, 왜 보편적이자 특수성을 함께 가진 보수정신으로 정립되었는지를 고찰해 보려 한다. 그것은 미국의 보수주의가 가장 발달된 현대적 보수정신을 대변하기도 하지만, 보수주의가 가진 문제점과 취약성도 드러내기 때문이다.

우리는 또한 한국에서 보수주의가 거둔 성과와 문제점도 함께 살펴볼 것이다. 이들 두 나라는 명백한 차이에도 불구하고 아마도 다른 어떤 국가들에 비해서도 많은 공통점을 가지고 있고, 보수정신의 재발견이 시급한 처지에 있기 때문이다.

우선 미국은 건국 이전부터 부족적 관습이나 신분제도의 속박에서 자유로운 사회체제를 갖고 있었던 까닭에 자유라는 보편적 가치를 존중하는 전통을 유지해오고 있었는데, 미국의 건국은 이런 전통 위에서 이루어졌다. 반면에 한국은 자유의 전통이 없는 상태였지만 미국과 같이 처음부터 자유민주주의 공화국으로 건국되었다. 미국의 정치체제는 자유보수 정신을 계승하여 입헌민주공화국 체제였고, 한국도 입헌민주공화국으로 출발하였다. 아래의 논의는 이들 두 국가에서 보수주의가 담당한 역할을 고찰함으로써 보수정신의 재발견에 관련된 함의들을 지역의 한계를 넘어 끌어내고자 한다.

자유의 전통이 세운 나라

미국은 자유보수주의자들이 건국한 나라라 할 수 있다. 건국 초기에 일반 시민들은 주로 영국이나 유럽의 이민자이거나 그 후손들이었고, 역사적 유산이나 세습적 계층의 속박에서 벗어난 자유 시민이었으며, 비교적 낮은 문맹률, 자유로운 언론이 활성화되어 있었고, 영어라는 단일 언어가 통용되는 자유롭고 동질성이 높은 사회가 이미 형성되어 있었다.

한편, 존 아담스, 알렉산더 해밀턴, 존 제이, 제임스 메디슨을 위시한 건국의 주역들은 모두 고전적 자유주의 사상에 정통했고, 그리스와 로마의 정치 철학과 제도를 잘 알고 있었던 엘리트들이었다. 피상적인 인식과 달리, 토마스 제퍼슨도 강한 보수주의 성향을 가진 인물이었다.[91] 사실 이런 사회적 환경과 지적 배경을 기반으로 해서 그들은

---

91) Roger Scruton(2017) 참조.

권력의 분산, 견제와 균형, 시민의 자유와 인권 보호를 핵심으로 하는 헌법 제도, 인권 장전을 차례로 제정함으로써 국가연합체제인 미합중국을 건설했던 것이다. 미국 건립의 아버지들(American Founding Fathers)인 이들은 모두 자유의 가치를 소중히 여긴 자유주의자들이었지만, 그들의 대부분은 자유를 무절제한 권리와 동일시하지 않았으며, 보편적이고 진정한 자유는 적절한 규율이 전제되는 자유이며 관습법에 기초한 법치주의가 존중되어야 한다는 철학을 신봉했던 보수주의자이기도 했다.

이런 그들의 사상은 상하원의 양원 의회제도, 대통령 중심제의 행정부 체제, 배심원 제도와 최고재판소라는 헌법해석 기관을 포함하는 사법제도, 연방-지방정부의 관할권 분리가 미국의 정치제도에 폭넓게 반영되어 있다. 특히 미국 의회제도는 이를 잘 드러낸다. 기본적으로 선출된 시민 대표자로 구성되는 하원(House of Representatives)은 인구비례로 할당되고, 2년 임기로 재선출되기에 대중의 단기적 권익에 치중하는 데 반해서, 각 주당, 인구와 무관하게, 6년 임기로 선출되는 상원(Senate)은, 로마의 원로원 의원처럼, 주로 광의의 국익을 고려하고 하원을 견제하는 권한과 의무를 가진다.

이처럼 정교한 제도적 특성들은 건국 당시 미국의 비교적 짧은 기간이나마 사회적 전통을 반영해서 백지상태에서 설계되었기에, 유럽이나 다른 어느 국가에서도 유례를 찾기 힘든 독특한 특성들이었다. 영국 수상이었던 마가렛 대처의 표현대로, 유럽은 역사에 의해서, 미국은 철학에 의해서 성립된 국가였다.

　입헌민주공화국인 미국의 건국 초기 사회 환경은 계층의식이 별로 없
는 평등한 사회, 토크빌이 주목한 '조건의 균등(equality of conditions)'
이 이루어진 사회였지만, 보수주의 이념의 관점에서 보다 중요한 특성
은 시민적 공감대를 이루었던 자유의 전통이었다. 미국인들은 오늘날
에 이르기까지 유달리 자유라는 말을 좋아하고, 자신들의 생활방식을
지킨다거나 자유와 애국심이라는 표현을 즐겨 쓴다. 그들은 애국심이
나 자신들의 생활방식 고수의 근거를 흔히 자유에서 찾는다. 이민자들
로 성립한 나라에서 시민들은 과거를 공유하지는 않지만 미래를 공유
하고, 그 중심적 가치는 자유라는 공감대가 형성되어 있다. 이 자유의
전통은 보수-우파들이 가장 중시하는 덕목이기도 하다. 그 전통은 남
북전쟁이라는 격심한 내란과 1, 2차 세계대전을 겪는 중에도 유지되었
고, 유럽식 사회주의와 리버럴리즘의 물결이 밀려든 20세기 후반 이후
에 다소 퇴색되었지만, 이후 보수주의가 부활하면서 복원되고 있다.

　미국의 보수주의 정치 성향은, 19세기 후반에 전 유럽에 불어 닥친
사회주의 바람에도 불구하고 1930년대에 이르기까지 대체로 지속되
었다. 건국 이후 안정된 정치제도와 남북전쟁 전후의 시기에 확립된
양당 체제가 급진적 정치세력의 대두를 막는 강력한 진입장벽이 됐던
것이 주원인의 하나였다. 아마도 보다 근본적 요인은 좀바르트(Werner
Sombart)가 관찰한 대로 미국 사회가 계층의식이 약하고, 소위 아메리
칸 드림이나 개척정신으로 표현되는 대로 신분 상승의 기회나 기대가

크다는 인식이 보편화되어 있었던데 기인한다고 할 수 있다.

그러나 경제 대공황과 제2차 세계대전 이후 정치 환경은 급변하기 시작했다. 경제적 불평등, 인종차별과 사회 정의에 대한 관심이 커지고 뉴딜정책, 사회복지제도, 위대한 사회와 같은 사회주의적, 정부 주도적 정책들이 잇따라 도입되면서 보수-우파 정치세력은 정치적 주도권을 상실하였고 수세적 입장에서 벗어나지 못하게 되었다.

보수주의 침체의 주요 원인은 급진적 사회개혁주의에 맞서 효과적인 대응책을 제시하지 못했기 때문이었다. 보수-우파는 이성적으로 설계된 사회가 모든 경제적, 사회적 문제를 해결해 줄 것이라는 환상에 적극적으로 대응하지 못하는 지적 열등감에 빠져 있었다. 바로 이런 시점에서 자유주의자와 보수주의자의 극적 반격과 결집이 시작되었다. 이를 이념적으로 주도한 두 저작이 바로 하이에크의 『노예에의 길(1943)』과 커크의 『보수주의 정신(1953)』이었다고 할 수 있다.

리버럴리즘의 확산과 보수주의 부활

미국은 공식적으로 공산주의나 유럽식 민주사회주의(Democratic socialism) 정치체제를 가진 적이 없지만, 1930년대 이후 반세기의 기간 중에, 오늘날 전 세계적으로 현대 자유주의(modern liberalism) 또는 리버럴리즘으로 통용되고 있는 미국식 자유주의가 지배적인 정치이념으로 자리를 잡게 되었다. 이 시기에 이르기까지 미국의 정당들은 모두 자유주의와 보수주의가 공존하는 이념적 스펙트럼을 가지고 있었지만, 사회주의적 정책 노선을 취하려 하지 않았고, 무엇보다도 자유 존중의 전통을 고수해 왔다.

테디 루즈벨트의 진보주의가 주도한 개혁정책도 거대정부를 거부하고 법치주의와 경제적 자유를 옹호하는 고전적 자유주의 성향에서 벗어나지 않았다. 그러나 대공황 이후 잇따라 도입된 뉴딜정책, 사회복지제도와 케인즈 경제정책들은 사회주의-좌파 성격의 정책들이었음에도 이들 정책의 주창자들은 자신들의 이념을 (미국식)자유주의라고 규정하기 시작하였고, 이후 리버럴리즘, 리버럴이라는 용어로 정착되었다.

한편 원래의 자유주의는, 그들의 이념은 본질적으로 상반된 의미를 가졌기에, 그들과 구분하기 위해 고전적 자유주의 또는 리버타리안이라는 용어로 불리게 되었다. 리버럴리즘을 대변하는 민주당과 자유보수주의를 표방하는 공화당이라는 양대 정당의 정치적 정체성 및 대립구도가 확립된 반면, 1970년대에 설립된 리버타리안 당(자유주의당: Libertarian party)은 미국의 정치의 전면에 나설 만한 영향력을 끼치지 못하는 미미한 정치세력에 머무르게 되었다.

사정은 영국에서도 비슷하게 발전되어 갔다. 빅토리 여왕 치세기에 영국의 국정을 주도했던 보수당과 자유당의 양당 구도는 20세기에 들어서면서 보수당과 노동당의 양강 구도로 재편되었고, 자유당은, 중심세력이 이들 두 정당으로 흡수되면서, 급속히 정치적 영향력을 잃어 갔다. 이후 영국의 정당 체제는 우파 정지세력을 대표하는 보수당과 사회주의를 표방하는 노동당으로 재편되어 현재까지 이어지고 있다. 양대 정당의 대치 구도에서 영국은 사실상 사회주의 국가가 되어 갔고, 미국에서도 정치적 주도권은 리버럴 좌파로 넘어갔으며, 이런 정치상황은 1970년대 말까지 지속되었다.

사회주의와 리버럴리즘의 확산에 대한 보수우파의 반격은, 제2차 대전 기간에는 전체주의에 맞서 싸우느라 별다른 성과를 거두지 못했지만, 이후 냉전체제에서 공산주의와 계획경제 체제에 대한 반대를 주도하는 형태로 활기를 찾기 시작했다. 리버타리안과 보수우파는 합세해서 전후에도 30여 년을 넘게 이어진 케인즈 경제정책, 사회복지 제도의 확대, 거대 정부의 대두를 비판했고, 그들의 공격은 특히 경제적 자유의 침해에 집중되었는데, 하이에크와 밀턴 프리드먼의 주장이 주요 논거를 제공했다. 사회복지 제도와 시장개입 정책이 한계를 드러내면서 1970년대의 스태그플레이션, 전세계적인 사회주의 경제의 몰락이 이어졌고, 공산주의 체제의 붕괴가 현실화됨으로써 보수우파는 이념적 주도권을 되찾게 되었다. 영국과 미국에서 이를 이끈 정치 과정이 바로 대처와 레이건의 보수혁명이었다.

민주사회에서 이념의 확산에는 교육과 언론, 지식계층의 역할이 결정적으로 중요하다. 이들은 대중적 여론의 하부구조를 형성하는데,

20세기 중반을 전후한 미국 리버럴리즘의 경우도 예외가 아니었다. 이 시기에 미국 지식사회를 풍미한 리버럴리즘은 교육과 언론계를 장악하고, 경제적 불평등 해소, 빈곤퇴치나 복지국가 정책과 같은 시장 개입적 정책뿐만 아니라 반인종차별과 민권운동을 포용함으로써 대중 여론을 주도하였다.

보수우파는 이념적, 정치적으로 수세적 입장에 머물렀지만 1950년대 중반 이후부터 본격적인 공세를 취하기 시작했다. 그들의 반격은 초기에는 리버럴리즘의 사회주의적 경제관을 공격하는 데 집중되었지만 점차 정치적, 사회적, 문화적 영역으로 공세를 확대해 나갔다. 전자의 영역에서 주역은 시카고학파의 경제학자들이 주축을 이루었고, 커크의 '보수주의 정신'은 후자의 영역에서 보수이념의 재정립을 촉진하는 계기를 만들었다. 이 시기에 활약한 주요 보수우파 지식인들의 면면을, 일부 누락의 위험을 무릅쓰고, 들어 보면 하이에크, 프리드먼, 커크를 필두로 내셔널 리뷰를 창간한 윌리엄 버클리, 헤리티지재단의 설립을 주도한 에드윈 퓰너, 경제학자인 조지 스티글러, 토마스 소웰, 정치사회 사상가인 로버트 니스벳, 어빙 크리스톨, 필리스 스라플리, 조지 윌과 같은 당대 최고의 지성인들을 거론하게 된다.

한편 보수-우파들은 리버럴리즘이 석권한 공교육과 주요 대학, 주류 언론에 맞서 힐스데일 칼리지(Hillsdale College)[92]와 같은 군소 인

---

92) 미시건 주 힐스데일에 위치한 소규모 사립대학으로 1844년에 설립되었고, 미국에서 최초로 인종, 성적, 종교를 포함한 어떤 차별도 금지했으며, 애국심과 미국

문대학과 개별 연구재단, 라디오 방송, 싱크탱크를 중심으로 하는 보수-우파의 이념전파 네트워크를 확장해 나갔다. 시카고 대학, 후버연구소(Hoover Institute, 1919년 설립), 미국기입연구소(AEI, Ameri- can Enterprise Institute for Public Policy Research, 1943년 설립)와 같은 기존의 자유보수 성향의 학술, 연구기관들은 자유보수이념을 전파하고 반(反)리버럴적 정책 제시를 선도하였고, 특히 뒤이어 설립된 싱크탱크인 헤리티지 재단(Heritage Foundation, 1973년 설립)과 케이토 연구소(Cato Institute, 1974년 설립)는 각각 보수-우파와 리버타리안의 입장에서 여론 조성과 정책결정에 막강한 영향력을 행사하고 있다.

리버럴리즘의 확산이 가속화된 1930~1980년의 시기에 뉴욕타임스, 워싱턴포스트, 텔레비전 방송사인 NBC, CBS, ABC, PBS, 타임, 뉴스위크와 같은 주요 잡지를 포함하는 거의 모든 주류 언론매체에서 리버럴-좌파 편향성이 심화되었지만, 지역 언론과 라디오 방송 채널을 중심으로 보수-우파적 시각을 옹호하는 논의가 활성화되기 시작하였다. 이들 중에서도 특히 1955년에 창간된 〈내셔널 리뷰〉, 1960년에 공표된 샤론 선언(Sharon statement), 같은 해 설립된 헤리티지 재단의 활동은 보수주의 재건운동(conservative movement)의 확산에 주요

헌법을 의무적으로 교육시키는 몇 안 되는 학교이며, 일체의 정부 지원을 받지 않고 인문학과 정부정책 중심의 교과 과정, 엄격한 학사관리로 유명하다. 이 대학은 본교의 교육과정과 워싱턴 분교에서 운영하는 각종 포럼을 통해 보수이념을 전파하는 데 주력하고 있다. 이런 보수성향의 대학들은 미국 전역에 산재해 있는 주로 기독교 계통의 사립대학들로서, 예를 들자면 캘리포니아의 페퍼다인 대학, 유타의 브리감 영 대학, 텍사스의 댈러스 대학과 휴스턴 침례교 대학, 뉴욕의 킹스칼리지 등을 들 수 있다.

원동력이 되었다. 이들과 함께 폭스 뉴스(Fox News, 1996년 설립)와 같은 케이블 방송 채널, 인터넷과 유튜브의 보급으로 등장한 각종 인터넷, 또는 전문 유튜브 언론매체들로 이루어진 네트워크가 보수-우파 이념전파 인프라의 역할을 한다.

수많은 정치 전문가들은, 좌우를 막론하고, 보수-우파 운동을 실질적으로 마련한 중요한 계기로서 샤론 선언문을 꼽는다. 샤론 선언은 코네티커트 주의 샤론 시에 있는 버크리의 집에서 〈자유 수호를 위한 청년회의〉(YAF, Young Americans for Freedom, later known as Young Americans Foundation)를 발족시키고자 모인 100명의 청년 보수주의자들이 채택한 성명서였는데, YAF의 명예회장으로는 로널드 레이건이 추대되었고, 골드워터의 대통령 출마에서부터 레이건의 집권으로 이어진 보수혁명에 크게 기여했다는 평가를 받고 있다. 미국 보수주의 운동을 추진하기 위한 일종의 메니페스토로 작성된 이 문서는 보수이념의 보편적 원칙을 천명하는 동시에 미국적 보수주의의 특성을 잘 요약한 중요한 문서이기에, 아래에 그 전문을 소개한다.

〈샤론 성명서〉

오늘날의 도덕적, 정치적 위기 상황에서 영구한 진실들을 확인하는 일은 미국 청년들의 책임이다.

우리는 청년 보수주의자로서 다음을 믿는다:

초월적 가치 중에서도 가장 상위의 가치는 신이 개인에게 부여한

자유 의지의 사용이며, 이로부터 개인이 임의적 권력의 통제로부터 자유로울 권리가 나오며;

자유는 분할할 수 없고, 정치적 자유는 경제적 자유가 없이는 장기적으로 존속할 수 없으며;

정부의 목적은 국내 질서의 보존, 국가안보의 제공과 정의의 실천을 통해 이런 자유를 보호하는 일이며;

정부가 이들 정당한 기능을 넘어서려고 시도하면 그것은 권력을 축적함으로써 질서와 자유를 훼손하기 마련이며;

미국 헌법은, 정부가 권력의 집중과 남용을 할 수 없게 제한하면서도 적절한 역할을 수행할 수 있는 권한을 가질 수 있도록 역대 어떤 장치보다 훌륭하게 고안된 최상의 장치임을 믿으며;

헌법의 탁월성 ―권력의 분산―은 바로 연방정부에 명시적으로 이양된 영역이 아닐 경우라면 각주, 즉 인민이 최고의 권위를 보유한다는 조항이며;

시장경제는 공급과 수요의 자유로운 작용으로 자원을 배분하는 방식을 통해 개인적 자유와 입헌정부의 필수조건에 부합하는 유일한 경제체제이며, 동시에 인간의 필요를 충족시키는 가장 생산적인 공급체제이며;

정부가 시장경제를 간섭하게 되면 국가의 도덕적, 체력적 힘을 약화시키게 되고; 한 개인으로부터 빼앗아 다른 개인에게 주게 되는 것은 전자의 동기 유인과 후자의 인격 정직성, 그리고 양자 모두의 도덕적 자율성을 떨어뜨려 훼손하며;

우리는 미국의 국가 주권이 확보되는 한 자유를 누릴 수 있고, 역사

적으로 자유가 확보된 기간은 흔치 않았으며, 자유시민들이 일치 단
합하여 모든 적에 대항해서 그들의 권리를 지키려 할 때만 존재할 수
있으며;

현재 자유에 대한 가장 심대한 위협은 국제공산주의이며; 미국은
이 위협에 대해 공존이 아니라 승리를 쟁취하고; 미국의 대외전략은
이 기준에 맞추어 그것이 미국의 국익에 부합하는가라는 관점에서 평
가되어야 한다;

샤론 성명서는 원래 1950년대에 공산주의에 반대하는 동부지역 대
학캠퍼스의 보수주의자 대학생들이 주도하였고, 골드워터 상원의원
을 부통령과 이후 대통령 후보로 지명하고 레이건을 대통령으로 당선
시키는 데 중요한 공헌을 했을 뿐만 아니라, 후일 보수주의 철학자,
역사학자, 정치인과 법조인들의 양성에 주요 계기를 마련했다.93) 선
언문을 작성한 스탠턴 에반스(M. Stanton Evans, 1934-2015)는 정치철
학자들, 특히 하이에크, 러셀 커크와 버크리, 휘티커 챔버스(Whittaker
Chambers, 1901-1961)의94) 큰 영향을 받았다고 술회한 바 있다. 선언
문은 철저한 반공정신, 미국의 헌법과 자유시장경제의 존중의 원칙들

---

93) 여기에 속하는 인물들 중에는 역사학자 리 에드워드(Lee Edwards), 보수주의
   이론가인 하워드 필립스(Howard Phillips), 돈 세트(Don Lipsett)와 스탠턴 에반
   스 등 법조계, 출판계의 쟁쟁한 인물들이 포함되어 있다.
94) 휘티커 챔버스는 미국에서 태어나 소련의 간첩으로 활동하다가 2차 대전 직전
   에 전향한 인물이다. 그는 컬럼비아 대학을 졸업하고, 소련 정치국 회원이 되었
   고, 지하공작원으로 암약하던 중 소련으로부터 탈주한 이후 의회 증언과 저술
   활동을 통해 미국 내 간첩들의 실상을 폭로하였다. 시인이자 문필가였던 그는
   내셔널 리뷰의 편집인으로도 재직하기도 했고, 사후 레이건 대통령에 의해 의회
   명예훈장(Congressional Medal of Honor)을 추서받았다.

을 강조하고 있지만, 이념적 특성은 리버타리아니즘과 보수주의를 결합한 자유보수주의(Libertarian conservatism), 또는 융합주의(Fusionism)의 성격을 지니고 있음을 알 수 있다. 버크리를 위시한 자유주의적 보수주의자들은 샤론성명을 계기로 보수주의의 운동을 주도하고, 당시 공화당의 주류가 아니었던 골드워터와 레이건을 대통령 후보로 만들었을 뿐 아니라, 이후 레이건의 보수혁명의 든든한 후원세력이 되었다.

정치적 전통과 자유민주주의

보수주의를 자유주의, 사회주의와 구분되게 하는 가장 두드러진 특성은 두말할 필요 없이 전통의 존중이다. 모든 정치이념은 고유한 사상적 전통이나 사고체계를 가지고 있으며, 그것들은 시대 상황의 변화에 따라 자기 수정의 과정을 거치게 마련이다. 그러나 보수주의자는 수정과 보수(補修)의 필요성에 직면할 때, 늘 현존하는 정치질서에 내재하는 기본원칙이 정치적 전통과 부합하는지 여부를 따지고 싶어한다. 이에 반해 자유주의와 사회주의는 전통 존중의 정신이 없고, 이를 합리성과 이성이 대체한다.

보수주의를 자유주의나 사회주의, 특히 마르크시즘이나 파시즘과 같은 다른 모든 이념들과 구분되게 하는 주요 특성은 전자가 후자의 경우처럼 지구상의 모든 지역, 역사상 모든 시기에 적용된 보편적 정치이론이 아니라는 점이다. 엄밀히 말하자면, 근대 보수주의의 전형인 영국과 미국의 보수주의는 영미 보수주의(Anglo-American conservatism) 라고 할 수 있고, 당연히 영미적 전통에 기반을 두고 있다. 버크의 보수주의 정신은 전통 존중의 기반 위에 변화를 수용함을 의미했고, 디스레일리는 보수주의는 영국의 정치상황에서 필요한 개혁은 적극적으로 수용하고, 잘못된 관행은 과감히 버리는 노선을 채택했다. 지난 수 세기의 기간에 영미 보수주의자들은 놀랄 만큼 유연하게 중요한 개혁을 실천해 왔다. 그들은 미국에서 정의롭지 않은 노예제도를 폐지하고, 반독점 정책을 도입했으며, 영국에서 참정권 확대를 실시하고, 자유무역 옹호 정책을 적극적으로 수용하기도 했다.

반면에 자유주의는 자유와 개인 주권의 존중이라는 정신을 보수주의와 공유하고 있지만, 이성에서 도출되는 보편적 원칙을 매사에 적용하려는 태도를 고수하기에 지역적, 시대적 경험에서 나오는 지혜를 의미하는 전통을 경시한다. 바로 그런 이유로 그들의 정치사회 정책은 숱한 실패를 경험하였지만, 민주주의 정치체제의 확산에는 크게 이바지하였다.

두 이념의 대조적인 특성은 민주주의 정치체제를 보는 그들의 시각에서 뚜렷이 드러난다. 자유주의자들은 이를 자유민주주의 정치체제로 부르지만, 영국의 보수주의자들은 자국의 정치체제를 입헌군주제 (constitutional monarchy)로, 미국에서는 이를 입헌공화국(constitutional republic)으로 표현해 왔다. 사실 자유민주주의라는 용어가 보편적으

로 사용되기 시작한 것은 자유주의가 지배적인 정치철학으로 등장한
20세기 중반 이후였다.

자유주의는 20세기에 들어서면서 현실 정치무대에서 서서히 영향
력을 잃어갔고, 보다 현실적 감각이 큰 보수 우파와 보다 이념적 결속
력이 강한 리버럴 좌파에게 그 자리를 내주었다. 그러나 정치철학적
차원에서 리버럴리즘을 포함하는 '범자유주의(liberalism proper)'의
영향력은 오히려 확대됐다. 홉스, 로크, 루소, 칸트, 밀, 롤스(John
Rawls, 1921-2002)와 같은 합리주의자 정치철학자(rationalist political
philosophers)들의 자유주의 사상은, 보수주의 철학과는 달리, 논리적
일관성과 명료성을 가졌기에 지식인들의 공감을 받기 쉽다는데 기인
하지만, 그것들의 함의가 대중적 호소력을 가지고 있다는 점을 간과
할 수 없다. 그들의 사상의 공통점은 '인간 이성의 가용성과 충분성,
개인의 자유와 동등성, 개인의 합의와 선택으로 정해지는 정치적 의
무'라는 세 가지 공리를 기본전제로 한다는 점이다.[95] 이런 전제 아
래서는 인간은 이성만으로 모든 사회, 모든 시기에 적용할 수 있는
보편적 기준을 발견, 실행할 수 있고, 완전한 자유와 평등을 누릴 수
있으며, 어떤 사회적, 정치적 속박, 어떤 관습이나 전통에도 구속받을
필요가 없게 된다.

그러나 말할 필요도 없이 이 중 어떤 것도 진실이 아니다. 우리의
이성은 불완전하며 늘 사용할 수 있지도 않다. 그렇기에, 종종 선입견

---

95) Harzony(2019). 이들은 모두 로크의 정치철학에서 명시된 개념들이다.

이나 사려 분별력에 의존하게 된다. 우리는 평등하게 태어나지도 않았고, 살지도 않고, 완전히 자유로울 수도 없다. 우리는 항상 자신이 원하는 사회, 자신이 선택한 국가에 살지도 못한다. 그것들은 일시적 다수의 선택인 경우가 더 많기 때문이다. 범자유주의나 사회주의가 현실정치에서 실패하는 경우가 많은 이유도 거기에 있다. 그런데도 시민들이 자유주의 사상에 더욱 쉽게 끌리고, 그것이 민주주의 정치 체제의 정착에 유리하게 작용할 거라는 점은 의심할 여지가 없다.

자본주의 경제가 가져온 경제적 번영과 중산층의 확대, 자유무역의 확산은 자유사상의 확산을 더욱 강화했다. 자유민주주의나 자유주의적 세계질서(liberal world order)가 보편적인 용어로 사용된 것도 20시기 후반부터였는데, 자유주의는 사실상 지배적인 정치적 이상의 지위를 얻게 되었다. 그러나 이런 진단에서 등장하는 자유주의는 범자유주의를 의미하는데, 여기에는 고전적 자유주의, 리버럴리즘, 리버타리아니즘과 같은 이질적이고 상반된 성향을 지닌 이념들이 모두 포함되어 있다는 사실을 잊어서는 안 된다.

불행히도 오늘날 범자유주의에서 좌파적, 급진적, 사회주의 성향이 강한 리버럴리즘이 중심세력의 지위를 얻게 되었고, 리버럴리즘은 현대 자유주의와 거의 동의어가 되었다. 그렇기에 자유민주주의의 개념 자체도 리버럴리즘의 색채를 띨 수 있음을 경계해야만 한다.

자유민주주의라는 용어는 정치이념을 뜻하는 자유와 정치참여의 방식인 민주의 조합이며, 그 자체로서 정치이념을 뜻하지 않는 애매

모호한 개념에 지나지 않는다. 자유는 매우 추상적이고, 복합적이며, 때로는 모순적인 함의를 가진 용어이기도 하다. 자유를 뜻하는 liberty 는 고전적 자유주의자의 자유개념인지, 보수주의자가 말하는 절제된 자유인지, 벌린(Isaiah Berlin, 1909-1997)의 소극적 리버럴리즘인지, 권리 지향적, 적극적 자유인지, 분명히 알기 어렵다. 그렇기에 하이에크 는 liberty 대신 freedom이란 용어를 선호했다.

민주라는 용어도 애매하기는 마찬가지다. 민주주의(democracy)는 인민의 통치, 또는 인민이 정부의 권한을 행사하는 공화국, 즉 전제주의(absolutism, autocracy) 국가가 아니라는 뜻이다. 그러나 중화인민공화국, 조선민주주의공화국이란 공식 국가명칭으로부터 민주주의를 연상하는 사람은 없다. 링컨의 민주주의 개념도 국가주권의 소재의 의미(국민국가 또는 공화국, 'of')인지, 참정방식(정치지도자 또는 공직자 선출방식, 'by')을 뜻하는지, 정부의 운영 목표(정부 정책의 목표, 'for')를 의미하는지, 또는 그 전부를 규정하는 개념인지는 전혀 드러나지 않는다. 국가 또는 정부의 실질적 주체가 누구인지에 따라 이들 세 가지 개념은 극단적으로 달라질 수밖에 없기 때문이다.[96]

지구상에 있는 200여 개의 국가 중 2/3 정도가 형식적으로나마 공식적 선거 제도를 채택하고 있지만, 그 일부만 민주주의 국가이며, 실

---

96) 민주주의에 대한 정의로 흔히 인용되는 링컨의 게티스버그 연설문에 나오는 'Government of the people, by the people, for the people …'는 그 대상이 국가인지, 정부인지, 주체가 누구인지를 밝히지 않는, 전형적으로 모호한 표현이다.

질적인 자유민주주의 국가는 30여 개에 지나지 않는다. 그러나 통상적인 민주주의 개념을 수용한다고 하더라도 그것이 링컨 민주주의에 부합하는지, 다른 체제보다 우월한지는 분명하지 않다.

정치철학자들은 일찍부터, 고대 그리스의 플라톤, 아리스토텔레스에서부터 마르크스주의자들, 미국의 제2대 대통령 존 아담스, 토크빌과 같은 보수주의자, 현대의 리버타리안 철학자 호페(Hans-Hermann Hoppe, 1950-)에 이르기까지, 민주주의의 약점과 폐해를 주목하고 비판했었다. 그들의 시각은 다음에 인용하는 아담스의 글에서 극명히 드러난다:

'기억하십시오, 민주주의는 결코 오래가지 못합니다. 그것은 오래가지 않아 자신을 낭비하고, 탕진하며 파멸시킵니다. 스스로 자살하지 않은 민주주의는 여태껏 존재하지 않았습니다. … 소박한 왕정체제는 머지않아 전제 왕정체제로 변모하고, 귀족 정치체제는 머지않아 과두정치체제가 되며, 민주주의 체제는 머지않아 무정부 상태로 퇴보합니다. 그런 무정부 상태에서 모든 인간은 자신이 옳다고 여기는 일만 하려고 하며, 어떤 사람의 생명, 재산, 평판이나 자유도 안전할 수 없고, 이런 것들은 모든 도덕성과 지적 능력을 복종의 시스템으로 변모시킬 것이며, 그리고 모든 부, 미덕, 재능과 과학은 한 사람이나 극소수 인간들의 무절제한 쾌락, 변덕스러운 의지, 형편없는 잔인성에 맡겨질 겁니다. … '

친 제퍼슨 계의 (당시의) 민주당(Democratic-republican) 소속 정치인으로서 버지니아 출신 상원이었던 존 테일러에게 보낸 아담스의 편지에 포함된 이 인용문은 거의 예언에 가까운 논조로 민주주의를 성토하고 있다.97) 아담스를 포함한 미국 건국의 주역들의 대부분은 민주주의에 내재하는 이런 위험성을 공감하고 있었기에 영국식 의회제도를 따르려 하지 않았으며, 신생 미국을 철저한 삼권분립 원칙에 입각한 입헌 공화국으로 만들려 했는데, 그들의 헌법은 민의의 상징인 의회 권력의 견제, 간선제와 선거인단 선출방식이라는 독특한 대통령 선출제도, 연방최고법원의 위헌심사 권한을 명시했던 것이다. 그런데도 이런 모든 안전장치를 가진 미국의 정치체제를 최상의 민주주의 체제로 옹호했던 토크빌은 (미국을 포함한) 민주주의 국가가 경계해야 할 가장 큰 위험은 다수대중의 독재체제(Tyranny of majority), 다수가 소수를 억압하는 통치체제라고 지적했다. 자유 시민들은 토크빌이나 하이에크와 같은 사상가들이 자유민주주의에 대한 유보적 지지를 천명한 것은, 그것을 가장 이상적인 체제로 보았기 때문이 아니라, 다른 어떤 정치체제보다 덜 위험하다고 여겼기 때문임을 상기해야 할 것이다.98)

---

97) 아담스의 주장을 단순히 민주주의에 대한 혐오심으로 평가해서는 안 된다. 같은 편지에서 그는 "개인들은 자신들을(그들의 약점을) 극복해 왔습니다. 그러나 국가나 다수대중은 결코 그렇지 못합니다." 라고 말했다. 그는 개인은 지적, 도덕적 역량을 가질 수 있지만, 그들이 합쳐서 국가를 형성할 때는, 그런 자질은 사라지기에, 민주주의는 오래 갈 수 없다고 지적했던 것이다. 그러나 그가 인간의 본성에 대해 전적으로 비관적 견해를 가졌던 것은 아니었다. 다른 경우에 그는 "모든 사람이 정직하다고 믿는 것은 어리석다. 모든 사람이 정직하지 않다고 믿는 것은 더욱 어리석다."라고 말하기도 했다.

98) 실제로 아담스 자신도 비슷한 생각을 가졌던 것 같다. 같은 편지에서 그는 '나는 민주주의가, 전체적으로 보자면, 그리고 장기적으로 볼 때, 왕정체제나 귀족 정치체제보다 더욱 사악하다고 말하지 않겠습니다.'라고 말하기도 했다.

대다수의 사람들이 자유민주주의 체제가 바람직하다고 여기는 것은 아마도 그것이 자유주의 정신에 기반을 두고 있다고 생각하기 때문이다. 자유시민이 자유민주주의 체제와 시장경제를 지지하는데 주저하지 않는 이유도 거기에 있다. 그러나 자유가 리버럴 좌파의 자유라면, 자유민주주의 체제가 그들이 리버럴리즘에 기반을 두고 있는 체제라 생각한다면, 그것은 오산이다. 보수주의자는 그런 정치체제는 중앙집권적 정부, 좌파 정치엘리트들의 정치권력에 의존해서 개인의 자유, 사회의 안정을 침해하고, 국가의 결속력을 떨어뜨릴 거라고 우려한다. 그들은 자유주의가 실은 유사 사회주의와 다르지 않고, 민주주의는 다수의 독재를 불러오는 민중민주주의로 변질한다는 사실을 안다. 그들은 일찍부터 절제 없는 자유주의 정신은 사회를 건강하고 안전하게 만들거나 그런 이상에 근접시켜 가지도 못한다고 믿었기에, 이를 단호히 부정했다. 무엇보다도 그런 자유주의는 공리주의적, 물질주의적 성향 때문에, 사회의 응집력을 떨어뜨려 사회 해체 상태로 몰아가거나, 적어도 사회 혼란의 위험을 크게 만들 수 있다.

커크를 위시한 전통주의 보수주의자들은 자유주의 사회가 물질적 욕구 충족에 집착하는 개인들이 모래알처럼 흩어져 사는 원자화된 개인들의 집합체, 모든 인간관계는 이해타산에 따른 계산과 상호계약 관계로 대체되어 상호신뢰와 귀속감이 사라진 무미건조한 공간으로 전락할 수 있는 위험을 지적해 왔다. 자유주의적 이성은 이런 사회적 결속력을 유지해 주는 전통의 존재를 부정할 뿐 아니라, 가정, 교회, 지역 공동체나 국가와 같이 그런 역할을 하는 사회적 기구, 버크가

말하는 '작은 공동체 부대(little platoon)'를 정당화하는 어떤 논리적
체계도 가지고 있지 않다. 지난 수십 년간 대부분의 자유민주주의 사
회는 성적, 도덕적 타락, 결혼과 가정, 교회의 중요성이나 애국심이
경시되어가는 추세를 겪고 있다. 미국에서 혼외(婚外) 출산율은 매년
40%를 웃돌고, 교회 참석 비율은 해마다 줄어서 1/3 수준에 머물러
점차 미국의 사회전통에서 멀어져 가고 있다. 보수주의자들은 이런
사회적 추세에 대해 우려를 금치 못한다.

불행히도 자유주의가 초래하는 사회적 결속력의 약화는 역설적으
로 시민 자유를 확대하기보다는 위축시킬 수도 있다. 그 요인은 두
가진다. 첫째는 리버럴좌파와 사회주의자들의 득세 현상이다. 그들은
전통적 사회기구의 자율통제 기능이 약화된 사회에서 정부 권력을 강
화하는 정책들을 실천하려고 한다. 범자유주의 정신은 개인 자유를
존중하지만, 현대 자유주의는 좌파적 성향이 강한 리버럴 좌파들이
지배하고 있고, 그들은 중앙집권적 거대 정부에 의존해서 사회정의,
공정분배, 평등지향적 정책과 제도를 도입하는 방식으로 시민적 자유
공간을 축소하려 한다.

다른 하나는 자유주의가 옹호하는 글로벌리즘이다. 자유주의는 국
가적 정체성보다 세계시장, 세계국가의 위상을 중시하는 경향을 보이
기에, 흔히 국제기구와 그 관료들이 자국의 이해를 침해하게 허용하
거나, 자국을 그들의 지시나 규정에 종속시킴으로써 시민들의 권익과
자유를 훼손하기도 한다. 이런 약점 때문에, 최악의 경우, 중국과 같

은 전체주의 체제가 불공정한 무역관행과 재산권 침해를 일삼고, 자국의 안보와 경제를 위협하는 행위를 묵인 내지 방조하는 일이 발생한다. 오늘날의 자유주의는 리버럴리즘이 지배적 역할을 하는 체계로 변질되어 가고 있고, 자유민주주의 체제, 자유주의적 세계질서는 주로 그런 이념성향을 반영한 정치체제와 세계질서를 의미하게 되었다.

보수주의자는 자유민주주의 체제가 고전적 자유주의와 보수주의의 자유주의 정신에서 일탈하는 상황, 리버럴 좌파가 원래의 자유주의 정신을 파괴하고 있는 새로운 도전에 직면하고 있다. 그들은 왜 리버럴 좌파들이 자국민의 자유와 권익을 축소하는 정책들을 추진하는지, 때로는 전체주의 국가들의 비도덕적, 불법적, 불공정한 행위를 허용하거나 협조하려 하는지에 대해 정당한 의문을 제기해야 한다.

보수주의자들은 이전에도 리버럴 좌파의 도전에 처했고, 이를 1980년대의 보수혁명으로 극복했다. 그러나 보수혁명은 주로 경제적 이슈에 집중되었고, 리버럴 좌파들이 사회적, 문화적 영역에서 제기하는 도전에 효과적인 대응을 하지 못한 미완의 혁명이었다. 그들의 도전은 포스트 모더니즘, 문화 마르크시즘, 글로벌리즘으로 무장한 이념적, 정치사회적 공세이고, 그들이 표방하는 자유민주주의 체제, 자유주의 세계질서는 국가의 정체성과 자유시민의 공간을 심각하게 위협하는 수준으로 발전하고 있다. 근년에 보수주의자들이 시도한 두 응전방식인 신보수주의, 온정적 보수주의는 리버럴 좌파의 이념성향을 일부 모방하려 하였기에 보수주의자들의 적극적인 호응을 받지 못했고, 별 성과 없이 실패했다.

대다수의 보수주의자들은 민주주의가 더욱 원래의 보수주의 자유정신, 영미 정치적 전통에 충실한 정치체제로, 예를 들어, 보수주의적 민주주의(Conservative democracy)로[99], 변화해야 한다고 생각한다. 지난 2016년 미국의 대통령선거에서 트럼프가 얻은 득표율의 70%가 친복음주의자 성향의 유권자에게서 나왔고, 브렉시트 지지자들의 대부분은 전통주의 보수주의자였다는 사실은 이런 사정을 잘 보여준다.

그러므로 자유민주주의 체제가 독자적 생존력을 가지려면, 다수대중의 독재가 되지 않으려면, '가장 덜 위험한' 정치체제로 수용될 수 있으려면, 다음에 요약한 영미 보수주의 정치전통에 기반을 둔 보수주의적 민주주의(Conservative democracy)로 발전해야 한다는 주장을 재검토해 볼 만하다[100]:

1. **역사적 경험주의**: 경험주의 철학은 영국 정치철학의 전통이었고, 흄, 아담 스미스, 아담 퍼거슨과 같은 스코틀랜드 계몽주의 사상가들에 의해 계승됐다. 그 주요 골자는 정부의 권위는 사회가 축적해온 긴 역사적 경험을 통해 형성된 헌법정신에 나오고, 그것은 국가와 사회에 안정성, 복지, 그리고 자유를 가져오게 하려는 데 있다는 믿음이다. 그들은 흔히 이를 유대-기독교적 원칙(Judeo-Christian principles)

---

99) Hazony(2019) 참조.
100) 이전의 각주 Hazony(2019)에서 인용하고 보완한 내용.

이라고 부른다. 그런 역사적 경험론은 통치자의 신성한 권리라든가 인간의 타고난 권리와 같은 모든 추상적 개념에 회의적인 정신을 만들어 낸다. 그들의 법체계는 관습법 체계이며, 전통적 언어, 도덕률, 전통적 종교와 교회를 존중하는 정신도 같은 선상에 있다.

2. 국가주의: 인간은 격리된 개체로써 살지 못하고, 상호신뢰와 고유한 사회적 유산으로 형성되는 국가 집합체를 형성해서 살아야만 한다. 다양하고 오래된 국가적 경험은 개별국가가 자신들의 고유한 헌법정신과 종교적 전통을 만들어 가는데 필수적인 요소다. 영미 정치 전통에서 국가가 존재하는 이유는 자유롭고 정의로운 국가를 외세의 간섭에서 벗어나 확립하는 데 있고, 자신들의 국가적 정체성을 발전시켜 왔다. 이런 국가관은 어떤 보편적 세계질서나 제국적 체제에도 순응하기를 거부하는 정신이다. 그것은 그들의 유별난 애국심과 자신들의 국가와 사회에 대한 자부심의 원동력이다. 특이하게도, 그것은 2천여 년간이라는 긴 세월에 걸친 박해와 유랑생활(diaspora)을 겪어온 유대인들에게서도 발견되는 정신이다.101)

3. 종교: 영미 정치 전통은 그들의 종교적 전통과 분리해서 생각할 수 없다. 영국은 자신들의 국가체제와 연관시켜 발전시켜온 영국 국교, 미국은 복음주의적 개신교 전통을 유지해 왔다. 역사적으로 영국과 미국을 위시한 영어권 국가들은 다른 어떤 유럽 국가들에 비해서도 다른 종교에 관용적이었지만, 자신들의 종교적 전통을 유지해 왔

---

101) Hazony(2019).

고, 독실한 가톨릭이었던 토크빌도 여기에 깊은 감명을 받았을 뿐 아니라, 이들 국가의 정치전통이 그들의 종교적 전통과 깊숙이 연관되어 있음에 놀라움을 금치 못했다. 그들의 종교적 전통은, 다른 사회 환경에 적용하기 힘든 일종의 공적 기구의 성격을 가지고 있기에, 자유주의의 영향으로 종교적 영향력이 급속히 쇠퇴하고 세속화된 현대 사회에서도 여전히 유효한 전통으로 남아 있다.

4. **제한된 통치권**: 영어권 국가의 정치전통은 국왕(또는 대통령)의 통치 권력은 제한되어 있고, 그것들은 법의 지배에 종속되는 하위개념이라는 헌법정신을 당연하게 받아들이고 있다. 제한된 통치권의 개념은 800년 전의 대헌장과 명예혁명 이후 도입된 권리장전을 기초로 한 영국의 헌법에 따라 유지되고 있고, 1789년에 제정된 미국 헌법은, 수차례의 개헌을 거치면서도, 대통령의 의회에 대한 권한까지 제한하는 헌법정신을 고수해 오고 있다. 다른 자유민주주의 국가들에서 흔히 거론되는 제왕적 대통령이라든가 의회 권력의 횡포라는 비판은 이들 국가에서 거의 찾아보기 힘들다.

5. **개인 자유**: 개인 자유의 존중은 영미 정치전통의 가장 핵심적인 부분이다. 개인의 생명과 재산의 보호는 신으로부터 위임받은 권한이기에 인간이 만든 제도나 행위로 침해할 수 없다는 관념은 영미 정치전통에서 불가침의 원칙으로 유지되고 있다. 그 원칙은 이들 사회에 평화와 번영을 가져오는 원동력이 되어왔다. 또한, 자유의 원칙은 국가가 진실을 추구하고 건전한 정책을 추구하게 만드는 능력은 발언과

토론의 자유를 보장하는 데서 나온다는 믿음을 고수하게 만든다. 자유 존중의 정신은 이들 기본적 자유와 권리가 법으로 보장되고, 정당한 법절차를 따르는 방식에 의해서만 제한될 수 있다는 명시적 원칙으로 준수되고 있다.

자유민주주의 체제의 국가들이, 특히 미국과 한국과 같이 높은 수준으로 자유와 번영을 성취한 국가들이, 지금 겪고 있는 정치적 혼돈은 리버럴 좌파들의 정치공세에 의해 조성된 상황이다. 이 위험을 극복하기 위해서는 이상과 같이 재확인한, 진정한 보수주의 정신을 회복하는 노력에서 시작되어야 할 것이다. 그것은 단순히 보수주의 정치 운동에 그치기보다는 보수주의 정신을 교육, 연구하고, 전파하고, 이런 노력을 뒷받침하는 하부구조의 육성을 추진하는 장기 프로젝트의 성격을 가져야 할 것이다.

한국의 보수주의

한국에 보수주의 정신이 존재하는지에 대한 논란이 있다. 다소 과장된 표현을 쓰자면, 정치철학적 보수주의 이념, 또는 이를 실천하려는 보수 정치세력은 없다는 것이 정설이다. 이런 사정을 제대로 이해하려면 한국의 건국 과정을 살펴보지 않으면 안 된다. 대한민국의 건국과정은 역설적 상황으로 점철되었다. 일제 식민지로부터 해방과 건국의 공간도 강대국 간의 세계대전과 국제정치의 역학관계가 마련해

주었고, 민족적 자존심에 부합하지는 않겠지만, 자생적 정치세력의
역할은 미미하였다.

좌파 지식층과 민족주의 사관이 지배하는 한국 역사학계가 재구성
한 민족주의 이념이나 민중 민주주의와 임시정부의 법통이라는 개념
도 대중적 정치인식에 근거한다고 보기 어렵고, 정치적 세력으로 자
라기에는 역부족이었다. 이런 이념적, 정치적 공백을 먼저 파고든 정
치세력은 공산주의자들이었다. 그들은 일제 치하의 일본에서 공산주
의 이념에 심취했거나 러시아와 중국 공산당에서 훈련을 받은 지식인
들이었는데, 그들은 임시정부에서도 주요한 축을 이루고 있었다.

미국과 소련 양국의 영향력 아래로 양분된 상태에서, 북한은 사실
상 소련의 지배하에 일사불란한 공산주의 체제를 유지하였지만, 남한
은 치열한 이념투쟁의 전장이 되어 있었다. 극심한 혼란기의 해방정
국에서 한국의 정치체제에 대해 중립적 태도를 견지하려는 미국의 미
온적 태도에 힘입어 남한은 처음부터 공산주의자들이 정치적 주도권
을 잡았었다. 이 시기의 여론조사에서 남한 주민의 80%가 사회주의
를 선호했다는 결과는 그런 정치적 상황의 반영이었다. 유교적 사회
전통은 민간 관습으로 남아있는 수준일 뿐 정치적 영향력을 완전히
상실했고, 사회(공산)주의가 정치이념의 공간을 선점했는데, 이는 자
유의 전통이나 민주주의, 근대보수 이념에 대한 이해가 부족했던 지
적 풍토 때문이라고 할 수 있다.

사태의 반전은 공산주의를 피해 남하한 북한 지역의 개신교 지식인

들, 이승만의 귀국, 뒤늦게 소련의 제국주의적 야심을 깨닫게 된 미국의 태도 변화에 의해 이루어지기 시작하였다. 국내외에서 높은 명망을 누렸던 항일투사 이승만은 몰락한 조선 왕족의 후예로 구한말에 태어났다. 그는 조지 워싱턴 대학과 하버드에서 수학하고, 프린스턴에서 박사학위를 받은 국제정치학자이자 열렬한 항일독립 투사였고, 당시 미국의 자유보수주의 전통을 정확히 이해했던 몇 안 되는 정치가였다.

귀국 직후 그는 거의 초인적인 능력과 열정으로 공산주의 세력의 수적 우세라는 역경 속에서 자유민주주의공화국인 대한민국을 건국하는 데 성공하고, 잇따라 발생한 북한과 중공의 침공을 물리쳤다. 그가 건설한 대한민국은 처음부터 유교적 전통을 단절하고 농지개혁, 민주적 교육제도, 자유선거와 시장경제와 같은 자유 보수주의의 정신을 도입한 혁신적 체제이자, 세계역사상 유례를 찾기 힘들게 최단기간에 건설된 자유민주주의 국가였는데, 한마디로 그의 탁월한 영도력의 작품이었다. 비록 4·19혁명으로 불리는 정치사변으로 불운하게 정치경력을 마감해야 했지만, 그는 진정한 의미에서 건국의 아버지였다.

이승만의 사후에도 한국은 정치, 사회, 경제적 혼란과 침체에서 벗어나지 못했다. 건국이 자유민주주의적 기반 위에서 마련되었지만 이념적 정체성을 확립하지도, 공산주의 위협에서 벗어나지도 못했는데, 이는 자본주의적 성장을 뒷받침할 시장과 자본, 중산층이 거의 존재하지 않았기 때문이었다.

이런 불리한 상황을 극적으로 반전시킨 것은 박정희라는 또 다른 걸출한 지도자의 역량이었다. 한때 공산주의자의 전력을 가진 불우한 군인이었던 그는 신생 한국이 처한 암울한 처지의 근원이 경제적 취약성에 있다는 사실을 정확히 꿰뚫어 본 선각자였고, 과감한 개혁 작업을 밀고 나갔다. 그는 정치적 반대세력의 격렬한 반발과 북한 공산주의자들의 집요한 도발을 철저히 봉쇄하는 철권통치를 유지했지만, 재임 기간에 한국 경제의 도약 기반을 만들어내는 데 극적으로 성공한 지도자였다.

그는 정부주도 방식의 과감한 경제정책을 통해 무역과 상공업 육성, 자본 형성과 시장육성, 중화학 공업 위주의 경제구조 건설을 실로 놀랍게도 짧은 10여 년의 기간에 이루어 냈다. 한강의 기적으로 알려지게 된 이 기적적인 경제성장은 그의 개인적 의지와 역량에서 나왔다는 사실은 온 세계가 인정하기에 이르렀다. 그의 강압적 통치방식은 극렬한 정치적 반발과 민주화 운동에 빌미를 주어 부하의 손에 피살되는 비극적인 최후를 맞았지만, 대한민국의 경제적 성장과 국제적 지위 향상은 실질적으로 박정희의 작품임은 부인하기 어렵다.

대한민국은 이승만과 박정희라는 두 위인의 어깨 위에서 건립되었고, 그들은 좌파 정적들의 악의적이고 집요한 격하 공세에도 불구하고 진정 건국의 주역이자 애국자였다. 그들의 영웅적인 투쟁이 없었다면 오늘날의 대한민국은 존재하지 않는다는 표현은 결코 과장이 아니다. 그러나 그들이 진정한 의미에서 보수주의 정신에 충실한 정치가였는지는 분명하지 않다. 두 사람은 모두 투철한 반공주의자였다는 점에서 보수주의자였음이 분명하지만, 강력한 카리스마를 지닌 위민(爲民)주의 성향을 지녔던, 마치 계몽 군주와 같은 통치 스타일을 가진 정치인이었다. 그것은 성리학적 유교 사상에 얽매여 자유의 전통을 가진 적이 없었던 한국 사회, 양반과 상놈으로 이분된 사회구조, 최악 수준의 문맹과 극심한 빈곤에 찌든 농업사회라는 한계적 상황에서 피할 수 없었던 지도자의 덕목이었을 수도 있다.

이들 두 지도자는 자유민주주의에 대한 대중적 의식을 심어주었고, 시장과 사유재산권의 중요성을 일깨워 주었으며, 빈곤의 극복과 중산층의 대두라는 보수주의 정신에서 없어서는 안 될 상황을, 그것도 권위주의적 통치라는 역설적인 방식으로, 성취한 영웅적 인물이었다. 이들의 권위주의적 통치는 자유와 민주화에 대한 대중적 열망을 증폭시켰고, 결국 자신들이 이룬 위대한 업적에도 불구하고 불행한 정치적 종말로 이끈 주원인이 되었다. 그러나 이들에 대해 한국인들은 영원히 고맙게 여길 것이고, 역사는 보다 후한 평가를 해 줄 것이다.

건국 이후 한국의 발전 경로는 정치이념의 형성에 심대한 영향을 끼쳤다. 정권을 주도했던 정치세력은 반공사상을 이념적 기반으로 삼았기에 반공정신과 보수정신을 동일시하는 인식이 주류 정치이념으로 자리 잡았고, 이는 1980년대 후반부터 본격적으로 진행된 민주화 운동 시기 전까지 이어졌다.

한국의 보수주의는, 미국의 경우와는 정반대로, 자유의 전통에 기반을 두지 않았기에 자유보다는 권위주의, 법치보다는 인치를 중시하고, 자율적 시민정신보다는 정부의 지도와 간섭을 당연시하는 인시에 기반을 두고 있었다. 미국과 마찬가지로 신생 독립국가로 출발했으며 사회주의에 대한 강한 반감을 공유했지만, 탈권위적 성향을 가졌던 미국과는 대조적으로 권위적 통치에 익숙했기 때문이었다. 이는 경제적 자유와 정치의 목적에 대한 인식의 차이에서 극명하게 드러난다.

한국의 보수-우파는, 미국의 경우와는 대조적으로, 정치가 민생을 챙겨주어야 한다는 데 거부감을 느끼지 않고, 흔히 반자유주의적 성향, 적어도 경제정책에서, 친사회주의적 성향을 드러내기도 한다. 이런 한국의 전통적 보수주의의 특성은 유교적 인본주의와 위민주의(爲民主義) 정신에서 찾을 수 있다는 견해나[102], 박정희의 정부 주도식 경제개발 정책의 산물이라는 주장이 설득력을 가질 수도 있다. 하지만 이는 적어도 경제적 자유, 시장과 작은 정부를 옹호하는 자유보수주의 정신과는 배치된다. 이는 또한 민주화 운동이 정치적 주도권을 잡기 시작한 2000년대에 이르러 권위적 정치와 대북한 강경정책의 기조가 퇴조하면서 보수주의가 이념적 정체성을 상실하고, 리버럴-좌파에게 정치적 주도권을 넘기는 주요 계기가 되었다.

---

102) 함재봉, 한국의 보수주의와 유교, (한국의 보수주의 4장, 인간사랑, 1999), 김명하, 동양적 사유에 나타난 보수주의, (보수주의와 보수의 정치철학 11장, 이학사, 2013).

보수주의 철학을, 사실 모든 정치적, 정치철학적 개념도 마찬가지
겠지만, 제대로 이해하려면 그 함의와 실천 원칙을 이해하는 일과 함
께 불필요한 오해나 편견을 지우는 일 두 가지 노력이 필요하다. 이들
은 물론 밀접히 연관된 작업이지만, 논의의 편의상, 이 책의 전반부에
서 취한 방식처럼 한국의 보수주의 문제와 분리해서 논의할 필요가
있다. 보수주의 철학이 한국에서 쉽게 정착되지 못한 중요한 이유의
하나는 제2장에서 논의된 오해와 편견도 있지만, 잘못된 용어의 선택
도 큰 역할을 했다고 생각된다.

정치사상의 영역에서 용어 선택은 좌파진영에서 즐겨 사용하는 전
술, 전략임은 잘 알려진 사실이다.[103] 사회주의자들이 사유재산제에
기반한 자유시장 체제를 부자들의 탐욕을 연상시키는 자본주의로 표
현한다든가, 보수-우파를 기득권 유지 또는 변화 거부를 뜻하는 수구
세력이라고 부르는 것 등은 대표적 사례다. 그들은 이처럼 정치적 용
어의 선택을 대중적 인식을 자신들에게 유리한 방향으로 유도하려는
목적으로 사상전쟁, 문화전쟁의 주요 수단으로 사용해 왔다.

한국의 경우, 잘못된 언어 습관과 관행으로 굳어진 경우가 특히 심
하다. 인간성과 사회의 본질에 대한 성찰의 전통이 약하고, 한자 문화
의 영향으로 추상적 개념에 보다 친숙했던 한국의 지적 풍토 탓이기
도 할 터이다. 한국의 용어 남용 및 오용 사례는 수없이 많지만[104],

---

103) 이 논의 부분은 양동안의 용어 전쟁: 좌익의 독주 상태(2016)와 용어전쟁(2017)
을 원용하였다.
104) 이전의 각주 양동안(2016, 2017) 참조.

보수이념과 사회주의에 관련해서 대표적 사례를 들자면, 보수-진보, 보수-혁신의 이분법적 표현이나 사회주의 지향적 정책이나 운동을 모두 민주화 또는 민주항쟁으로 미화하는 관행을 들 수 있겠다.

전자는 보수주의를 진보나 혁신을 의미하는 좋은 사회주의에 반대하는 나쁜 이념이 보수주의임을 암시하는 표현이고, 후자는 사회주의가 다수대중의 뜻을 반영하기 때문에 정당하다는 주장일 따름이다. 그러나 보수가 모든 변화를 무조건 거부한다는 생각은 전혀 사실과 다르고, 사회주의 정책이나 혁명이 항상 진취적이거나 바람직한 결과를 만들어 내지 않고 심각한 부작용을 초래하는 경우가 많으며, 진정한 혁신이 사회주의적 또는 민주적 방식에 의해 이루지는 경우는 드물다는 사실은 이미 알려져 있다. 그렇기에 미국이나 영국에서는 진보정치세력, 혁신정당, 혁신, 보혁갈등, 민주화 등과 같은 표현을 거의 쓰지 않고, 대신 (리버럴)좌파(정책), (보수)우파(정책)이라는 단순화된 구분을 하고, 찬반 또는 시시비비를 논의한다.

특히 보수주의자는 개념적 정치적 용어에 대해 정당성을 논의하기 전에 그것들이 사안에 따라 무엇을 의미하는지, 이를테면 어떤 진보를 말하는지, 어떤 방식의 민주주의인지, 어떤 형태의 평화인지를 먼저 묻는 태도를 견지한다. 한국의 언론이나 학계에서도 현재와 같은 부정확한 용어 사용의 표현을 자제하고 보다 합리적인 표현방식으로 전환할 필요가 있다. 현재 일부 연구기관에서 추진하는 바른 용어 사용 또는 정명(正名) 운동은[105] 그런 시각에서 이해될 수 있겠다.

권위주의가 퇴조되고 좌파사상이 득세하기 시작했던 1980년대 이후의 시기에 자유보수주의자의 반격도, 일단의 자유주의자와 보수 정치 사상가들이[106] 시장 친화적 경제관과 정통 보수사상의 제기, 교육과 전파에 주력하면서 시작되었다. 그 대표적 인물은 복거일이다. 서울대학교 경제학과 출신인 그는 본업이 시인이자 소설가이지만 사회비평가로 더 많이 알려져 있고, 언론매체에 게재한 칼럼, 논평을 포함한 다양한 저작물과 강연 등의 활발한 활동을 통해 자유보수주의 이념의 전파에 커다란 공헌을 해오고 있다. 초기 자유주의 전파 운동을 주도한 단체인 자유기업원(현 자유경제원의 전신)은[107], 1990년 중반 이후부터 하이에크 소사이어티, 한국경제연구원과 같은 민간 연구원과 학술 단체와 연합전선을 구축하여 함께 자유주의 사상을 홍보하는 포럼과 출판 활동, 대중교육과 대학생 시장경제 강좌, 국정 교과서 개정 운동을 활발히 전개해 왔다.

그들의 활동 중에서 특히 주목할 부분은 좌파적 민족주의 역사관에 대한 비판과 좌파적 용어의 오류를 바로잡으려는 노력이다. 이영훈 (2007, 2019) 등이 주도한 역사재인식 활동, 양동안(2017, 2019) 등이 주도한 용어 바로잡기 운동[108]은 주요 성과들이다. 그들의 주장과 활동

---

105) 현진권 편, 사회통합을 위한 바른 옹호, 한국경제연구원, 2013.
106) 복거일(1984, 1992, 2002, 2007), 김정호 외(한국의 자유주의, 2007) 참조.
107) 김정호, 자유기업원과 함께 한 10년(한국의 자유주의, 자유기업원, 2007). 한국의 자유주의는 자유주의 운동을 주도한 주요 인사들과 그들의 활동 내용을 설명해 주는 중요한 자료를 수록하고 있다.
108) 양동안, 용어전쟁, 좌익의 독주상태다, 자유경제원 칼럼, 2016. 현진권 편저, 용어전쟁(2016) 참조.

은 아직 주류 정치이념이나 정치세력을 형성하는 단계에 이르지는 못했지만, 향후 한국의 자유주의와 보수주의가 주류 정치이념으로 확립되는 데 커다란 기여를 할 것으로 기대된다.

보수주의는 이념의 문제이기도 하지만 정치적 세력의 정립과 실천방식의 문제이기도 하다. 그러므로 보수정당의 발전 경로와 그들의 현실적 과제를 이해할 필요가 있다. 한국 보수정당은 건국 직후의 한민당(한국민주당)과 자유당에서부터 (민주)공화당, 민정당(민주정의당), 민자당(민주자유당), 신한국당, 새누리당, 현재의 자유한국당과 같은 당명을 가진 정당으로 발전해 왔다. 그들의 정강 정책은 한결같이 자유, 민주, 정의, 공화와 같은 개념을 표방했지만, 유감스럽게도 진정한 보수정신을 반영한 정책을 추진하거나 실천한 적이 없다. 바로 이점이 한국에 보수주의가 사실상 존재하지 않는다는 인식의 주요 원인이다. 현 자유한국당과 그 전신인 새누리당의 정치행태는 이런 사실을 드러내는 가장 두드러진 증거이다.

대선 전략의 하나로 급조된 새누리당은 신한국당을 '개혁'한 보수신당임을 자처했지만, 그들의 주요 정책은 큰 정부, 사회적 경제, 부자 증세, 재벌개혁, 경제민주화, 분배우선 정책을 내세우는 데서 좌파정당인 야당 '더불어(민주당)'과 별로 다르지 않았다. 그들은 건국이념과 산업화 정신을 깎아내리고 반미주의-친일청산에 집착하는 야당의 과격한 주장에도 저항하지 않고 타협적 자세를 취해 왔다. 그들은 정치적 궁지에 몰린 자당 출신 대통령에게 재빨리 등을 돌렸을 뿐 아니라, 급기야 당의 창건자이자 가장 보수성향이 강했던 그녀를 뚜렷한 혐의도 정당한 절차도 밟지 않고 탄핵하는 데 앞장섰다.

그 와중에 심화된 당 내분 끝에 와해된 새누리당은 '(자유)한국당'이라고 개명했지만, 그들이나 분당해 나간 '(바른)미래당'의 행태는 여전히 달라지지 않았고, 전직 대통령의 투옥과 중형 선고에도 방관적 입장을 취했다. 이렇게 급속히 진행된 사태 덕분에 더불어 당이 여당의 지위를 넘겨받는 데 이어 친북한 좌파성향의 대통령을 중심으로 하는 사회주의 정권을 탄생시킨 데는 불과 1년도 안 되는 짧은 기간밖에 걸리지 않았다. 문제의 핵심은 단순히 도덕적, 정치적 도리가 훼손된 데 있다기보다 온당한 법적 절차, 작은 정부, 경제자유와 사유재산권의 중시와 같은 보수주의의 핵심 원칙들이 무시되었던 정치 현상이었고, 무이념 보수정당의 비극이었다는 점이다.

사실 이런 희화적 정치사변은 한국의 보수정당의 이념적 정체성이 모호하다는 사실에서 나온 예견된 사태로 볼 수도 있다. 소위 87체제 개헌은 대중인기 영합적, 사회주의적 정책들이 도입될 여지를 확대했음은 이미 잘 알려져 있다. 문민정부 이후, 보수정당은 민주화 세력과 타협하거나 그런 정치적 성향을 지닌 정치인들을 영입하는 정책을 추진해 왔다. 보수정당의 공천 프리미엄은 철새정치인, 좌파성향의 정치세력을 끌어들였을 뿐 아니라, 보수정당을 쉽게 좌클릭하는 정당, 정체성이 모호한 정당으로 만드는 주요 요인이 되었다. 정통보수 정당을 자임한 자유한국당은 당 체질 개선을 위한 명분으로 구성한 비

상대책위원회의 위원장으로 친북성향의 골수 좌파인사들을 잇달아 영입해서 맡기는 이해하기 힘든 행태를 보였다.

반면에, 탄핵사태 이후 항의시위를 계속해온 다수의 보수계층 시민들의 여론을 수용하는 데도 실패했다. 이들 모두는 보수정당의 이념적 정체성을 확립하지 못하고 있다는 사실, 한국에는 안타깝게도 미국의 공화당, 영국의 보수당과 같이 보수이념으로 결집하고 치열한 이념적 투쟁으로 강화된 보수정당은 존재하지 않는 현실을 확인해줄 뿐이다.

정당의 이념적 정체성을 확신하고 전파하는 일은 쉽지 않은데, 보수정당의 경우 이는 더욱 어렵다. 보수이념이 단일 논리로 개념화하기 어렵고 '잘 절제된 자유(well-regulated liberty)'의 개념처럼 상충되는 가치들을 복합적으로 포용하며 감성적 열정으로 환원하기 어려운 이념이기 때문이다. 그렇기에 미국의 보수주의자들도 흔히 온정적 보수주의, 순한 보수주의와 같은 표현을 사용한다. 한국은 이념정당의 전통이 약한 탓에 정당명에 '새(新)', '혁신', '더불어', '통합', '바른' 따위의 수식어를 붙이는 경우가 많다. 그러나 이념적 정체성이 분명할수록 그런 수식어가 필요 없고 보수당, 공화당, 자유당, 민주당과 같은 단순 명칭만으로 족하다. 이름보다 정당의 이념적 정체성을 확립하고 전파하는 일이 훨씬 더 중요한 일이다. 한국의 현존 보수정당들은 무이념 정당들이다. 그들이 체질 개선을 통해 진정한 보수정당으로 재기할지, 아니면 튼실한 이념으로 무장한 새로운 보수정당이 출현해서 보수 계층을 결집할 수 있을지는 두고 볼 일이다.

개혁 보수론

어떤 이념이든 시대 상황의 변화에 따라 재해석이나 수정의 과정을 겪을 수밖에 없다. 사회주의는 공산주의 실험의 참담한 실패를 겪으면서 대상 주제와 범위를 크게 확대하는 신좌파 이념으로 탈바꿈하고 있지만, 이념의 폐쇄성과 경직성은 버리지 못하고 있다. 계몽주의 시대에 탄생한 고전적 자유주의는, 자유이념의 추상성 때문에, 오늘날 정반대의 성향을 드러내는 리버타리아니즘과 리버럴리즘으로 분화되어 있다. 역시 계몽주의 정신의 산물인 보수주의도 커다란 변화를 겪어 왔다. 보수주의는 아마도 보수라는 용어가 주는 반 진보적 성향 때문에, 흔히 수구적 성향이라는 오해를 받지만, 위에서 논의한 대로, 아마도 그 이미지 때문에, 항상 실질적이고 지속성이 큰 개혁을 적극적으로 주도해 왔다. 보수주의는 계몽주의 시대의 지적 풍토에서 탄생한 지적 성찰의 산물이었고, 결코 변화를 거부하는 사상이 아니라는 점은 매우 중요하다. 에드먼드 버크가 '프랑스 혁명에 대한 성찰 (1790)'에서 설파한 대로, 변화를 수용할 수 있는 수단을 갖지 않는 국가는 자체를 보존할 수단도 없는 국가다.("A state without the means of some change, is without the means of its conservation"). 근년에 개혁보수론이 활발한 사정도 그런 맥락에서 이해할 수 있다.

현실적으로 개혁은 혁명 또는 정책 변경과 같은 정치과정이지만, 단기적 선택이기보다는, 마치 시장과정처럼, 긴 시간에 걸쳐 정쟁과 시행착오를 겪으면서 이루어지기도 한다. 이런 보수주의 개혁의 정신과 과정을 가장 상징적으로 보여준 경우는 19세기 후반 영국 빅토리아 여왕 치세기의 약 반세기의 기간에 있었던 개혁과정이다. 당시 양대 정당인 보수당과 자유당을 이끌었던 벤자민 디스레일리(Benjamin Disraeli, 1804-1881)와 윌리엄 글래드스턴(William Ewart Gladstone, 1809-1898)은 여러 차례 번갈아 가면서 수상직을 맡았고, 치열한 경쟁 속에서 주요 개혁들을 성사시켰다. 그들은 모두 탁월한 지성과 정치적 역량을 겸비한 지도자였고, 영국이 배출한 최고의 정치가이자 명재상이었다는 평가를 받고 있다.

당시 개혁의 성격을 이해하려면 보수당의 변천 과정과 그들의 정치역정을 살펴볼 필요가 있다. 별칭인 토리로 잘 알려진 영국 보수당은 1934년 당시 수상이었던 로버트 필(Robert Peele, 1788-1850)에 의해 공식적인 당명으로 채택되었고, 보다 진보적 성향의 정당인 휘그 당과 함께, 경쟁적으로 영국 의회정치를 주도한 정치세력이었다. 보수당은 주로 영국 지주계급의 이해를 대변하였지만 점차 상공인 계층의 지지를 넓혀가고 있었고, 휘그였던 에드먼드 버크의 정치철학에도 넓은 공감대를 유지했던 정당이었다. 디스레일리와 글래드스턴은 모두 보수당 소속의 의회 의원이었고, 필의 정치적 동지였다. 자유주의 성향을 지녔던 필 수상은 관세장벽의 완화, 재정 건전화, 노동조건 개선과 같은 개혁을 추진했고, 1846년에 국내산 농산물의 가격 유지를 위해 유지되던 곡물법(Corn Law)의 폐지를 관철했다. 그는 이 과정에서 당내 다수파였던 보호무역주의 보수파(protectionist conservative)의 반발을 샀고, 이는 결국 그의 정치적 몰락으로 이어졌다.

필과 웰링턴은 배신자라는 비난을 받았고, 사실상 보수당으로부터 퇴출되기에 이르렀다. 이를 주도한 인물이 바로 디스레일리였다. 이후 그를 추종하던 자유주의적 보수파(liberal conservative)들은 휘그당과 의회 내 급진개혁 세력들을 규합하여 자유당을 창당하고, 글레드스턴이 신당의 지도자로 등장하게 되었다. 이들 두 사람은 보수당, 자유당을 이끌면서 향후 50여 년의 기간 동안 교대로 영국 국정을 맡아가면서 빅토리아 시대의 번영을 이끈 주역이 되었다.

그들은 출신 배경, 성품, 정치 스타일에서 보기 드물게 대조적 인물이었고, 서로가 상대방을 극도로 혐오한 정적이자 치열한 정치적 경쟁자였다. 영국에서 최초이자 유일한 유대인 출신 수상인 디스레일리는 이탈리아계 유대인 가정에서 장남으로 태어났다. 그의 부친 아이삭은 문예 비평가이자 역사학자였으며, 영국 국교로 개종했고, 디스레일리는 자연스럽게 개신교도가 되었다. 그는 보잘것없는 학력을 가졌기에 소설가로서 출발했고, 수상 재임기에도 시와 소설 창작활동을 멈추지 않았지만, 별로 성공하지는 못했다. 그러나 그는 보기 드문 지성, 놀라운 토론과 웅변 실력을 가졌기에, 이는 그가 정치가로서 급성장하는데 크게 작용하였다.

글래드스턴은 부유한 상인 가정의[109] 아들로 태어나 이튼과 옥스

포드에서 교육받은 전형적인 영국 명문 출신이었으며, 그 역시 뛰어
난 언변과 정치적 역량을 가진 인물이었다. 글래드스턴은 1832년에
불과 23세의 약관에 보수당 의원으로 정치에 입문한 후에 당내의 자
유주의적 계파에 속해 정치활동을 해오면서, 4번의 재무장관직을 포
함해서, 정부 요직과 주요 당직을 두루 거쳤다. 그는 필 수상의 사후
인 1869년에 결성된 자유당의 영도자로 부상한 이후, 12년의 기간에
4차례나 수상을 역임했고, 때로는 야당의 지도자로서, 줄곧 자유당을
이끌면서 영국 정치의 중심에 서 있었다.

디스레일리는 자신의 출신 배경의 한계를 의식하고 있었기에 늘 영
국 귀족사회의 일원이 되려고 노력했으며, 아마도 그런 이유로 보수
당의 기득권 세력이나 왕실의 인정을 받으려 하는 성향을110) 가졌던
것 같다. 그러나 그는 정치적 상황의 변동에 대한 예리한 통찰력과
감각을 가졌고, 늘 영국의 국익에 충실히 봉사하려고 애썼다. 그는 재
임 중에 영국 정치사에 길이 남을 다수의 개혁들을 성취했다. 특히
그가 야당의 당수로서 주도했던 '1867의 개혁법(Reform Act 1867)'은
일반참정권을 획기적으로 확대한 개혁 입법으로서, 뒤따른 수상 재임
기인 1868년에 재산보유 조건으로 제한되어 10% 수준에 머물렀던 참

---

109) 그의 부친은 노예무역으로 엄청난 재력을 쌓았다고 알려져 있고, 글래드스턴
    의 정치적 활동에 커다란 재정적 후원자였다.
110) 그는 정치활동의 기간에 내내 빅토리아 여왕과 친밀한 관계를 유지했고, 여왕
    이 대영제국의 여왕과 인도 황제(Queen of United Kingdom of England and
    Ireland, Empress of India)라는 공식 칭호를 갖게 만든 주역이었다. 여왕은 1876
    년에 비컨스필드 백작(Earl of Beaconslfield and Viscont Hughenden)의 작위를
    수여했는데, 공교롭게도 그 작위는 에드먼드 버크에 수여된 적이 있었지만, 그
    가 작위 수여 직전에 사망함으로써 무산되었다.

정권은 모든 성인 남성층 인구로 확대되었다. 그는 집권기에 프랑스로부터 수에즈 운하의 지배권을 넘겨받고, 러시아의 팽창을 저지한 베를린 회의를 주도하는 등의 외교적 성공으로 대영제국의 권익과 위상을 한층 확대시켰으며, 그의 개혁 보수주의는 영국 주도의 평화(Fax Britannica)의 기틀이 되었다는 평가를 받고 있다.

글래드스턴은 필의 자유 보수파의 일원이었고, 그들의 자유주의 정신을 계승하여 자유무역, 낮은 세금, 최소 정부의 원칙, 균형예산, 자유방임형 경제정책과 같은 고전적 자유주의 정신에 충실한 정치인으로 여겨졌기에 자유당의 정신적 지도자로 부상했다. 특히 기회 균등과 자유무역의 원칙을 강조한 그의 신념은 글래드스턴 자유주의(Gladstone liberalism)로 불리기도 하였다. 그는 뛰어난 지적, 정치적 역량과 대중적 호소력이 큰 웅변 실력을 지닌 정치인이었으며, 이를 바탕으로 군대와 사법제도 개혁, 의회 개혁과 같은 개혁 입법, 농민, 노동자의 참정 기회의 확대정책을 정력적으로 밀어붙였기에, '인민의 윌리엄(People's William)'이라는 애칭을 얻은 대중정치인이 되기에 이르렀다. 자유당이 빅토리아 여왕 치세의 후반에 막강한 영향력을 발휘한 것은 그의 강력한 지도력과 카리스마 덕분이었다. 그러나 그는 원래 보수적 기질이 강했고, 비교적 서서히 자유주의적 성향을 얻게 되었으며, 빅토리아 여왕과 불화했다는 설에도 불구하고 영국 왕실에 대한 존경심을 가졌던 정치인이기도 했다. 그의 열성적 정치개혁 노력은, 디스레일리의 경우와 마찬가지로, 참정 기회 확대에 대한 대중적 열망과 폭넓은 민주화가 불가피하다는 시대 상황을 감지한 그의 식견에 큰 영향을 받은 것으로 생각된다.

그의 사후, 영국 자유당은 20세기 초반에 고조되어 가던 사회주의 열풍에 밀려서 급격히 영향력을 잃어 군소정당으로 밀려났고, 정치적 주도권은 보수당과 사회주의 성향의 노동당으로 넘어갔다. 후일의 보수당 수상으로서 하이에크와 글래드스턴을 깊이 존경했던 마가렛 대처는 글래드스턴이 살아 있다면 보수당 수상이 되었을 거라고 아쉬워했다고 한다.

빅토리아 시기의 정치개혁의 성격을 제대로 이해하기 위해서는 당시의 정치 환경과 시대 상황에 주목해 볼 필요가 있다. 디스레일리와 글래드스턴이 치열한 정쟁을 벌이면서 정치개혁을 이룬 과정은 결코 순탄하지 않았고, 국내외 사정이 우호적이지도 않았다. 그 기간에 영국은 여러 차례의 흉작, 콜레라 창궐, 아일랜드 기근 사태를 겪었고, 과격한 시위나 폭동도 드물지 않았다. 국제적으로도 아편전쟁, 미국의 남북전쟁, 러시아-터키 전쟁의 발발과 영국의 개입 문제, 주루 전쟁과 수단 반군 사태에서 군사적 실패가 주요 정쟁의 대상 되었다. 보수당과 자유당, 양대 정당의 두 지도자 모두가 정책적 실패와 좌절을 겪고 번갈아 실각하기도 했다.

그런데도 그들의 정쟁은 내란이나 급진적 혁명의 수준으로 치닫지 않았고, 성공적인 정치개혁으로 수습되었다. 그들이 성공할 수 있었던 것은 자신들의 탁월한 지도력, 실패로부터 교훈을 얻고 재기하려

는 용기, 상대방의 승리로부터 경쟁력을 배우는 지혜, 이 모두를 허용
하는 영국의 의회제도의 장점이 복합된 결과이다. 아마도 더 중요한
요인은 영국 국민이 자국의 체제와 자신들의 삶의 방식에 대해 가진
애착심과 긍지, 국가를 자신들의 것으로 여기는 애국심, 자유의 전통
을 보존하려는 보수주의 정신일 것으로 생각된다.

개혁보수론은 다시 정치개혁의 주요 화두로 떠오르고 있고, 그 계
기를 만든 신좌파 이념의 득세 현상은 위에서 논의한 바 있다. 개혁보
수론은 '(중도의) 우파적 개혁(Right-of-the center reform)'과 '(중도의)
좌파적 개혁(Left-of-the center reform)'의 두 가지 흐름이 있다. 우파적
개혁보수는 작은 정부의 원칙이라는 보수주의 정신을 강화하려는 개
혁이기에 권력 분산형 개혁이지만, 좌파적 개혁보수는 반대로 정부
역할의 확대에 의존하려 하기에 권력 집중형 개혁이다. 전자는 위에
서 논의한 티파티 운동과 같은 신보수주의 운동, 신(新)국가주의와 같
은 정치철학적 개념을 포함한다. 신국가주의는 실제로 영국의 브렉시
트, 미국의 트럼프 정권의 대두에서 드러나고 있다. 이들 개혁보수론
은 개인 주권과 절제된 자유의 존중, 법치주의와 작은 정부의 원칙,
종교적 자유와 언론자유의 존중을 재확인, 강화하고, 이를 토크빌식
의 자율적 협동기구(Tocquevillian voluntary community)를 통해 실천하
는 개혁 방식을 말한다.

구체적인 방안으로는 보수주의와 자유주의, 역사와 전통에 대한 대
중교육의 강화, 교육, 문화, 사회의 전 영역에서 정부의 역할을 축소,

재조정하는 문제가 주요 개혁과제이고, 보수주의의 하부구조가 잘 형성되어 있는 미국에서 학계와 싱크 탱크, 보수지식층을 중심으로 활발히 논의되고 있다. 보수우파는 그들의 노력이 향후 대중적 수준에서 결실을 맺고 정치적 역량으로 발전할 수 있기를 기대하고 있다. 관건은, 영국 보수개혁의 경우처럼, 치열한 논쟁과 경쟁을 통해 실천방안을 찾고, 실행에 옮길 수 있는 정치세력, 정치지도자를 발굴해야 할 터이다.

좌파적 보수개혁론은 자본주의와 자유 중심의 보수주의의 병폐와 취약점을 보완한다는 명분으로 공정과 사회정의, 균등분배와 평등의 정신을 도입하려는 보수주의 개혁을 뜻한다. 이런 정책은 정부의 통제력에 의존해서 사회주의적 요소를 가미하자는 정책이기에 보수주의의 자유정신에 정면으로 배치될 뿐 아니라, 강력한 이념적 흡인력을 가진 사회주의 이념에 수렴하고 거대정부의 권력에 예속되게 되는 불안정한 체제가 될 수밖에 없다.

복지국가의 실패사례나 사회민주주의의 실패, 한때 미국에서 유행했던 따뜻한 보수주의, 온정적 보수주의 등의 온건 보수주의 개념이 별 성과없이[111] 유명무실한 존재로 전락한 경우도 이를 잘 보여준다.

---

111) 따뜻한, 온정적, 온건 보수주의(warm, compassionate, moderate conservatism)는 미국의 부시 전 대통령이 선거 구호로 채택한 이래, 일단의 중도성향 보수주의자들이 구체화한 개념으로서, 청소년이나 대중의 교육과 같은 보수주의적 기법을 활용해서 사회복지를 증진하는 데 정부가 더욱 적극적인 역할을 해야 한다는 개념이다. 이런 온건보수론은 공화당과 민주당의 일부 정치인들이 하였고, 영국의 카메론 전 수상이나 뉴질랜드의 존 케이 전 수상의 호응을 받기도 했다.

리버럴리즘의 공격적 국제주의를 표방한 빌 크리스톨의 신보수주의
는 부시의 온정적 보수주의는 문화적 리버럴리즘에 가까운 개념이었
기에 실패했다고 본다.

한국에서 대두되고 있는 개혁보수론이나 보수주의의 좌경화(좌 클
릭)의 개념도 온건보수론의 하나이지만, 반공산주의라는 소극적인 보
수성향을 지니고 있는데 지나지 않는, 이념적 성격이 리버럴좌파에
가까운 권력집중형 개혁론이다. 그럼에도 이런 좌파적 개혁보수론에
대해 여론과 대중적 관심이 적지 않은 것이 사실이다. 이는 자유의
전통이 확립된 적이 없고, 정부 통제에 익숙하며, 근대적 서구 보수주
의 사상에 대한 사회 인식이 취약한 한국사회의 특성에 기인한다고
볼 수 있다. 더욱이 보수주의 철학을 연구, 전파하는 싱크탱크나 언론
기관이 전무하고, 보수주의 사상에 대한 연구, 교육을 하는 기관도 거
의 없는데, 이런 하부구조를 갖추지 않으면 진정한 보수개혁은 기대
하기 어렵다.

부분 결론

미국과 한국은 비록 역사적 경로는 달랐지만 보수주의자들이 세운
나라들이다. 그들은 정치적 우여곡절을 겪으면서도 자유와 시장을 존

그러나 온건보수론은 이념적 정체성이나 실천방안이 뚜렷하지 않은 중도 정치
성향이었고, 별다른 성과가 없는 정치구호에 머물러 있다.

중하는 건국 정신을 계승하였고, 자본주의적 경제체제를 유지하는 자유민주주의 국가로서 자유와 번영을 누리고 있다. 그들의 보수 정신은 공산전체주의 체제와 맞선 경험도 공유하였으며, 현대 정치시에서 보기 드문 동맹 관계를 유지해오고 있다.

그러나 미국과 한국의 보수주의자들은 새로운 도전과 위협에 처해 있다. 미국에서는 신좌파 운동과 중국과 무슬림이라는 전체주의 세력의 도전을 받고 있고, 한국에서는 중국과 북한의 조종을 받는 급진적 사회주의 세력에 의해 체제전복의 위기를 맞고 있다. 보수주의자들은 보수정신을 재정립해서 이런 위기 국면에 대처해야 할 상황에 처해 있다.

이들 국가에서 다수의 보수주의자들은 사회주의적 성향을 가미하는 방식의 보수개혁을 추진하려는 입장을 취하기도 한다. 소위 개혁보수론은 '따뜻하고 온정적인 보수(warm and compassionate conservatism)'라는 그럴듯한 명분을 내세워 보수주의를 리버럴좌파 이념에 접근시키려고 노력한다. 그러나 이런 절충주의적 접근은 보수주의 정신의 본질에서 벗어난 일탈이며, 좌파적 사고의 위험을 과소평가하는 우를 범하고 있다. 리버럴좌파의 이념은 적어도 현재로서는 우경화가 불가능한 폐쇄적, 독선적 사고체계에 근거하고 있기 때문이다. 역사적인 경험은, 보수주의자가 사회주의와 타협하려 할 경우 성공할 수 없음을 확인해주고 있다. 보수혁명이 20세기 후반에 성공을 거두었던 것은 자유와 진실의 존중이라는 보수 정신의 핵심 가치를 재확인하고 이를 실천했던 덕분이었다. 보수주의는 결코 변화를 거부하는 폐쇄적 이념이 아니다. 하지만 보수주의자는 그들의 현실적응은 보수주의의 근본정신과 사려분별력을 잃지 않는 바탕 위에서만 성공한다는 교훈을 잊어서는 안 된다.

7

사실, 진실과 사회통합

"진실이 너희를 자유롭게 하리라"　　　　- 요한복음, 8:32

"다른 사람이 나를 가난하게 만들지 않는다 - 오히려 나를 풍요
롭게 만든다. 우리의 통합은 자신들보다 높은 수준의 어떤 것인
'인간성(Man)'으로 이루어진다. … 사람은 자신의 음성의 메아리
를 들으려 하거나 거울에 비친 자신의 참모습을 찾으려 하지 않
기 때문이다."　　　　　　　　　　　　- 생텍쥐페리112)

　리버럴좌파에 대한 주요 비판 중 하나는 그것이 실체적 사실을 등
한시하거나 왜곡하려 한다는 지적이다. 사회주의 정권에서 사회경제
적 통계를 숨기려 하는 경향이나 종종 조작했다는 사실은 비밀이 아
니다. 좌파 리버럴의 지식은 추상적, 개념적이고, 현실에 부합하지 않

---

112) 생텍쥐페리, Antoine Marie Jean-Baptiste Roger, comte de Saint-Exupéry,
　　(1900-1944).

기 쉽지만, 그들의 이상적 목표를 포기하지 않으려는 경향 때문에 그리 놀랍지 않다. 좌우 이념대립은 본질적으로 이상과 현실의 갈등이다. 이를 이해하려면 먼저 자유보수주의가 거둔 성과를 가감 없이 살펴보고, 원인과 처방에 대한 진솔한 성찰이 뒤따라야 한다. 정치적 갈등을 극복하고 사회적 안정과 사회통합을 바라는 마음은 좌우를 막론하고 우리의 궁극적인 염원이다. 그렇기에 우리는 사회통합이 어떻게, 어느 정도로 이루어지는가에 대한 관심을 버릴 수 없다.

자유의 성과와 도전

지난 70여 년의 기간은 전 세계적으로 자유와 번영이 확산, 확대된 시기였다고 볼 수 있다. 불과 한 세대의 기간에 이루어진 이런 발전상황은 어떤 비판적 시각에서 보더라도 경이적임은 부인하기 어려울 터이다. 자유의 수준이 전세계적으로, 기간 중에 발생한 사건들과 국가 간의 차이에도 불구하고, 크게 상승한 사실은 〈그림 3〉이 잘 보여준다. 범세계적인 자유의 확대 기조가 1990년대 후반에 들어 불투명해진 가장 중요한 원인은 이 기간 중에 자유 이념의 해석과 정치적 실천 방식의 분화가 극적으로 확대되었다는 데 있다. 경제적 자유는 원래 소극적 자유나 작은 정부와 같은 초기 리버럴리즘의 성향을 반영하는 데 비해, 경제 침체기에 정부의 역할이 상대적으로 커지고 따라서 현대적 리버럴리즘의 성향이 커진다는 사실과 이를 정치적으로 실천하는 방식이 국가에 따라 커다란 편차를 가지기 때문이다.

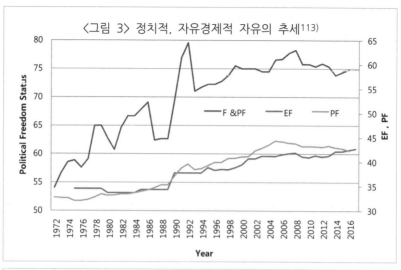

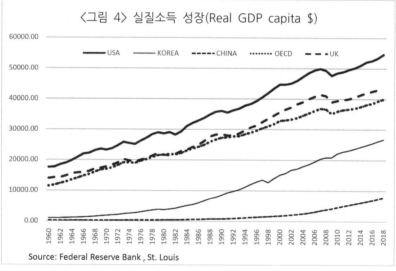

113) **F&PF,** 정치적 및 경제적 자유: Percentage of 'free' & 'not free' states in Political Freedom Index. **EF,** 경제적 자유: Average of Economic Freedom Scores of Economic Freedom Index, those of Frasser Index before 1995 with some modification. **PF,** 정치적 자유: 1/Poiticalc Freedom Index(정치자유지수) 자료출처: Political Freedom Index by Freedom House, Economic Freedom Index by Heritage Foundation

자유지수가 전세계 거의 모든 국가들의 지수를 평균값으로, 평가항목이 경제적 자유, 인간관계나 사회질서와 같은 전 사회영역을 대상으로 하고 있음을 감안하면(〈부록〉 '자유지수' 의 설명 참조), 이는 자유와 더불어 사실상 전반적인 생활수준의 향상이 이루어졌음을 뜻한다.

지난 반세기 동안 이루어진 경제적 성취도 마찬가지로 놀랍다. 주요 선진국의 경제는 1인당 실질 국민소득(real gdp per capita)기준으로 2.4배 성장했고, 개발도상국으로 불렸던 한국은 무려 14.8배, 빈곤국이었던 중국은 3.4배로 성장했다(〈그림 4〉 참조). 이들 지수는 퇴치되지 않는 빈곤과 불평등의 문제, 도시 퇴락의 문제나 위협적인 국제정치 상황, 점차 고조되는 사회갈등과 정치적 위험을 충분히 반영하지 않는다는 비판을 받기도 한다. 그럼에도 불구하고, 만일 당신의 생애가, 본 저자의 경우처럼, 이 기간과 일치한다면, 이 놀라운 인류의 성취에 경탄하면서도 이런 고질적 문제들, 정치적 갈등과 이념대립이 격화하는 현재의 상황에 대해 우려와 비애를 함께 느끼지 않을 수 없을 것이다. 어쨌든 보수주의자는 버크의 후예들이다.

자유와 번영의 확대를 시사하는 위의 두 그림은 그 자체로서 인과관계를 입증하지는 않지만 단순한 관찰에 그치지는 않는다. 자유를 유지, 확대하는 핵심적 제도인 법치주의나 최소정부의 원칙들이 번영에 끼치는 영향은 수많은 연구에 의해 논증되어 왔다.[114] 이런 사실에도 불구하고 집요하게 제기되는 비판은 자유─번영에 동반된다고 여

---

114) 예를 들어 North(1990). 최근의 연구결과는 장대홍(2017) 참조.

겨지는 불평등의 문제이다. 특히 자본주의가 불평등을 유발한다는 인식은 거의 통상적인 선입견이 되었다. 그것은 늘 사회주의자들이 보수주의를 공격하는 쟁점(attack point)이었고, 신좌파 운동은 이를 경제적 불평등을 넘어 전 사회 영역의 불평등 문제를 대상으로 하기에 이르렀다. 그러나 빈부격차의 문제에 국한하더라도, 미국과 같은 자본주의 경제대국의 빈부격차는 극심하다는 피상적 인상은 과장이라는 사실은 〈그림 5〉, 〈표 4〉에서 드러난다. 사회주의 국가들의 빈부격차도, 그들의 자료가 부실하거나 은폐하려는 경향 때문에 국제 통계에서 잘 포함되지 않지만, 결코 덜하지 않다는 사실은 분명히 밝혀지고 있다.

주요 국가들의 사례에서 드러나는 분명한 사실은(〈표 4〉 참조), 불평등이 경제적 번영 수준과 정(正)의 상관관계를 가진다기보다는 그

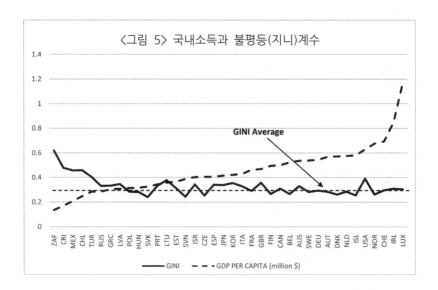

〈그림 5〉 국내소득과 불평등(지니)계수

반대이며, 인구가 적을수록 낮을 가능성이 크다는 점이다. 이는 인구가 적고 부유한 북유럽의 국가들이 경제적 불평등이 낮다는 사실과 부합한다. 또한 자본주의 체제에서 국부의 대부분을 독차지한다는 정치선동, 소위 '1%의 99% 점유론'이나 그런 사정이 점점 악화되고 있다는 주장은 사실이 아님이 밝혀지고 있다.[115]

빈부격차와 불평등은 인류의 영원한 숙제이다. 이 문제는 늘 지식인들을 괴롭혀 왔고, 논란거리(talking point)가 아닌 적이 없었다. 그것은 선한 의도의 정책이나 정치적 방식으로 해결할 수 없음은 복지국가나 사회주의의 실패에서 입증되었다. 이 문제는 단순한 사회구조나 경제학적 문제가 아니라 역사적, 인구학적, 인류학적, 심리학적, 문화적 요소들이 얽혀 있는 복합문제이기에 여기에서의 논의 범위를 뛰어넘는다. 그럼에도 그것이 인간 존재의 다양성과 한계에서 비롯되는 숙명적인 과제임을 직시하고 성찰하는 일은 매우 중요하다고 하겠다.

〈표 4〉 인구, 소득, 불평등, 자유의 상관관계 계수

gini-pop	gini-gdp	gini-efi	pop-gdp	pop-efi	gdp-efi
0.299294	-0.48593	-0.13243	-0.06766	-0.26138	0.24443
자료:	36개 OECD 국가를 포함한 38개국 자료				
설명:	gini 지니계수(OECD)				
	pop 인구(OECD)				
	gdp 1인당 국내소득(Federal Reserve Bank, St. Louis)				
	efi 경제자유지수 (Heritage Foundation)				

---

115) 근년에 커다란 화제를 불러왔던 Thomas Picketty. Captal in the Twenty First Century(2013)의 주장은 최근 Saez, et. Al (2019)에서, 보다 정교한 데이터를 사용하면, 과장되었을 뿐 아니라 실제로 큰 변동이 없었음이 밝혀졌다(참고문헌 참조).

다양성과 진실

보수주의자와 리버럴의 정신세계를 구분하는 가장 근본적 차이는 다양성에 대한 인식이다. 모두가 다양성의 존재를 인정하지만, 전자는 이를 존중해야 하고 인위적으로 조정하려 해서는 안 된다는 입장을 취한다. 그럴 경우 의도하지 않은 부작용과 혼란을 초래하기에 자발적인 사회활동을 통해 불평등을 완화하는 데 그쳐야 한다고 본다. 반면에 후자는 다양성이 초래하는 불평등은 정의롭지 못하기에 사회적인 수단을 통해 극복해야 한다고 생각한다. 사회주의나 복지국가 옹호론도 같은 발상에 근거한다.

다양성은 지능, 미모, 체력과 같은 선천적인 자질과 소득, 재산, 학식, 직업과 같이 후천적으로 얻어지는 성과로 구분할 수 있지만, 후자는 전자에 의해 결정되는 경우가 대부분일 뿐 아니라 가정, 결혼, 상속과 같은 사회제도나 특정 문명의 발전경로에도 크게 의존한다는 사실은 부인할 수 없다. 좌파 리버럴들이 분배정의나 사회개혁에 집착하는 이유도 후천적 성과나 사회제도가 불평등의 근원임을 알기 때문이다. 보수주의자는 일찍부터 인간이 평등하게 태어나지 않는다는 사실을 직시했기에, 실적주의(meritocracy)를 정의롭다고 여겼다. 그들은 태생적인 불평등을 부인하기보다는 이를 현실적으로 중화시키려는 노력으로 기회의 균등과 자유로운 계층이동을 장려하는 방식을 선호해 왔다.

다양성과 성과의 관계는 〈그림 6〉과 같은 도식적 방식으로 표현할
수 있겠다. 지능이나 체력과 같은 선천적 특성은 정규분포를 이룬다
는 현상은 잘 알려진 사실이다. 반면에 전형적 소득분포는 저소득층
의 비율이 크고 상대적으로 소수인 고소득자의 비율이 낮은 좌편향
분포를 나타낸다. 머리 좋은 사람, 출중한 미모, 뛰어난 노래 솜씨,
월등한 체력을 가진 연예계 스타들이 높은 소득을 올리는 사실을 부
인하거나 그들을 비도덕적이라고 매도하는 사람들은 거의 없다. 물론
부모의 경제적 여유, 양질의 가정환경이나 교육, 그들이 속한 사회의
문명 수준, 심지어 행운도 커다란 역할을 하지만, 개인적 자질의 역할
이 큰 점도 사실이지만 타고난 역량의 힘이 결정적 요인임은 의심할
여지가 없다.116) 이런 가혹한 진실을 누가 부인할 수 있겠는가?

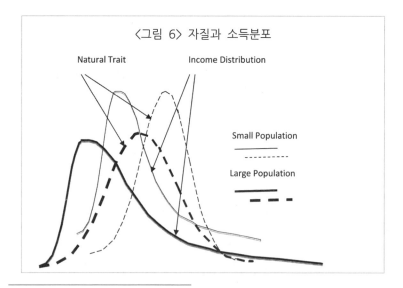

〈그림 6〉 자질과 소득분포

116) 촌철살인의 독설로 유명한 존 아담스는 성공한 인생의 필수조건은 성실,
미모, 행운 중에서 최소한 어느 하나라도 가지고 있어야 한다는 것이라고
말했다고 알려져 있다.

대부분의 보수주의자는 인간성의 한계나 사회정의 실현조차도 인간이 이해할 수 없는 신의 섭리로 받아들이고 불합리한 사회현상을 완화하려고 노력하는 반면에, 자유주의자는 개인적 자질이나 도덕성은 중요하지 않고 시장이라는 사회적 접촉에서 자연히 해결될 거라고 믿으며, 리버럴 좌파는 이를 사회적 방식으로 해결해야 한다는 '당위성'에 집착한다.

자질과 소득분포의 도식은 북유럽 국가들처럼 인구가 보다 적고 동질적인 사회일수록 불평등 정도가 낮은 이유를 설명해 준다. 이들 국가에서 본원적 자질의 편차는 적을 수밖에 없고, 따라서 소득분포의 편차도 작게 나타날 것이기 때문이다.

현실적으로 다양성은 타고난 자질, 출신 지역, 인종, 교육수준, 소득수준, 가정환경, 종교적 배경에 따라 1, 2, 3차적으로 광범위한 분포를 드러낸다. 다양성이 큰 사회는 동질성이 낮은 사회를 뜻한다. 다양성은 어떤 사회적 의미를 가지는가? 보다 다양성이 큰 사회는 보다 좋은 사회인가? 이는 특히 미국처럼 다인종, 다문화 국가의 경우, 한국과 같이 유별나게 지역감정이 큰 사회에서는 매우 중요한 질문이다. 그것은 교육, 조세, 이민과 같은 광범위한 사회경제정책에 중대한 영향을 끼치기 때문이다. 일반적인 통념은 '보다 다양한 사회가 보다 좋은 사회다'이다. 미국은 이민의 나라이므로, 이민규제를 없애야 한다는 주장도 그런 인식을 반영한다. 그러나 결론적으로 말하자면, 다양성은 양날을 가진 칼이다. 다양한 인종, 다양한 문화가 보다 건강한

사회를 만들 수 있음은 분명하지만, 보다 불평등한 사회를 의미할 수
도 있다.

　정치적 차원에서 다양성은 매우 복잡하고 심각한 문제, 국가의 존재
이유나 사회의 안전성에 대한 의문을 제기하게 만들 수도 있다. 하버
드 대학의 정치학자 푸트남(Robert Putnam)은 다양성이 커질수록 자선
활동, 사회공동체 참여, 선거권 행사를 위시한 모든 유형의 시민적,
사회적, 정치적 참여 정신이 급격히 감소한다는 충격적인 연구결과로
큰 반향을 일으켰다.117) 미국 사회의 다양성이 커지면서 사회와 국가
의 결속을 유지시켜 주는 협동정신, 즉 사회적 자본이 급격히 감소했
음을 지적했던 것이다. 보수주의자와 리버럴이나 자유주의자는 이 문
제에 대해 상반된 입장을 드러낸다. 전자는 다양한 미국 사회가 동질
성을 유지하려는 노력, 즉 사회 융합체(melting pot), 혼연일체(E Pribius
Unum)의 정신을 강조한다. 그러므로 그들은 시민의무(civic duty)와 애
국심의 고취, 영어교육 강화를 지지한다. 이는 다양성을 존중하되 시
민적 결속력이 유지되어야 함을 강조하는 것이다. 후자는 다양성이란
샐러드 보울(salad bowl)을 의미하기에, 그들의 협조 정신이나 결속력
에 관심을 가질 필요가 없다고 생각한다. 그럼에도 다양성에 동반되
는 불평등은 정부의 힘으로 해소시켜야 한다고 본다. 다양성의 표현
인 차별성을 인정하고 지원하기도 하면서도, 그 결과인 불평등을 제
거하려는 그들의 이중적 태도는 사회주의와 복지국가의 실현이라는

---

117) Robert Putnam, Bowling Alone: America's decling Social Capital, Journal
　　of Democracy, 1995.

이상이 실패한 근원이었다. 다양성에 대한 모순된 그들의 입장은 비현실적이고 무모한 사회개조 운동에 그치지 않고, 우생학(Eugenics)에 근거한 인간개조의 실험으로 나타나기까지 했다.[118]

그렇다면 보수주의자는 냉혹하고 부도덕한 현실주의자인가? 그들은 신비주의에 빠진 비이성적 인성의 대변자들인가? 그들은 좌파 리버럴이 매도하는 여성 혐오자, 인종주의자, 인간 혐오자, 무슬림혐오자에 지나지 않는가?[119] 이처럼 다양성의 문제는 사회현상에 대한 인식과 이념성향의 차이에서 나오는 본질적 의문을 제기한다. 그것들은 사실과 진실, 아름다움과 추함, 선과 악, 인간의 본성과 이성, 그리고 시장과 제도의 역할을 분간하는 우리의 태도와 자질에 직결된 문제이기도 하다.

우리는 일상적 선택이나 본질적 사안에 대해 항상 이성적 판단에만 의존하지 않는다. 우리는, 하이에크가 지적한 대로, 이성과 본능의 중간적 기준으로 판단하는 경우가 더 많고, 때로는 편견에 따르기도 한다. 사실 편견은 우리가 낯선 사람이나 사물에 맞닥뜨릴 때 이성적 판단에 드는 시간과 비용을 절감해 주는 안전장치의 기능을 한다. 버크가 편견의 중요성을 간과할 수 없다고 본 이유도 거기에 있다. 인간

---

118) 나치의 인종개량 실험은 전형적인 사례였고, 복지국가운동을 이끌었던 베아트리스 웹(Beatrice Webb, 1858-1943)도 우생학의 신봉자였다.

119) 보수주의자에 대한 이런 비난은 2016년 미국 대선에서 민주당 후보 힐러리 클린턴의 유명한 발언에서 노골적으로 드러났다 ("… half of Trump's supporters belong in a basket of irredeemables, deplorables characterized by racist, sexist, homophobic, xenophobic, Islamophobic views").

의 정신은 이성이 헤아릴 수 없는 이유를 가진다("Heart has reasons of which reasons knows nothing")는 파스칼의 지적도 같은 맥락으로 이해할 수 있다. 이성은 흔히 사후적 합리화의 방식으로 사용되기도 하기에, 경험과 이성의 결합으로 얻어지는 지혜와는 다르다. 보수주의자들은 이런 이성의 한계를 더욱 잘 이해하는 사람들이기에, 위와 같은 질문들에 대해 진보주의자들과 다른 해석을 할 수가 있는 것이다.

우리는 특히 선악(善惡)과 미추(美醜)를 구분할 때 이성적 계산에만 의존하지 않는다. 우리는 어떤 사물이나 행위를 목격할 때 아름다움이나 추악함, 선악의 감정을 본능적으로 느낀다. 대부분 사람은 거짓말을 하거나 타인에게 부당한 손해를 끼치거나 살상을 할 경우에 수치심을 느끼며, 타인의 불행에 동정심을 드러낸다. 그것이 양심의 소리든, 종교적 믿음이든, 초월적 도덕감성이든, 오랜 사회적 경험에서 나온 지혜든, 사회적 진화로 형성된 문화유전자이든지 여부는 중요하지 않다. 그것은 도덕감성의 진실이지 시대적 이성으로만 오로지 설명될 수 있는 사실의 영역에 있지 않다. 보수주의자는 이런 진실을 더욱 잘 이해하는 사람들이기에 전통과 도덕심의 가치를 중히 여긴다.

보수주의자와 리버럴들의 시각 차이가 가장 잘 드러나는 주제는 시장과 제도를 보는 시각일 것 같다. 시장은 소비자, 생산자, 상인과 같은 경제 주체들이 자신들의 정보와 자원을 이용해서 상호 접촉하고 자신들의 소유물을 거래하는 공간이며, 시장가격은 그들의 행위를 조정하는 신호 기능을 수행한다. 시장 과정은 끊임없는 반복거래와 연속적인 시행착오를 통해 가치를 발견해 나가는 과정이다. 시장은 본질적으로 혼란스러운 연속과정이자 분산된 방식으로 형성되는 자생적 질서다.

그러므로 시장은 일시적 이성에 의해 설계될 수 없는 발견의 과정이라는 것이 하이에크의 시장이론의 정수이다. 리버럴 좌파와 사회주의자들은 바로 그런 이유로 시장을 싫어하고, 이를 이성적으로 설계된 중앙집권적 모형으로 대체하고, 자신들의 통제 아래 두고 싶어 한다. 그렇기에 그들은 특히 치열한 경쟁과 경합성을 특성으로 하는 권력분산적, 완전경쟁적 시장을 혐오하고, 시장을 통제하려고 한다.

사실 자유민주정치 체제에서 정치과정도 시장의 한 형태이다. 그것은 자질과 정치성향을 가진 사회구성원들이 자신들의 자원과 정보와 자원을 이용해서 서로 접촉하고 교류하면서 정치적 선택권을 행사해 나간다는 점에서, 본질적으로 시장이다. 권력의 분산을 기반으로 하는 자유민주주의 체제에서, 자유로운 개인은 여론과 사회적 도덕심이라는 가치 기준과 법치라는 규칙에 따라 이런 시장 과정에 참여한다.

반면에, 모든 전체주의 체제나 사회주의 체제에서는 이런 시장 과정은 무시 또는 경시되고, 지배 엘리트가 설계한 제도가 규정하는 지시에 상명하복의 방식으로 따르는 질서만 허용된다. 리버럴 좌파의 사회체제는 본질적으로 시장 중심이 아니라 규제와 규정으로 구성되는 설계된 사회체제, 다시 말하자면, 사회주의 체제에 지나지 않는다.

그들은 자본주의나 사회주의가, 비록 상반된 방식이지만, 모두 인간이 만든 제도이지, 제도가 인간을 만들지 않는다는 사실을 간과한다. 반시장적 정치성향은 특히 좌파 지식인층에서 강렬하게 나타난다.

리버럴 좌파들은 현대 사회에서 목격되는 금권 권력층의 존재, 그들의 부패와 탐욕, 그들의 기득권 유지와 세습 행태, 경제적 불평등과 양극화 현상 등의 사회적 병폐, 부조리와 도덕적 타락을 자본주의적 시장경제체제라는 제도의 탓으로 돌리고, 자신들이 고안한 탈자본주적, 반시장규제 중심적 사회제도가 이들 문제들을 근절한다고 주장하고, 이를 사람 중심적, 정의로운 사회체제라고 선동한다. 그러나 그들은 자본주의와 시장이 인간이 만든 제도이지 제도가 인간을 만들지 않는다는 사실, 부패나 타락이 체제 결함이 아니라 인간본성의 불완전성이나 사악함에서, 권력의 속성에서 나올 수 있음을 인정하려 들지 않는다. 인과관계에 대한 그들의 인식오류는 부패와 타락이 사회주의 체제, 공산주의 독재체제, 신정체제에서도 만연하고, 이란 신정체제나 중국공산당 독재 체제에서 볼 수 있듯이, 오히려 더욱 심하다는 사실에서 그대로 드러난다.

그들의 믿고 싶어 하는 사람 중심의 사회모형에서 사람이란 특정 규격에 맞는 인간, 설계된 제도의 규칙에 순응하는 가축이나 다름없다. 극단적인 사람 중심 사회는 일체의 사회계층적 차별, 여성과 남성과 같은 성적 구분, 인종이나 문화적 다양성도 용납되지 않는 획일적 사회이며, 이런 규격에 맞지 않거나 체제 저항적 인간은 교화, 재교

육, 청산의 대상으로 매도되고, 정치범수용소로 보내지거나 말살되기
까지 하는 비인간적 사회, 공포사회, 탈 도덕적 사회이다.

리버럴 좌파들이 제도에 집착하는 경향은 자발적 협동기구나 자생
적 사회제도를 경시하고 국가 기구로 대체하려는 데서도 드러난다.
그들은 보수주의자들이 중시하는 결혼과 가정, 교회, 자생적 협동기
구를 낡은 관습이나 미신, 또는 비효율적 제도로 평가절하하는 경향
을 드러낸다. 공산주의자들은 결혼이나 가정의 기원을 여성을 지배하
려는 남성 우월적 제도에서 찾았고, 이를 국가 면허제도로 대체하는
가 하면, 종교를 사회적 기구로 인정하기를 거부하고 탄압해 왔다.

리버럴 좌파와 사회주의자들은 개인의 존엄성을 인정하기를 꺼려하
고 사회적 목적을 보다 중시하므로 인간을 과학기술의 실험대상으로
여기기도 한다. 전자정보 기술, 인공지능 기술은, 중국 공산독재 체제
에서 드러나듯이, 이미 거의 완벽하게 주민의 감시, 통제를 가능하게
하는 수준에 이르고 있다. 오웰의 빅 브러더 국가는 현실화할 수도
있게 되었다. 생명공학과 생화학 기술의 급속한 발달은 가까운 장래에
시험관 임신과 가정외(家庭外) 육아, 인체 배양이나 복제, 인류의 번식
률, 인간과 다름없는 사이보그의 생산을 가능하게 만들 것이다. 인간
은 이제 인류를 마음대로 조정하고 통제하는 기술과 기계를 보유하게
될 것이고, 그런 기계들이 인간을 지배하는 '용감한 신 사회(Brave
New World)' 세상이 도래할 수도 있을 것이다. 다수의 과학자, 사상
가들은 이미 현생 인류는 멸종할 거라는 예측을 내놓기도 한다.[120]

물론 이런 암울한 사회는 필연적인 미래도 아닐 수 있고, 우리의 선택으로 다른 모습으로 발전할 수도 있다. 모든 첨단기술은 인류를 더욱 풍요롭게 하고, 개인의 존엄성과 자유를 더욱 증진시키는 방식으로 이용될 수도 있을 것이다. 분명한 사실은 리버럴 좌파의 사회모형은 이들 첨단기술을 활용하여 국가권력을 확대하고, 개인의 영역을 축소할 가능성을 높여주고 있다는 점이다.

마지막으로 던져야 할 질문은, '리버럴 좌파의 중심세력은 누구이며, 그들의 이상적 사회모형은 무엇인가? 그것들의 진실은 무엇인가?' 이다. 현대 리버럴 좌파의 주축은 지식 엘리트와 신종 자본가들이다. 그들은 지식사회와 글로벌 자유무역 체제의 가장 큰 수혜 계층으로, 역사상 전례 없는 부와 명성을 얻은 계층이다. 전자는 대학과 연구기관, 언론계, 금융산업에서 경력을 쌓은 전문 지식층인 지식 엘리트들이고, 후자는 네트워크 산업의 특성과 글로벌리즘의 환경을 잘 이용해서 엄청난 재력을 축적해온 거대 IT기업, 금융기업, 유통기업들, 대형 언론사와 연예 회사를 이끄는 기업가들이다. 이들 기업가들은 치열한 경쟁과 경합적 시장 환경에서 공업생산에 치중하던 산업자

---

120) 다수의 과학자, 철학자, 미래학자들은 현생 인류의 멸종위기를 경고해 왔다. 그 근거로는 생태계 파괴나 기후변화, 인공지능과 생체과학 기술의 악용, 핵이나 생화학적 재앙 또는 전쟁, 병균이나 바이러스 팬데믹, 운석 충돌 등이 거론된다. 대표적인 사례는 근년에 작고한 물리학자 스티븐 호킹 박사의 예언이다. 그는 2016년 BBC 인터뷰에서, 이를"Although the Chance of a disaster to planet earth in a given year may be quite low, it adds up overtime, and becomes a near certainty in the next thousand or 10,000 years." 그는 이를 근거로 인류가 우주의 다른 행성으로 이주할 계획에 착수해야 한다는 주장을 해서 논란을 일으켰다. 빌 게이츠, 이곤 머스크 등도 비슷한 견해를 피력한 바 있다.

본가들과는 달리, 서비스와 지식산업에 주력해온 신종 자본가들이다. 그들은 주로 자신들의 시장과 이윤을 확장하려는 정치적 동기에서 국가권력의 강화를 지향하는 좌파지식인 계층에 동조하는 리버럴 자본가들이다. 그들의 면면을 보면, 마이크로소프트, 아마존, 구글, 애플, 월트디즈니와 같은 거대 기업들과 그들의 계열 언론사인 NBC, ABC, 워싱턴포스트, 그리고 뉴욕 타임스, 타임워너, 블룸버그와 같은 대형 언론사, 조지 소로스, 제프 베조스, 빌 게이츠, 워렌 버펫, 마이클 블룸버그와 같은 사업가 등으로, 거의 모든 미국의 대기업과 기업가들은 리버럴 자본가들이다. 그들은 예외 없이 전 세계 부자 순위에 최상층에 속한 재력가들이고, 거의 모두가 리버럴 좌파 정치권을 적극적으로 지원한다.

미국에서 부자계층의 정치성향은, 피상적 인식과는 다르게, 리버럴의 비율이 보수우파의 비율보다 높고(〈표 1〉 참조), 부자 정치인의 비율과 재력은 리버럴 성향인 민주당의 경우가 보수성향인 공화당의 경우보다 훨씬 크다. 이들 리버럴 자본가들은 신종 특권층일 뿐 아니라 정치적 영향력의 확대, 자신들의 권력 보존과 세습에 집착하는 금권 권력층(plutocrat)이 되어 간다는 비판도 받고 있다.

지식 엘리트들이 좌파성향인 이유는 그들의 권력 지향적 속성 때문이다. 역사적으로 지식계층은 대부분이 정치 지향성을 가졌지만, 현대 좌파지식층은 더욱 그렇다고 말할 수 있다. 그들은 자신들의 이상적 정치모형이 권력 집중적인 정부, 큰 정부에 의존해야 하고, 권력

분산적인 시장에서 실현되기 어렵다는 사실을 잘 알기 때문에 시장을
싫어하고, 이를 자신들의 사회모형에 맞게 규제하려 한다. 그들은 자
본주의로 돈을 벌고 고상한 사회주의 언어를 쓰는 자본주의자 사회주
의자들이다.

미국에서 그들은 리무진 좌파, 샴페인 좌파라는 별명을 얻고 있고,
한국에서는 강남좌파 혹은 오렌지 좌파로 불리고 있다. 그들은 스스
로 자신들의 이념적 사회모형의 입안자로 여기지만, 자신들의 권력
지향적 속성을 드러내지 않은 체 지배 엘리트의 지위에 만족하려 한
다. 그들의 사회모형은 피지배계층을 이념적 틀 안에 가두어 순종하
게 하고, 자신들은 지배 엘리트로서 성취한 자본주의적 과실을 향유,
세습하려는 위선적 행태는 좌파 지배 엘리트의 전형적인 모습이다.
그들은 체제의 설계자이자 지배자이지만, 명시적인 사회주의 체제보
다는 자본주의적 외형만 갖추고 사회주의적 통제사회를 실천하는 유
사 사회주의(pseudo socialism)를 선호한다. 그것이 민주정치체제에서
좌파 리버럴리즘의 진실이다.

보수우파와 자유주의자는 사회주의자와 리버럴 좌파의 도전에 맞
선 이념대치 상황에서 연합전선을 형성하고 있다. 그들의 전선에서
중요한 걸림돌은 사회적 덕목과 국가의 역할에 대한 인식의 차이다.
보수주의자는 상호신뢰, 신의와 성실, 우애, 정직성, 결혼, 가정과 교
회와 같은 전통적 사회기구에 대한 애착심, 자생적 권위에 대한 존경
심과 같은 사회적 덕목을 소중하게 여긴다. 그것들은 인간다운 삶을

영위하게 하고, 사회가 부패와 타락에 빠지지 않게 막아주며, 사회를
아름답게 가꾸는 미덕으로 여기기 때문이다.

러셀 커크, 엘리옷, 니스벳과 같은 전통주의자 보수주의자들(Tra-
ditionalist conservatives)은 자유주의가 공리주의적 속성에 갇혀서 사회
적 미덕과 미적(美的) 감각이나 상상력을 결여하고 있다고 비난해 왔
다. 보수우파 시민들은 그들 보수이론가들의 고담준론에 의존하지 않
고도 직관적으로 사회적 미덕의 중요성을 잘 알고 받아들이며, 동시
에 자유주의의 효용 가치도 수용한다. 그들은 몰가치(沒價値)적 성향의
리버럴 좌파가 이들 덕목을 시대착오적 집착이라고 평가절하하며, 가
치중립적인 성향을 지닌 자유주의자는 사회적 덕목의 타당성이나 도
덕성에 관한 판단은 유보한 채, 이를 개인의 영역의 속한 문제이지
사회가 관여할 수도, 해서도 안 된다는 자유방임적 입장을 취한다는
사실도 잘 이해한다.

보수 우파는 국가가 자신들의 번영과 삶의 방식을 지켜주고, 내우
외환의 위협에 공동대처하게 하며, 무엇보다도 국가를 자신들의 소유
물로 여기기에 국가적 자존심과 애국심을 존중한다. 이에 비해 리버
럴 좌파나 사회주의자는 국가를 사회정의와 사회적 획일성을 성취하
기 위한 통제수단으로 여기고, 국가권위에 일방적인 충성심과 복종을
강요할 뿐이다.

한편 자유지상주의적 입장을 취하는 자유주의자는 국가의 존재 자

체에도 큰 의미를 두려 하지 않기에, 국가적 자존심, 애국심 따위는 중요하게 여기지 않는다. 그들은 이런 방관자적 태도나 무관심이 사회주의자들이나 전체주의자들이 권력을 장악하고 자신들의 설계에 따라 사회를 조직하려는 시도를 쉽게 만들 수 있다는 위험을 과소평가한다.

보수우파는 사회적 덕목에 대한 존중, 국가적 자존심의 수호와 애국심은 강요된 질서라기보다는 본질적으로 자생적이며, 건강하고 풍요로운 사회를 만드는 데 없어서는 안 된다는 입장을 고수하며, 리버럴 좌파와 사회주의의 도전에 맞서는 데 필수불가결한 무기로 여긴다.

대다수 보수우파 자유 시민들은 리버럴 좌파가 주도하는 사회 분위기에 불만을 느끼고 개탄스러워한다. 그들은 성적, 인종적 차별 반대, 이민규제 철폐, 정치온당성 운동(PC, political correctness), 성구분 정치(gender politics) 운동들이 실은 다양성과 시민적 자유를 억제하는 정치운동이라는 역설적 현상에 당혹감을 느끼고, 매사를 정치 문제화해서 정부정책으로 해결하려는 리버럴 좌파의 운동권적 행태, 그들의 이념적 기반인 포스트모더니즘과 문화 마르크시즘(Cultural Marxism)에 대해 분노하고 있다. 근년에 미국 순복음주의자들의 적극적인 보수정치인 지지 현상, 미국 우선주의 운동, 영국의 브랙시트 운동 등은 미국과 유럽에서 확산되고 있는 보수우파의 시민적 저항운동으로 보아야 한다.

저자는 이 논의를 지식층의 자성을 촉구함으로써 마무리하려 한다. 좌파지식인들은 평등을 자유보다 중시하는 사회는 둘 다 잃게 되고, 자유를 보다 중시하는 사회는 둘 다 모두 보다 높은 수준으로 얻을 것이라는 사실에[121] 주목해야 한다. 그들은 인간과 사회의 진실은 오만과 편견의 이성으로 규정되지 않음을 직시하려고 노력할 필요가 있다. 그들은 바꿀 수 없는 것들을 그대로 받아들일 수 있는 힘과 할 수 있는 일을 행할 용기, 그리고 이들을 분간할 수 있는 지혜를 구하려는 겸허한 자세를[122] 가져야 한다.

겸손의 미덕은 우파 지식인들에게도 필요하다. 그들은 흔히 보수정신을 잘못 해석해서 지나치게 소극적 행태를 보였거나, 엉뚱한 방식으로 이를 개조하려 했다는 사실을 반성해야 한다. 그들은 자유가 우리들이 좋아하지 않는 많은 일들이 이루어질 수 있도록 해야만 하는 덕목임을 자각해야 한다. 그들은 자유와 시장의 가치를 끊임없이 재인식하고, 사회에 전파하는 일이 자신들의 사명임을 잊어서는 안 될 터이다.

---

121) Milton Friedman(Capitalism and Freedom, 2002), "A Society that puts equality before freedom will get neither. A society that puts freedom before equality will get a high degree of both".

122) 원작자 미상의 평온기도문(Serenity Prayer), "God. Grant me the serenity to accept the things I cannot change, courage to change the things I can, and the wisdom to know the difference". 흔히 Reinhold Niebuhr(1892-1971)가 저자인 것으로도 알려져 있다.

사회통합의 원리

보수주의자, 자유주의자, 사회주의자들의 궁극적인 바램은 안정된 사회, 평화로운 사회, 통합된 사회일 터이다. 즉, 사회통합은, 그 정의나 도달 방식은 다르겠지만, 그들의 공통된 목표임은 부인하기 어려울 것이다. 사회통합은 사회적 갈등이 최소화된 상태, 즉 사회적 엔트로피가 낮은 상태의 사회를 의미한다고 볼 수 있다. 그렇기에 사회통합 또는 국민대통합은 늘 정부가 내세우는 주요 정책목표이다. 용어상으로는 사회화합 또는 응집(social cohesion)이, 대상과 목표가 모호하기는 하겠지만, 보다 적절한 개념일 것 같다. 어쨌든 통합론은 일반 대중이 좋게 생각하고, 정치인들은 쓸모 있는 득표 전략으로 여기는 반면에, 사려 깊은 사람들은 허점이 많고 위험스럽기도 하다고 본다.

통합론에 대한 호감의 부분적인 이유는 경쟁과 갈등에 대한 편견 때문이다. 사람들은 경쟁과 갈등이 관용, 양보, 소통, 협조, 나눔과 같은 미덕과 배치되지 않으며, 오히려 개인의 성취 의욕을 실현시켜 사회화합에 기여한다는 사실을 과소평가하려 한다. 통합을 선호하는 보다 실질적인 이유는 계층 간 갈등의 원인을 불평등에 있다고 보고, 정부가 나서서 이를 시정해야 한다고 믿기 때문이다. 현대 자유민주주의 사회에서 정치적, 성적, 종교적 차별과 같은 불평등은, 최소한 제도적으로는, 거의 남아 있지 않다. 하지만 경제적 불평등에 대한 불만과 재분배정책에 대한 대중적 지지가 커져 가고 있음은 심각한 문제다. 자칫 집단이기주의의 증폭, 자유민주주의와 시장경제의 위축으로 발전될 수 있기 때문이다.

미국이나 한국에서 새 정부가 들어서면 이런 대중적 편견과 불만을 근거로 의례적으로 국민통합을 이루겠다고 공언하곤 한다. 그렇지만 어느 정권도 국민통합을 잘 했다는 평가를 받지 못했다. 한국의 경우, 역대 정권은 늘 우리 사회의 갈등과 분열을 오히려 악화시켰다는 평가를 받았다. 특히, 지난 이명박 정권은 집권 초기부터 대통령 직속으로 사회통합위원회를 설치하고 공정사회, 친서민 정책, 동반성장 정책과 같이 역대 어느 정권 못지않게 열심히 사회통합정책을 추진하였지만 좋은 점수를 못 받았다. 이후 정권들의 정책도 크게 다르지 않았지만 사정은 별로 달라지지 않았다. 왜 그런가? 통합에 대한 인식의 오류와 통합정책의 한계 때문이다.

먼저 통합이 선(善)이라는 인식 혹은 통합지상주의에는 문제가 없는지 살펴보자. 통합이 상정하는 미덕은 개인 선택의 공간에서만 존재하고, 계층이나 집단의 선택이 아니다. 정치적 결단이나 제도에 의해 강요될 경우, 미덕은 복종과 의무로 대체되므로, 그것을 계층간 화합으로 볼 수는 없다. 미덕과 화합은 자유와 기본적 인권의 보장이 없으면 얻을 수 없는 가치이다. 자유민주주의와 시장경제 체제는 그런 사회를 만들 수 있는 충분조건은 아니지만 필요조건이다. 그것이 전제로 하는 경쟁과 갈등은 개인적 성취나 사회발전의 원동력으로 사용되고, 분열이 아니라 높은 수준의 협조와 화합을 가져다주는 데 가

장 효과적이다. 자유주의자들은 이를 끊임없이 논증해 왔고, 경험적
으로도 입증되었다.

획일적 통합에 집착하는 전체주의 체제는 자유와 인권의 억압으로
일관하다가 붕괴되었고, 평등주의를 지향하는 사회주의 체제는 경제
파탄을 면치 못했을 뿐 아니라 엄청난 사회갈등을 초래하였다. 지난
세기 중에 인류에 큰 재앙을 불러온 후에 몰락한 전체주의 국가들의
행적이나, 현재 남부 유럽 국가들이 겪고 있는 사회혼란상을 상기해
보라.

정부 정책으로서의 사회통합 정책은 어떤 한계를 가지는가? 사회통
합론에는 정치적, 경제적 함정이 내재한다. 정치적 함정은 자유민주
주의를 부정하고 전체주의나 사회주의 체제를 동경하게 만드는 경향
이다. 극단적 전체주의 체제인 북한의 위협을 받고 있는 한국의 현실
에서 이 문제는 심각하다. 오늘날 한국의 좌파정권은 헌법으로 명시된
자유민주주의 체제를 부정하고 사회주의 국가로 체제전환하려는 의도
를 노골적으로 드러내는가 하면, 민족화합의 명분으로 친북한 정책,
남북연합 정책을 밀어붙이고 있다. 지금 우리 사회에 만연한 이념갈등
은 대부분이 그들의 분열적 책동과 선동에서 나온다. 한국 국민이 애
써 이룬 자유와 번영, 사회 안정을 잃지 않으려면 시민적 각성과 투쟁
으로 체제수호에 나서야만 하는 절체절명의 위기를 맞고 있다.

체제수호의 의지는 정치적 결단이나 소극적 의사표시만으로 얻어

지기는 어렵다. 사상과 이념, 역사에 대한 교육과 지식 보급, 경험의
전달로 국민 개개인의 의식에 자리 잡을 수 있도록 해야만 가능하다.
한국 사회는 그동안 이런 노력을 등한시했기에 전교조와 좌경 시민단
체들은 청소년들에게 그릇된 역사관과 이념성향을 심어 놓았다. 지금
부터라도 자유민주주의의 이념 인프라를 구축하는 데 노력과 투자를
아끼지 않아야 하고, 무엇보다도 지식인들이 이를 선도해야 한다.

사회통합정책의 경제적 함정은 재분배정책의 위험이다. 평등주의
에 입각한 재분배정책은 경제적 자유의 상실과 경제 후퇴로 이어져
지속가능하지 않으며, 사회 혼란을 불러오고 기대했던 평등도 이루지
못한다. 분배우선주의의 위험을 간략히 요약하면 이렇다.

재분배정책은 세금으로 취약계층(부문)에 보조금을 주는 것이므로,
자원을 생산성(효율)이 높은 부문에서 낮은 부문으로 이동시키고, 이
윤 동기와 근로의욕을 감퇴시킨다. 따라서 생산은 줄고 물가상승의
압력이 커지는 반면에 보조금 인상, 제 몫 챙기기 경쟁의 악순환이
이루어진다. 재분배정책과 연관된 (비생산적) 관료조직과 전문가 집단
의 증대로 경제의 고정비 부담이 가중되고, 부패의 기회가 커진다. 결
국 재정 위기와 지급불능 사태에 이르고, 수혜계층의 반발과 저항, 계
층간 갈등과 사회 혼란이 심화된다.

그렇다면 사회통합의 염원은 잘못된 것인가? 아니다. 목표 설정과
방법에 문제가 있을 뿐이다. 백 퍼센트 국민통합은 가능하지도 않고
필요하지도 않으며, 사회통합이라는 표현도 애매모호하고 공허한 개

념이다. 이상적 사회의 보다 정교한 모습은 개개인의 선택공간이 충분히 확대되면서도 타인에게 해를 끼치지 않는 사회, 동시에 화합이 극대화되는 사회일 것이다. 도덕 철학자였던 아담 스미스에게 전자는 사회를 유지시켜 주는 필요조건인 사회정의인 반면에, 후자는 사회를 아름답게 만드는 충분조건이다.

우리가 사회통합에서 바라는 사회의 공통분모는 화합의 크기가 큰 사회라고 정의할 수 있을 것 같다. 사회의 화합은 그 자체가 정의하기 어려운 개념이다. 건강한 사회를 나타내는 개관적 지표의 하나로서 OECD가 발표하는 사회통합(또는 응집력)지수(SCI, social cohesion index)를 들 수 있겠다. 이 지수는 국가별로 타인에 대한 신뢰(trust), 소수계층에 대한 관용성(tolerance), 사회제도에 대한 신뢰(confidence in social institution), (자선과 같은) 사회적 행위의 정도(level of social behavior), 투표율(voting)의 5개 항목에 대한 점수를 지수화한 값이다. 전체적으로 보면, 북미국가나 영미 계통의 국가의 지수는 높은 반면에 전체주의 체제를 가졌던 나라나 사회주의 전통이 깊은 나라의 지표는 낮게 나타나고 있다. 한국의 지수는 모든 항목에서 OECD 평균치보다 훨씬 처져서, 한국 사회가 상대적으로 건강하지 않다는 인식을 확인해준다.

이런 객관적 평가가 주는 함의를 생각해 보자. 먼저 주목할 부분은, 자유주의적 성향이 강한 나라의 지수가 대체로 높고 경제적 불평등의 항목이 빠져 있다는 점이다. 다음은 이들 항목이 모두 국가정책으로

단기에 실현되기 어렵다는 점을 들 수 있다. 예외로 볼 수 있는 항목
은 사회제도에 대한 신뢰인데, 그것은 부패나 불공정이 만연한 사회
에서는 기대할 수 없기 때문이다. 작은 정부, 법치주의의 확립이 사회
제도에 대한 신뢰의 필수요건임은 잘 검증된 사실이다.

SCI를 사회의 결속력(또는 응집력)이나 화합의 수준으로 해석하면,
자유민주주의 체제가 결속력 있는 사회를 만드는 요건이며, 사회의 화
합 수준이 국가정책보다는 전통과 학습을 통해 형성될 가능성이 크다
는 것을 시사한다. 이들 지수항목이 모두 자발적인 협조 정신과 깊이
연관되어 있고 반복적으로 확인되어야 하는 특성이기 때문이다. 그런
의미에서 이들은 시장질서와 마찬가지로 자생적 질서(spontaneous
order)에 속한다.

결론적으로 화합 수준이 높은 사회, 진정한 사회통합에 가까운 사
회는 법치주의가 확립된 사회, 자생적 질서가 형성되는 사회이다. 자
유민주주주의와 법치주의의 확립은 그런 사회의 필수요건인 반면, 시
장질서를 포함하는 자생적 질서는 점진적인 방식으로 사회의 결속력
을 높여줄 것이다.

부분 결론

보수주의자와 달리 리버럴 좌파는 사실을 있는 대로 받아들이는 데

인색하다. 그들은 개인 존엄성, 개인의 도덕 감수성이나 인간성의 존재를 진실로 여기기보다는 사회적 정의나 사회적 도덕성을 중시한다. 그러므로 그들은 다양성을 가진 자유시민들의 공간인 시장을 싫어하지만, 보수주의자는 이를 존중한다. 보수주의자에게 사회는 그 자체가 거대한 시장이고, 그렇기에 그들은 시장의 산물인 자생적 질서를 보전하려 한다.

시장을 이성적 설계로 대체하려는 리버럴 좌파의 세계에서 사회는 합리적이고 정의로워야 하며, 도덕적이며 평등해야만 한다. 그들의 이상적 사회는 늘 현실적 제약에 부닥치거나, 사실에 부합하지 않으며, 부작용을 초래하기 쉽지만, 스스로를 규제하는 자기조정기제(self regulating mechanism)를 가질 수 없다. 국가권력에 의존하는 그들의 사회통합 노력이 좌절되는 이유도 거기에 있다. 실은 그들의 사회모형은 지배 엘리트의 자기도취적(narcissistic)이고, 미덕 과시적(virtue signaling)인 경향의 표현이자, 자기 권력 강화(self aggrandizement)의 욕구를 반영하기도 한다. 진정한 사회통합은, 비록 불완전하더라도, 연속적인 시민적 화합 정신으로 이루어지며, 그것은 점진적으로 진리에 접근하는 시장 과정의 일부라고 여기는 겸허한 자세를 잃지 않아야 할 터이다.

8

맺음말: 염원과 현실

보수주의자들이 자유와 개인 주권을 으뜸 가치로 여기는 것은 자기 삶의 주체와 책임 소재는 자신이며, 타인이나 어떤 인위적 정치 권력에 속한다고 보지 않기 때문이다. 그것은, 자신의 자발적인 동의가 없는 한, 일체의 외부 간섭은 정당화될 수 없다는 개인 존엄성의 원칙이다. 마찬가지로 중요한 부속 원칙은 타인의 자유를 침해할 권리도, 그들의 삶이나 사회에 대한 어떤 의무도, 자발적 협조 의사 없이는 갖지 않는다는 것이다.

그러나 인간은 혼자 살 수 없고, 살려고 하지도 않는 사회적 동물이기에, 자발적 사회협동기구인 가정, 교회, 지역공동체, 나아가서는 국가를 통해 이런 정신들이 조화를 이루기를 바란다. 그런 과정에 형성되는 자생적 질서가 전통, 관습, 도덕률, 자생적 법정신들이다. 버크와 토크빌에서부터 스커러튼과 같은 현대 보수주의자가 자유만을 궁극적인 가치로 보지 않고 전통과 관습의 존중을 강조하는 이유도 거기에 있다.123) 그들은 자유가 거저 주어지는 권리가 아니며 보호,

양육 및 절제되어야 하는 권리이자 의무라고 여긴다.

그들은 인간이 이성과 본능, 이타심과 탐욕, 관대함과 질투심, 지혜와 무모한 열정, 지성과 무지, 고상함과 저속함의 자질을 모두 가진 불완전한 존재이며, 그런 자질이 개인적으로나 사회적으로 고르게 분포되어 있기에 개인의 영역을 침해하려는 외부적 욕구가 항상 존재한다는 사실도 잘 이해한다. 인간은 자신의 선택으로 태어나지도 않았고 죽을 시기나 방식도 알 수 없기에, 짧은 인생을 슬기롭고 편안하게 살고, 이웃과 화목하게 지내고 싶어 하는 염원을 누구나 가지고 있다. 그 내면에는 유한하고 미약한 자신에 대한 겸허한 성찰, 삶에 대한 경건한 자세, 인간의 존엄성에 대한 확신이 깊이 자리 잡고 있다.

보수주의자는 이런 삶을 영위하는 데 자발적 협조 정신이 없어서는 안 되며, 그것은 오로지 자유와 개인 주권이 존중되는 사회에서만 이루어질 수 있다고 믿는다: "인간은 합리적이지만 유한한 생명을 가진 동물이기에, 인간의 완성은 자신의 안전과 건강, 후손을 양육할 능력을 가진 가정, 사람과 사람들의 협동기구가 진실과 정의를 추구하는 데 없어서는 안 될 지적 도덕적 덕성과 같은 모든 것들을 옹호함으로써 이루어진다."[124] 그들은 그런 바탕 위에서 사회질서의 확립과 문명의 발전이 점진적으로, 비록 그것이 항상 모든 사람이 만족하는 수준이나 미리 알 수 있는 과정이 아니라 할지라도, 이루어지기를 염원

---

123) Roger Scruton, *Conservatism: An Invitation to the Great tradition*, 2016.
124) Hazony, Yoram, *The Virtue of Nationalism,* New York: (Basic Books) 2018에서.

한다.

반면에 그들은 차별성을 인위적으로 제거한 세속적 유토피아가 가능하다고 보지 않는다. 보수주의 정신은 본질적으로 인생과 사회에 대한 이해와 삶에 대한 이런 염원을 담고 있는 정치철학이기에 단선적인 이념체계에 그치지 않는다. 종교적 보수주의자는 이를 신의 섭리에 따라 이루어지는 과정으로, 지적 보수주의자는 자생적 질서로, 민초 보수주의자는 삶의 지혜의 축적으로 해석한다.

보수주의와 리버럴리즘이나 사회주의의 이념적 대립점은, 위의 제5장 서두에서 논의하였듯이, 궁극적으로 자유와 평등에 대한 인식의 차이로 회귀한다. 이를 현실 정치의 문제로 환원하면, 그것은 인간의 태생적인 차별성과 그로 인해 형성된 사회적, 문화적 다양성을 어떻게 받아들일지의 문제가 된다. 근대 보수주의 정신은 초기부터 체력, 지능과 감성과 같은 개인적, 그리고 사회문화적 차별성을 인정하고 존중하는 입장을 취한 반면, 사회주의는 이를 인위적으로 형성된 부당한 차별로 여긴다.

전자는 다양성의 존중은 자연스러운 차별성을 인정하고, 불평등의 고통을 완화하는 문제는 개인의 자율적 협조 정신에 맡겨 두어야 함을 의미한다고 이해하지만, 후자는 이를 차별과 불평등을 정치, 사회적인 선택으로 해소하려는 의지로 해석한다. 관용과 역지사지(易地思之)의 정신 대 적개심과 편 가르기의 정신이다. 보수주의자는 자질,

소유와 성취, 심지어 도덕심과 자유를 향유하는 정신적 능력까지도
고르게 분포되어 있지 않다는 사실을 부정하지 않으며, 그렇기에 관
용과 자율적 협조 정신을 강조하고, 그것은 오로지 자유로운 개인, 절
제된 자유의 사회에서만 가능하다고 믿는다. 자유존중의 원칙이 절제
된 자유에서만 지켜질 수 있는 이유는 자유가 자신의 천부적 권리라
면, 타인의 천부적 권리를 존중해야 할 의무가 뒤따를 수밖에 없기
때문이다.

　다양한 문화적, 종교적 배경을 가진 인종으로 구성된 미국 사회에
서 보수주의 정신이 "다양성으로부터 나온 하나(*E pluribus unum, Out
of many, one)*"의 정신, 그로부터 얻어지는 사회적 화합을 강조하는 것
도 그런 이유다. 사회적 화합은 자발적 협조 정신만으로 이루어지기
어렵기에, 자유와 권리의 남용을 통제하는 절제가 필요하다. 사실 절
제의 개념이 보수주의자가 가장 중시하는 덕목의 하나다. 보수주의의
주요 원칙들인 절제된 자유와 권리의 행사, 민간 영역에 대한 정부
간섭의 최소화와 정부 확대의 억제, 사법 행동주의가 아닌 법 절차를
중시하는 법치주의, 삼권분립을 주축으로 하는 헌법정신 존중은 모두
절제 개념의 표현이라고 볼 수 있다.

　이처럼 보수주의 정신은 개인의 자유와 존엄성의 존중, 사회적 화
합에 대한 이런 염원을 구체화한 이념체계이다. 그들의 이념은 본질적
으로 이성적 원칙의 하향식 순종(top-down follow up)의 방식이 아니라
개인의 자유와 협조 정신에 근거한 상향식 해결(bottom-up resolution)의

방식을 의미한다.

리버럴리즘과 사회주의는 자유와 평등은 분리될 수 없는 등가의 원칙이고 개인적, 문화적, 사회적 불평등은 사회정의에 위배되므로 정치적 과정과 정부의 힘으로 제거해야 할 대상이라고 믿는다. 그렇기에 그들은 정치, 경제, 사회의 거의 모든 영역에서 보수주의자들의 입장과 상반되는 급진적 개혁정책들을 추진해 왔다. 그들의 무모한 개혁정책 실험들은 거의 예외 없이 의도하지 않은 부작용을 양산했고, 자유의 훼손, 사회적 혼란과 퇴행적 결과만 초래한다는 사실이 반복적으로 입증됐으며, 실제로 자유도 평등도 개선하지 못했다. 사회주의 정책이 성공한 사례는 역사적으로나 지역적으로나 단 한 건도 없다.

사회주의의 실패는 그것이 본질적으로 추상적 이념의 산물이자 실현 가능성이나 현실적 제약을 경시하는 하향식 접근방식이라는 한계에 기인한다. 그러므로 자생적 사회질서보다는 정부의 강제력에 의존하게 되고, 궁극적으로는 전체주의적 성향으로 발전하게 되기 때문이다. 그럼에도 사회주의에 대한 열망이 새삼 고조되는 이유는 현실적 어려움이나 폐단을 자신의 책임보다는 타인이나 사회의 문제로 돌리고 사회개혁이 새로운 기회를 가져올 거라는 약속을 믿고 싶어 하기 때문이다. 그렇기에 리버럴-좌파 엘리트계층은 늘 이런 선동과 무책임한 약속을 하는 데 익숙하고, 이들을 회의적으로 보는 보수주의자를 수구주의자, 기득권자, 반개혁주의자라고 공격하는 상투적 수법

(modus operandi)을 답습한다. 그들은 보수주의 이념 자체를 변화를 혐오하고 변화가 가져올 기회를 거부하는 반동적 이념(reactionary ideology)이라고 매도한다.

보수주의 정신은, 버크의 보수주의에서부터 1980년대의 보수혁명에 이르기까지 모두, 급진사회주의 이념에 대한 지적, 정치적 대응에서 비롯되었음은 사실이다. 보수주의 정신은 소극적 자유(negative liberty)와 개인 주권의 개념에 기초하고 있고, 그에 대한 위협이 커질 때 구체화되었기 때문이다.

오늘날 미국과 유럽, 한국을 포함한 대부분의 자유민주 국가들은 제4장에서 논의한 신종 사회주의 이념의 대두라는 열풍을 겪고 있다. 그들은 사회복지 확대, 무상교육과 무상의료, 불법 이민과 난민유입 규제 철폐, 성역화 도시(sanctuary city) 운동, 소수인종과 타문화, 페미니즘과 LGBTQ, 무슬림 근본주의와 중국의 위협에 대한 비판 자체를 매도하거나 금기시하는 '진보적' 정치 성향이나 정책에 대한 보수주의자의 비판을, 기존질서에 대한 집착, 변화와 새로운 사회질서를 거부한다는 상습적 비난과 더불어, 변화에 유연했던 전통적 버크 보수주의 정신에 대한 배신, 보수주의 이념의 위기이자 극단적 국가중심주의(nationalism)라고 공격한다.[125]

---

[125] 저명한 영국의 주간신문의 논평 '보수주의 이념의 글로벌한 위기(*The Global Crisis in Conservatism*, Economist, July 6, 2019)'는 그런 시각을 극명하게 드러낸다.

리버럴-좌파들이 보수주의의 비판을 국가중심주의로 매도하는 것은 불공정할 뿐만 아니라 보수주의 정신에 대한 명백한 인식의 오류이다. 보수주의자의 비판은 그들이 국가가 주도하는 사회주의적 정책들이 실패할 수밖에 없다는 경계심이자 자유와 자율의 정신을 해치는 위협이기 때문이지, 사회적으로 취약한 계층이나 외국 문화에 대한 차별의식과 멸시로 볼 수 없기에, 이들에 대한 정부정책 차원의 옹호를 지지하지 않는다고 해서 인종주의자, 외국인 혐오증, 무슬림 공포증과 같은 낙인을 찍는 것은 온당하지 않다. 그럼에도 불구하고 사회주의자와 리버럴-좌파는 무지하거나 고의적인 정치적 목적으로 보수-우파에 대한 악의적인 낙인찍기를 주저하지 않는다. 그들이 보수-우파를 공공의 적으로 몰아가는 선동과 왜곡은, 김형석 교수의 표현대로, 좌파의 상투적 작동원리(modus operandi)이다.

보수주의자는 국가 자체를 가정이나 지역공동체의 연장선상에 있는 개인주권의 연합체이자 자발적 협력체로 이해한다. 그들은 국가가 자신의 삶을 지배하려는 복지국가, 사회관리국가(administrative state), 보모국가(nanny stat)가 되기를 원하지 않을 뿐이다. 그들은 자국 시민의 자유와 안전을 보호하고, 법치주의의 확립에 충실한 최소국가만이 자신들의 생명, 자유, 재산을 가장 잘 보호해 왔고, 거대 정부는 사회적 병폐를 고친다는 명분 아래 이를 심각하게 훼손하거나 박탈하는 체제였으며, 결국 전체주의 국가로 발전해 왔다는 경험적 사실을 잘 이해한다.

사정이 이러함에도 이념갈등의 정치적 현실은 엄중하다. 자유민주주의 국가에서, 특히 미국과 한국의 경우에서, 지식계층과 주류언론의 좌경화 현상과 청장년층의 사회주의에 대한 호의적 인식은 위험수위에 이르고 있다. 그들은 다문화주의와 글로벌리즘의 확산, 인구학적 변화(demographic change), 기후변화로 이런 현상이 불가피하며, 따라서 근본적인 사회개혁이 이루어져야 한다고 주장한다. 마치 사회주의 열풍이 고조되었던 20세기 중반의 상황이 재연되는 듯하다. 그 배경에는 주기적으로 반복되는 불경기의 영향도 크지만, 사회주의의 이념적 한계와 위험, 역사적 실패에 대한 대중적 지식의 결핍이 자리 잡고 있고, 무엇보다도 부실하고 왜곡된 청소년 교육이 자리 잡고 있다.126) 역사와 이념교육의 영역은 오랫동안 보수-우파의 주요 관심에서 벗어나 있었지만, 리버럴-좌파는 이를 자신들의 텃밭으로 가꾸어 온 탓일 터이다. 이념교육의 편중은 오늘날 주류 언론이 급속히 좌경화되어 여론형성에 막대한 영향력을 행사하는 현상의 원인이자 결과이기도 하다.

심각한 이념편향과 이념교육 실패의 후유증을 앓고 있는 한국의 사정은, 국정교과서 파동에서 드러났던 대로, 훨씬 더 심각하다. 보수-우파는 사회주의가, '1 단 한번도, 어떤 사회에서도 성공하지 못했으며, 2 실패한 이념인 마르크스 이론과 이를 확대재생산한 문화 마르크시즘(Cultural Marxism)에 근거하고 있고,127) 3 중산층의 존재와 개

---

126) Lee Edwards, *What Americans Must Know About Socialism,* Heritage Foundation Column, December 3rd, 2018,

127) Allen Mendenhall, *Cultural Marxism Is Real,* Mises Institute Column, January

인의 재산권을 부정하며, 4 개인의 존엄성과 개인 주권을 존중하지 않고, 인간을 이념실현의 수단으로 여기며, 5 독재체제를 동반하지 않고는 실천될 수 없고, 6 지난 수십 년간 1억 명이 넘는 자국의 인민을 학살한 주범이었음을'[128] 대중에게 주지시키고 전파시킬 의무를 갖고 있다. 그들은 다시 한번 자신과 후손의 자유와 번영을 지키기 위해 이처럼 심각한 도전에 적극적으로 대처해야 할 국면에 처해 있다.

그러나 미국의 사정은 비관적이지만은 않다. 전통적으로 반사회주의적, 자유의 전통이 강한 미국 사회에서 헌법정신과 보수주의 정신을 강조하는 교육기관은 전국적으로 퍼져 있고, 비록 소수이지만, 보수주의 이념을 전파하는 전국 언론 네트워크와 수많은 비주류 언론매체들의 영향력으로 그들의 반격은 결코 만만치 않다. 그들은 왜 미국 시민의 세금이 급증하는 불법이민이나 난민의 복지를 부담해야 하는가, 미국의 무역정책이 중국이라는 비인도적 공산독재체제에 보조금을 주는 역할을 지속해야 하는가, 왜 국제테러리즘의 위협에 효과적으로 대처하지 못하는가, 왜 사상 유례없는 경제적 풍요를 이루었음에도 대도시들에 만연한 무주택 빈곤자들의 텐트, 마약 중독과 치안불안의 문제나 빈곤과 일자리 상실로 고통받는 자국 시민의 문제를 해결하지 못하는가, 그들은 왜 이런 시기에 시민의 자유가 사회개조의 열정으로 위협받아야 하는가라고 반문한다. 보수-우파는 이들 정

9, 2019.
128) 이전 각주 Lee Edwards(2019)의 내용을 인용, 보완하였음.

당한 질문들에 대해, 그리고 보수주의가 보수민주주의(conservative democracy)라는 국가주의 정신[129]을 어떻게 얼마나 포용할 것인지에 대해, 심각한 고민을 해야 한다.

현재 한국의 실정은 매우 어둡다. 미국이나 다른 자유민주주의 국가들이 겪고 있는 좌편향, 사회주의 성향의 문제의 대부분을 공유하고 있을 뿐 아니라 극단적 전체주의 국가인 북한과 중국의 강한 영향력 아래 놓여 있기 때문이다. 민주화 운동이 가속화된 지난 30년간은 불행히도 그들 사회(공산)주의 세력이 사회 전반에 침투, 확산된 시기였고, 마침내 보수정치 세력을 누르고, 막강한 정치세력을 형성했다. 소위 촛불 혁명으로 정권을 장악한 그들은 불과 2년 반의 짧은 기간에 한국의 법치주의와 자본주의적 시장질서, 시민의 자유와 재산권을 위협하는 사회주의 체제의 구축에 박차를 가하고 있다. 이미 사법부와 의회, 언론은 그들에 의해 장악되었고, 분열된 보수 야당은 효과적인 대응에 역부족인 상태다. 근본 원인은 전적으로 이념적 정체성을 상실한 한국의 보수주의, 진정한 보수정신을 대변하는 정치세력이 형성되지 못한 데 있음이 분명해 보인다.

그러나 상황이 모두 절망적이라고 볼 수는 없다. 같은 기간 중 일반 시민의 자발적 항의 시위가 한 주도 거르지 않고 지속되었고, 그들의 시위는 폭발적으로 성장한 자유 유튜브 방송의 활동과 함께 한결같이 자유민주주의와 시장경제, 법치주의의 회복을 요구하고 있고, 아마도

---

129) 이전 각주 Hazony(2019)와 같음.

역사는 이를 전무후무한 정치 현상으로 기록할 것이다. 그들이 아직 독자적 생존력을 가진 정치세력을 만들어 내지 못하고 있지만, 풀뿌리 보수주의 세력으로 성장할 가능성은 충분해 보인다. 자유 대한민국의 장래는 이들의 활동이 진정한 보수정신의 구현에 성공하느냐 못하느냐에 달려 있다.

부록 1: 자유지수

자유는 추상적인 개념이기에 이를 정확히 계측하기는 매우 어렵다. 각국의 여러 기관에서 자유지수를 작성해서 매년 발표하고 있지만, 가장 흔히 통용되는 지수는 프리덤 하우스의 세계자유지수(FIW, Freedom In the World Index), 헤리티지 재단의 경제자유지수(EFI, Economic Freedom Index), 케이토 연구소의 인간자유지수(HFI, Human Freedom Index)의 3종이고, 이 책의 본문에서 인용한 자유의 수준도 이를 따랐다. 이 지수들은 약 200여 개의 전세계 국가 및 영토를 대상으로 자유 수준을 평가하는데, 그 방식은 해당 설문 항목에 대한 전문가들의 견해를 취합해서 작성한 평균점수를 지수화한 값이다. 지수의 의미와 작성 방식은 아래에서 간략히 요약하고 있지만, 상세한 내용을 이해하려면 상세한 해당 연구기관의 보고서와 문헌을 참조해야 할 것이다.

세계 자유지수: FIW

정치자유는 미국 정부가 재정지원을 하는 민간감시기관인 프리덤하우스가 발행하는 정치자유의 수준에 대한 국가별 지수이다. 지수는 1973년 이래 매년 발표되고 있고, 현재 대상 국가는 총 207개 국가와 영토를 대상으로 한다. 지수는 정치권리 지수(PR, Political Rights)와 시민 자유지수(CL, Civil Liberty)의 두 부문으로 나누어져 있고, 각각 1(= most free)~7(=least free)으로 등급화 되어 있다. 전자는 선거 과정, 정치적 다원성, 정부 기능의 3부문에 걸친 10개 항목의 문항, 후자는 표현의 자유, 법치주의, 결사의 자유, 개인의 자율성과 권리의 4개 하부부문의 15개 문항으로 구성되어 있다. 이들 문항에 대한 응답의 평균점수가 3.0~5.0이면 '부분적 자유(PF, partly Free)', 5.5~7이면 '자유가 없는(NF, Not Free)', 1~2.5이면 '자유로운(F, Free)' 국가로 분류된다.

헤리티지 경제자유 지수(지표): EFI

경제자유 지수는 Heritage Foundation-Wall Street Journal이 공동으로 작성, 발표하는 EFI(Economic Freedom Index)와, 1995년 이전의 경우, Fraser Institute의 경제 자유지수를 말한다. 이들 두 지수는 모두 자유의 수준을 최저 0에서 최고 100으로 점수화한 지수이다. EFI는 개별 평가항목의 점수를 평균한 값이며, 구성 항목은 사법제도의 유효성(legal effectiveness), 정부 청렴성(government integrity), 재정 건전성(fiscal health)을 제외한 나머지 9개 항목인 재산권(property rights), 세금부담(tax burden), 정부지출(government spending), 기업 자유

(business freedom), 노동 (시장)자유(labor free-dom), 12개(property rights, judicial effectiveness, tax burden, government spending, fiscal health, business freedom, labor free-dom, monetary freedom, trade freedom, investment freedom, financial freedom)를 포함하고 있다. Fraser Institute 의 지수도 대체로 유사하다.

개인 및 인간 자유 지수: HFI

인간 자유지수(Human Freedom Index)는 케이토 연구소가 작성, 발표하는 종합적 자유지수를 말한다. 이 지수는 법질서와 치안, 종교, 정치, 언론, 인간관계에 관한 12개 부문(1. Rule of Law, 2. Security and Safety, 3, Movement, 4. Religion, 5. Association, Assembly, and Civil Society, 6. Expression and Information, 7. Identity and Relation, 8. Size of Government, 9. Legal System and Property Rights, 10. Access to Sound Money, 11. Freedom to Trade Interna-tionally, 12. Regulation of Credit, Labor and Business), 52개의 설문항목에 대해 최저 0에서 최고 10로 점수를 매기고, 이들의 평균값을 개인 자유지수(Personal Freedom Index)로, 여기에 경제자유 점수를 추가하여 평균한 값을 인간 자유지수로, 개인 자유 부문에서 치안 관련 항목을 뺀 점수의 평균값을 개인-치안 자유 지수로 발표한다.)

부록 2: 하이에크와 보수주의

창립 10주년이 되는 1957년의 몽페르린협회(MPS, Mont Pelerin Society) 총회에서 러셀 커크와 프리드리히 하이에크 간의 치열한 토론 전이 있었다. 전 세계에서 사회주의, 공산주의 사상이 풍미하고 있던 시절에 자유와 시장경제의 수호를 위해 발족했던 협회에서, 좌파사상에 대한 비판이 아닌, 보수주의와 자유주의에 대한 비판 논쟁이 있었던 일은 매우 이례적인 사건이었다. 커크의 제의로 이루어졌다고 알려진 이 논쟁에서, 커크가 발표한 내용은 기록으로 남아있진 않지만, 자유주의에 대한 신랄한 비판을 가했고, 하이에크는 역시 심각한 반박론을 개진했다고 한다. 그의 반박론이 바로 유명한 '왜 나는 보수주의자가 아닌가' 라는 논문이며, 이후 그의 저서 '자유 헌정론' 에 부록으로 삽입되었다. 이 논문은 하이에크가 보수주의자가 아니라 자유주의자라고 믿는 사람들의 대다수가 거론하는 주요 근거로 사용되고 있다.

마크와 하이에크는 논쟁에서 상반된 입장을 피력했자만, 두 사람은 모두 보수 정신의 정립에 크게 이바지한 출중한 사상가였다. 당시 쿼크는 30대 중반의 소장 학자였지만, '보수주의 정신'이라는 명저의 저자로 선풍적인 찬사를 얻고 있었고, 하이에크는 탁월한 경제이론가이자 그 유명한 '노예의 길'의 저자, 몽페르린 협회의 창립자로서 이미 국제적 명성을 획득한 대학자였다. 두 사람은 이전부터 상대방을 학자로서 높이 평가했고, 커크는 하에크를 나의 친구로 불렀으며 하이에크는 커크를 자신이 재직하고 있던 시카고 대학의 교수로 추천하기도 했었다. 그러나 논쟁 이후, 커크는 자신의 '보수정신'의 초판에서 주요 인물의 하나로 등장했던 하이에크를 이후의 개정판에서 삭제했고, 그를 적으로 여기기 시작했다.

논쟁의 결과, 평생 학문적 탐구에만 전념했던 두 위대한 사상가가 서로 적대적 관계로 돌아선 것은 불행한 일이었다. 그러나 논쟁이 격화된 데는 충분한 이유가 있었고, 그것이 보수주의와 자유주의의 이념적 특성, 각각의 강점과 취약성을 명확히 밝혀주었다는 점에서 긍정적인 측면도 있었다. 커크는 의심할 여지없이 철학적 보수주의를 재정립한 사상가였지만, 문필가적 성향이 강했던 인물이었고, 역사학자, 문예 비평가, 문학자나 정치인의 전기 작가, 베스트셀러 소설가, 기독교적 인도주의자, 보수정치인의 상담역, 저명한 토론가이자 강연자, 학문적 자유의 열렬한 옹호자, 금욕주의 철학자, 환경 보호론자를 아우르는 다양한 분야에서 명성을 날렸지만, 실천적 학문인 경제학, 정치학, 법학과 같은 분야에 큰 관심을 보이지 않았다.

그의 '보수 정신'에 등장하는 주요 인물들의 상당수가 철학자, 소설가, 시인들이었으며, 그 자신이 시와 소설의, 유령을 소재로 한 소설에 이르기까지, 문예 창작에 몰두하기도 했고, 티에스 엘리웃과 절친했다. 그는 에드먼드 버크를 가장 위대한 보수주의 사상가로 인정하기에 주저하지 않았고, 자신이 열렬한 '버크적 휘그(Burkean Whig)' 정신의 계승자라고 자처하기도 했다. 역설적이게도 그는 하이에크를 버크 정신과 옛 휘그(Old Whig) 정신을 계승한 주요 사상가임을 인정하는 데도 인색하지 않았다. 그는 특히 버크가 전통과 관습의 중요성을 강조한 점을 높이 평가하고, 인간의 존엄성, 초월적 진실의 존재와 같은 개념을 불변의 진리로 굳게 믿었던, 전통주의 보수주의자(Tradi-tionalist conservative)였다.

그가 '보수 정신'에서 요약한 '보수주의를 규정하는 6개 항목의 특질'은 이를 뚜렷이 보여준다. 본문에서 소개했지만, 이를 다시 인용하면; 초월적 질서의 존재에 대한 믿음(커크는 이를 전통, 신성한 계시 또는 자연법이라는 다양한 개념으로 표현했다.); "다양하며 신비스러운" 인간의 존재에 대한 경외심; 사회는 자연스러운 차별성을 강조하는 질서와 계층을 필요로 한다는 확신; 재산과 자유는 밀접히 연관된다는 신념; 관습, 관례와 사려분별에 대한 존중; 현존하는 전통과 관습은 신중함의 정치적 가치에 대한 존경심을 수반하기에 혁신은 여기에 연계되어야 한다는 확신이다.

커크가 자유를 중시한다는 점은 의심할 여지가 없지만, 초월적 질서라든가 전통과 관습의 중요성을 특히 강조하고 있고, 바로 이 점에서 이성적, 공리주의적 자유주의자와 커다란 차이가 있음을 드러낸다. 몽 페르린 논쟁의 전후 시기에서도 그는 일관되게 자유주의자들이 경제 적, 물질적 효용성에 집착하고, 도덕적 특성이나 사회적 미덕, 정신적 상상력의 중요성을 경시한다는 점을 들어 맹비난해 왔다. 그는 로크의 자연권 개념이 실체가 불분명한 애매한 개념이라고 평가절하하고, 특 히 존 스튜어트 밀의 공리주의적 자유사상을 혹독히 성토했다. 커크의 보수주의가, 대다수의 자유주의자들이 지적하는 것처럼, 문학적, 형이 상학적 성격이 강했던 것은 사실이지만, 그를 추상적 이상주의자로만 보는 견해는 다소 불공평하다. 그의 '보수 정신'은 경제적 자유의 중 요성을 강조했고, 버클리의 실용적 자유보수주의(Libertarian conservatis m)를 지지했을 뿐 아니라 골드워터, 레이건의 보수혁명을 옹호하고, 그들의 정치적 조언자 역할을 기꺼이 받아들이기도 했다.

하이에크의 보수주의는 커크 보수주의의 배경과 성격, 유사점과 차 이점을 함께 대비해보면 쉽게 드러난다. 하이에크는, 커크나 버크와 마찬가지로, 전통과 관습이 사회적 질서의 형성에 없어서는 안될 역 할을 한다는 사실을 이해하고 있었지만, 초월적 질서나 신의 섭리와 같은 개념을 좋아하지 않았으며, 오히려 진화적인 질서를 믿었다. 그 렇기에 그는 진화론적 보수주의자(Evolutionary conservative) 또는 이성 적 보수주의자(Rational conservative)라고 부를 수 있다. 경제학, 법학, 사회학, 정치학과 같은 사회과학에 정통하고, 이념의 실천적 주제에 더욱 관심을 가졌던 하이에크는 문학적 상상력을 말하는 커크의 보수

정신, 형이상학적 보수주의를 수용하기 어려웠던 게 분명해 보인다.

그는 무엇보다도 자신을 진정한 자유사상의 이론가로 생각했다. 그렇기에 그는 추상적이고 때로는 상반된 의미로 사용되기 쉬운 리버티, 리버럴, 리버타리안이라는 용어를 좋아하지 않았고, 대신 프리덤이라는 표현을 선호했다. 그는 리버티가 이성적인 개념이기보다는 헤프거나 무절제한 권리 욕구, 또는 열정적인 혁명이라는 뜻을 지니고 있음을 경계했으며, 이런 점에서 그는 버크와 공감했던 거로 생각된다.

몽페르린 논쟁에서 하이에크는 커크 보수주의가 전통을 고수하려는 성향 때문에 변화에 대해 소극적일 수밖에 없다고 공격했지만,130) 버크의 보수정신이 변화를 거부하는 수구적 정신이 아님을 알고 있었고, 그렇기에 자신을 '회개하지 않는 옛 휘그(Unrepentant old Whig)'라는 표현으로 버크 보수주의에 공감한다는 의중을 드러냈다. 그가 공격한 보수주의는 초월적 질서의 존재를 강조하고, 비이성적 상상력, 신비주의 성향에 의존하기에 실질적이고 구체적인 대체안을 제시하는데 소극적일 수밖에 없는 전통주의자 보수주의, 커크 보수주의였지, 전통과 관습의 기반 위에서 때로는 혁명적인 개혁을 수용하는 휘그 보수주의, 버크 보수주의가 아니었다.

하이에크가 자신을 옛 휘그로 자처했고, 사회질서가 본질적으로 진

---

130) 그는 논쟁에서 커크를 직접 거명하지는 않았지만, 상대방의 실체는 분명해 보인다.

화적인 과정인 자생적 질서, 시장질서라고 여겼을 뿐 아니라, 그것들을 이끌어 가는 필수불가결한 요소가 자유의 정신이라고 믿었다. 그가 자유의 정신을 지키기 위해 없어서는 안 되는 기제가 법치주의이며, 그것은 영국의 법적 전통인 관습법이라고 주장한 점도 휘그 보수주의 정신에 부합한다고 보아야 한다. 그의 사상의 핵심을 이루는 자생적 질서는 그가 늘, 버크가 그랬던 것처럼, 데카르트적 이성의 한계와 무모함을 경계하는 데서 나온다.

하이에크의 사상은 이처럼 자유주의와 보수주의의 특질을 미묘한 방식으로 결합하고 있지만, 그는 자신을 자유정신의 이론가이자 수호자라는 자부심을 드러내기를 주저하지 않았다. 그렇기에 그는, 자신이 선언한 대로, 보수주의자가 아닌 자유주의자, 보다 정확히 말하자면, 고전적 자유주의자로 알려지고 있다. 그러나 그의 사상은 고전적 자유주의라기보다는, 이후 자신을 버크식 휘그라고 인정했듯이[131], 옛 휘그 주의에 가깝고, 버크 보수주의 정신에 더욱 잘 부합한다.

그런데도 하이에크는 다음에 인용한 '보수주의자가 아닌가'의 서두에서 드러나듯이, 보수주의에 대한 강한 거부감을 가졌던 것이 사실이다:

> '범 보수주의(Conservatism proper)는 정당성이 있고, 아마 필요할

---

131) 그는 버클리에게 보낸 서한에서 "자신이 버크류의 휘그가 되어간다"("I am becoming a Burkhan Whig")라고 인정한 바 있다.

수도 있으며, 급격한 변화에 저항하려는 보편적 태도일 것이다. 그것은, 프랑스 혁명 이후, 150여 년의 기간에 중요한 역할을 했다. 사회주의가 고조되기 진까지 보수주의의 반대는 자유주의였다. 미국의 역사에는 이런 갈등에 해당하는 사안 자체가 없었는데, 유럽의 "자유주의"는 미국의 정치체제에서는 이미 보편적인 통상적 전통이었고, 따라서 미국 전통의 수호자는 유럽식으로 말하자면 자유주의자였다. 이처럼 이미 존재해 있던 개념상의 혼동은, 최근 유럽식 보수주의를 미국에 이식하려는 시도가 미국의 전통에서는 낯선 일이었기에, 다소 괴이한 특성을 지니게 되었다. 그리고 얼마 전부터 미국의 급진주의자들과 사회주의자들은 자신들을 "리버럴"이라고 부르기 시작했다. 그렇지만 나는 당분간 내가 존중하며 신봉하고 있는 입장을 (미국식 리버럴리즘이 아닌) 자유주의라고 부르기로 할 텐데, 그것은 사회주의와 다른 만큼이나 보수주의와 다르다고 생각한다.…'

여기서 그는 영국과 미국의 개방적 보수주의를 유럽 대륙의 수구적 보수주의와 동격으로 혼동하고 있음을 알 수 있다. 그러나 영국의 보수주의는 구체제로 복귀하려는 복고적 성향을 드러낸 적이 없었다. 또한 미국의 보수주의는, 그가 올바르게 지적한 대로, 강한 휘그의 전통을 가졌고, 유럽(대륙)의 "자유주의"와 거의 분간되지 않았기에 구체제로 회귀라는 개념 자체가 성립될 수도 없었다. 당시 미국의 일각에서 대두된 수구 보수주의(Paleo conservatism)는 이념적 정체성은 물론, 이전이나 이후에, 정치적 영향력을 갖지도 못했다. 미국의 보수주의는 고전적 자유주의와 휘그 정신이라는 같은 뿌리를 가졌을 뿐 아니라, 혹자에 따르자면, 고전적 자유주의가 보수주의의 일부라는 견해도 있다. 인용문에서 그가 지적하고 있는 (미국식) 리버럴리즘은, 자유주의는 물론, 보수주의와 정반대의 위치에 있는 정치사상이었다. 그의 '보수주의자가 아닌가'는 위의 인용문에 이어서:

> '… [보수주의]는 바로 그 속성 때문에, 우리가 나아가고자 하는 방향에 대한 대체안을 제시할 수가 없다. 그것은 현재 진행 중인 추세를 저항함으로써 바람직하지 못한 상황의 전개를 늦추는 데 성공할 수 있을지는 모르지만, 그 진행을 멈출 수는 없다. 바로 그런 이유로, 예외 없이 자신의 선택이 아닌 경로에 빠져서 끌려가게 되는 것이 보수주의의 운명이다.…'

하이에크와 같은 대학자가 이런, 거의 원색적으로, 강도 높은 비난을 쏟아낸다는 사실도 놀랍지만, 그는 바람직한 개혁 방안이나 대체안이 무엇인지도 분명히 밝히지 않는다. 지적 순수성을 중시하는 대부분의 지식인들에게는 보수라는 용어 자체가 애매하고 못마땅하게 여겨질 수도 있고, 그가 보수주의라는 용어를 싫어했다는 사실도 여러 경우에서 발견되어 왔다. 그것은 아마도 뉴딜과 케인즈 정책이 지배적이었던 당시의 지적, 사회적 풍토에서 효과적인 대응책을 찾기 어려웠던 사실에서 오는 좌절감의 표현일 수도 있다.

그러나 역설적으로 커크의 몽페르린 논쟁 당시에 이미 커크의 '보수 정신'에 고무된 보수주의 운동, 밀턴 프리드먼의 반(反)케인즈주의 경제학, 버크리의 자유보수주의 운동과 같이 보수주의자들이 주도하는 반 리버럴 좌파, 반 사회주의 운동이 활발히 진행되고 있었고, 뒤이어 마가렛 대처와 로널드 레이건의 보수혁명이 이어졌다. 결론적으로 말하자면, 하이에크가 촉구했던 대체안은 보수주의자들에 의해 제안, 추진되었으며, 보수주의는 버크 보수주의(Burkean conservatism)의 경로를 밟고 있었던 것이다. 실제로 하이에크의 사상은 거의 모든 주요 사안에 대해서 버크 보수주의에 부합한다는 사실은 여러 학자들이 논증해 왔다.[132)

그러므로 하이에크의 보수주의자적 특성은, 보수주의에 대한 그의 외형적 언급에도 불구하고, 구체적 사안에 대한 그의 입장이나 실제 정책으로부터 평가되어야 한다. 가장 대표적인 사례를 들자면:

> 보수주의자는 제한된 최소한의 정부를 옹호하며, 사회질서의 점진적 변화와 개혁을 추구한다. 이는 하이에크의 자생적 질서 개념에 완전히 부합한다.
> 보수주의자는 시장의 역할과 법치주의를 존중하는 하이에크의 사상을 가장 중요한 원칙으로 삼는다.

하이에크는 보수주의자와 마찬가지로 열렬한 반 사회주의자, 반 공산주의자였다. 하이에크의 사상을 정치개혁에 적극적으로 반영한 정치인은 대처와 레이건과 같은 보수주의자였다.

---

132) 예를 들어 Reader(1977), Scruton(2017)

참고문헌

〈국내 문헌〉

김병국 외, 한국의 보수주의, 인간사랑, 1999.

복거일, 보수는 무엇을 보수하는가, 기파랑, 1984.

. 이념의 힘, 나남, 2007.

. 자유주의 정당의 정책, 자유기업원, 2002

. 진단과 처방. 문학과 지성, 1992.

복거일 외, 한국의 자유주의, 자유기업원, 2007.

송복 외, 통합, 누구와 어떻게 할 것인가, 북오션, 2013.

. 박정희 바로보기, 기파랑, 2017.

양동안, 대한민국 건국 전후사 바로 알기, 대추나무, 2019.

. 벼랑 끝에선 한국의 자유민주주의, 인영사, 2017.

양승태 편저, 보수주의와 보수주의 정치철학, 이학사, 2013,

이승만 저, 박기봉 교정, 독립정신, 비봉출판사, 2018.

이영훈, 대한민국 이야기, 기파랑, 20907

이영훈 외, 반일종족주의, 미래사, 2019.

장대홍, 자유와 함께하는 여정, 한림대학교 출판부, 2012.

　　　. 자유이념의 변모와 자유-번영의 연관성, 한국경제포럼, 제10권 3호, 2017.

　　　. Failure of Amrican Liberalism, 자유경제원, 2018.

존 루이스 개디스, (홍지수, 강규형 역) 미국의 봉쇄전략, 비봉출판사, 2019.

현진권 편저, 사회통합을 위한 바른 용어, 한국경제 연구원, 2013.

　　　. 용어전쟁: 정명운동, 자유경제원, 2016.

〈외국문헌〉

Aristotle, Politics, translated by Benjamin Jowet, Digireads.com Publishing, 2017.

Adams, John, The Works of John Adams: Vol. 10, Letters and State Papers, Jazzybee Verlag, Kindle Edition, 2001,

Arendt, Hannah, The Origins of Totalitarianism, Harcourt, Brace & Company, 1979.

Aron, Raymond, Democracy and Totalitarianism, Praeger, 1969.

Benda, J., The Treason of Intellectuals, tranlated By Richard Aldington, Routedge, 2017.

Berlin, Isaiah, Four Essays on Liberty, Oxford University Press, 1990.

Boaz, David, The Libertarian Reader, The Free Press, 1997.

　　　. Libertarianism: A primer, The Free Press, 1991.

Bogus, Carl T., W.F. Buckley and the Rise of American Conservatism,

Bloomsbury Press, 2011.

Blackstone, Sir William, Commentaries on the Laws of England, 1765-69, edited by Wilfred Press. Oxford University Press, 2016.

Brezezinski, Zbigniew. Totaritarian Dictatorship andAutocracy, Harvard University Press, 1956.

Breen, Michael, The Koreans, Thomas Dunne Books, 1998.

Bremer, I., Us vs Them: The Future of Globalism, Portfolio Publisher, 2018.

Buckley, William F. Jr., God and Man at Yale: The Superstition of American Freedom, 1951: Reissued, Washington DC, Regnery, 1977. Up Fromm Liberalism, Pickles Partners Publishing, 1959 & 2016.

Burke, Edmund, Reflections on the Revolution in France (1790), printed by Oxford University Press, 2004.

A Philosophical Enquiry into the Origin of Our Ideas of the Sublime and Beautiful, Create Space Independent Publishing Platform, 2017.

Dickens, C. A Tale of Two Cities, Vintage, 1990 (1935) Originally Published in Disraeli, Benjamin, Earl of Beaconsfield, Sybil, or The Two Nations, 1845; edited by Sheila Smith, Oxford University Press, 2008.

Disraeli, Benjamin, Earl of Beaconsfield, Sybil, or The Two Nations, 1845; edited by Sheila Smith, Oxford University Press, 2008.

Dworkin, D., Cultural Marxism in Postwar Britain: History, New Left, and Origins of Cultural studies, Duke University Press, 1997.

Economist, The Global Crisis in Conservatism, July 4, 2019.

Edwards, Lee, Is China Totalitarian? , Heritage Foundation, Feb 26, 2020.

Eliot, Thomas Sterns, The Idea of Christian Nation, 1939, London, Farber & Farber, reissued 1982.

_____, The Idea of Christian Nation, 1939, London, Farber & Farber, reissued 1982.

Elis, Joseph, Founding Brothers, Vantage Books, 2002.

Friedman, Milton, Capitalism and Freedom, Chicago University Press, 2002.

Fukuyama, F., The End of History? , The National Interest (16), 1989.

Goldwater, Barry, The Conscience of a Conservative, Victor Publishing Co., Inc., 1960.

Gouldner, Alvin, The Future of Intellectual and the New Class: Political Culture of Politics, Continuum, 1979.

Gross, Neil, Why Are Professors Liberal and Why Do Conservatives Care, Harvard University Press, 2013.

Groseclose T., Left Turn: How Liberal Bias Distorts the American Mind, St Martin's Press, 2011

Hamilton, Alexander and Madison, James, The Federalist Papers, 1787-88,

Hannan, Daniel, The New Road to Serfdom: A Letter of Warning to America, Harper Collins Books, 2010.

. Inventing Freedom: How the English-Speaking Peoples Made the Modern Worldrica, Harper Collins Books, 2013.

Harrington, James, The Commonwealth of Oceania and A System of
　　Politics, edited by J.G.A. Pocock, Cambridge University Press,
　　1992.

Hazony, Yoram, The Virtue of Nationalism, Basic Books, 2018.

_____. Is 'Classical Liberalism' Conservative? Wall Street Journal,
　　October 13, 2017.

_____. Conservative Rationalism Has failed, Essay presented at The
　　American Mind. 2019.

Hayek, Fredric von, Constitution of Liberty, London, Routledge, 2006

_____. Capitalism and the Historians, University of Chicago Press,
　　1954.

　　. Fatal Conceit, University of Chicago Press, 1988

　　. Why Intellectuals tend to be Socialists, 1990

　　. Law, Legislation, and Liberty, 1990, London, Routledge, 1979.

　　. Road to Serfdom, 1990

　　. Why Intellectuals tend to be Socialists, 1990.

Hazlitt, Man vs. The Welfare State, Ludvig von Mises Institute, 1998.

Hernstein, R. and Cahrles Murray, The Bell Curve: Intelligence and
　　Class Structure in Amarican Life, Free Press, 1994.

Hegel, G,W,F,, Outlines of the Philosophy of Right, edited and
　　translated by T.M. Knox, Oxford University Press, 20088.

Hobbes, Thomas, Leviathan, 1651, edited by J.C.A. Gaskin, Oxford
　　University Press, 2008.

Hooker, Richard, Of the Laws of Ecclesiastical Polity, from 1594,
　　contained in Works, 3 vols, edited by John Kebble, Oxford, 1836.

Hoppe, Hans-Hermann, Democracy: The God that Failed, Routledge, 2001.

Hume, David, Selected Essays, Oxford University Press, Reissued 1998.

Heyward, Andrew, Political Ideologies, Palgrave McMillan, 2012.

Huntington, Samuel, The Clash of Civilization, Simon & Schuster, 1996.

James, Paul,   Globalism, Nationalism, Tribalism: Bringing Theory Back In, London: Sage

Publication, 2006.

Jefferson, Thomas, Declaration of Independence, 1776, and: political Writing, edited by Joyce Oldham Appleby, Cambridge University Press, 1999.

Johnson, Paul, A History of American People, Harper Collins, 2009. . Intellectuals: From Marx and Tolstoy to Sartre and Chomsky, Harper Pereninial, 2007.

Kant, Immanuel, Kant's Political Writings, edited by H.S. Reiss, Cambridge University Press, 1991.

Kelly, John, Bringing the Market In: The Political Revitalization of Market Liberalism, New York University Press, 1997.

Kirk, Russel, Conservative Mind: From Burke to T.S. Eliot, Stellar Classics, 7th Revised Edition, 2001, originally published in 1953. Conservative Reader, Penguin Books1987.

Lee Chong-Sik, Syngman Rhee: The Prison Years of A Young Radical, Yonsei University Press, 2001,

Locke, John, Two Treatise of Civil Government, 1960, edited by Peter Laslett, Cambridge University Press, 1988.

Markuse, H., One-Dimensional Man: Studies in the Ideologies of Advanced Industrial Societies, Beacon Press, 1991.

Mendenhall, A., Cultural Marxism is Real, Mises Institute, 2019.

Micklethwait, J, and A. Woodridge, The Sate of State, Foreign Affairs, Jul/August, 2014

_____. The Global Race to Reinvent the State, Penguine Press, 2014.

Mill, J.S., The Basic Writings: On Liberty, The Subjugation of Women & Utilitarianism, New York, Modern Library, Mar2002.

Montesquieu, Charles-Louise de Secondat, Baron de L'Esprit des lois, The Sprit of Laws, translated and edited by Anne M. Cohler, Cambridge University Press,1989. Levine, M., Unfreedom of Press, Threshhold Edition, 2019)

Mosher, Steven W., Bully of Asia: Why China's Dream is the New Threat To World Order, Regnery Publishing, 2017.

Murray, Charles, American Exceptionalism: An Experiment in History, AEI Press, 2013. Losing Ground, Basic Books, 1984.

Nash, George H., The Conservative Intellectual Movement in America Since 1945, ISI Books, 2006.

Niebuhr, Reinhold, Moral Man and Immoral Society, Charles Scribner's Sons, 1932.

Nisbet, Robert, Conservatism: Dream and Reality, University of Minnesota Press, 1986. Quest for Community, ISI Books, 1952 & 1970.

North, D., Institution, Institutional Change and Economic Performance, Cambridge University Press, 1990.

Nozick, Robert, Anarchy, State and Utopia, New York, Basic Books, 1974.

Oakeshott, Rationalism in Politics, 1962; reissued Rationalism in Politics and Other Essays, edited by Timothy Fuller, Liberty Fund, 1991.

Ortega y Gasset, The Revolt of the Masses, translated version, New York, Norton and Co., 1932.

Orwell, George, Nineteen Eighty-Four, Published in 1949, Available on internet. . Animal Farm, Published in 1945, Available on internet.

Paine, Thomas, Rights of Man, Originally Published in 1791 & 1792, Dover Publications, Inc.,1999.

Palmer, Tom G., The Morality of Capitalism, Jameson Book, Inc., 2011.

Perazzo, J., Betrayal: The Democratic Party's Destruction of American Cities, Independently Published, 2019.

Paul, Rand, The Case Against Socialism, Broadside Books, 2019.

Piketty, Thomas, Capital in the Twenty-first Century, Harvard University Press, 2013.

Putnam, R., Bowling Alone: The Collapse and Revival of American Community, Touchstone Books by Simon and Schuster, 2001.

Reader, L., The Liberalism / Conservatism of Edmund Burk and F.A. Hayek: A Critical Comparison, Humanitas, V10, N1, 1977.

Rosenblatt, H., The Lost History of Liberalism: From Ancient Rome to the Twenty-First Century, Princeton University Press, 2018.

Rothfeder, Jeffrey, The Great Unravelling of Globalization, Washinton Post, April 24, 2015.

Rousseau, Jean-Jaques, On the Social Contract, Drew Silver Edited, Dover Publications Inc.,2003.

Schumpeter, Joseph, Capitalism, Socialism and Democracy, 3rd Ed., HarperPerennial Modernthought, 1950.

Saez, E., GabrielZucman, and David Splinter, 'Wealth Inequality in the United States since 1913: Evidence from Capitalized Income Tax Dat, Quaterly Journal of Economics, 2016, 132(2).

Scruton, Roger, Conservatism: An Invitation to the Great Tradition, All Points Books, 2017.

_____. Fools, Frauds and Firebrands: Thinkers of the New Left, Kindle Edition, Bloomsbury Continuum, 2015.

Smith, Adam, The Theory of Moral Sentiments: (with an introduction by Herbert W.

Schneider, Originally Published in 1759, Digiread.com, 2018.
Wealth of Nation, based on the Fifth Edition as edited and Annotated by Edwin Canan, Bantam Books, 2003.

Stankov, L. and J. Lee, Conservative Syndrome and the understanding of negative correlation between religiosity and cognitive abilities, Personality and Individual Differences, September 2018.

Teich, Albert H., Technology & Future, 11th edition, Wadsworth Cegage Learning,2009.

Tocqueville, Alexis De, Democracy in America. Translated by Henry

Reeve, Bantam Classic, 2002.

. Memoir, Letters, and Remains of Alexis de Tocqueville, vol I (1861), Liberty Fund,

. The Old Regime and Revolution, Translated by John Bonner in 1856, 2010. www. Wealth Of Nation.com 2014.

Vlahos, Kelley B., George Orwell's Dystopian Nightmare in China, The American Conservative, June 24, 2019.

Wright, Crystal, Con Job: How Democrats Gave Us Crime, Sanctuary Cities, Abortion Profiteering, and Racial Division, Regnery Publishing, 2016.

Zakaria, Fareed, The Future of Democracy: Illiberal democracy at Home and Abroad,

W.W. Norton & Company,